SCHOPENHAUERS

KOMPASS

East-West Discovery

SCHOPENHAUERS

KOMPASS

Die Geburt einer Philosophie

Urs App

UNIVERSITYMEDIA
2011

Printed on acid-free and lignin-free paper
Gedruckt auf säurefreiem, ligninfreiem und alterungsbeständigem Papier

Bibliografische Information der Deutschen Nationalbibliothek
Detaillierte bibliografische Daten sind über http://d-nb.de abrufbar.

Library of Congress Cataloging-in-Publication Data
App, Urs, 1949–
        Schopenhauers Kompass. Die Geburt einer Philosophie. / Urs App.
        p. cm. — (UniversityMedia, East-West Discovery)
        Includes bibliographical references and index
        ISBN 978–3–906000–08–4 (acid-free paper)
        1. Philosophy—History—19th century—Study and teaching.
        2. Arthur Schopenhauer (1788–1860).
        3. Europe—Intellectual life—19th century.
        4. India—Philosophy—Religion.
        5. Orientalism—Europe—History—18th century—19th century.
I. Title.

ISBN 978–3–906000–08–4 (hardcover)

Für Monica

INHALT

GEDÄCHTNISLÜCKEN

Oktober 2008, Frankfurter Hauptfriedhof. Ich habe doch gestern im Schopenhauer-Archiv in der Uni-Bibliothek kurz eine Karte des Friedhofs angeschaut und mir die Lage des Schopenhauer-Grabes gemerkt! Doch der Gedanke, ein gepflegtes Heldengrab sei einfach zu finden, hat mich vielleicht unaufmerksam gemacht. Es war doch irgendwo in der Nähe der Friedhofsmauer ... Meine Suche der endlos langen Mauer entlang ist vergeblich und so beginne ich, allerhand Abstecher zu großstadtwürdigen Gräbern zu machen. Alles Fehlschläge. Mehrere Frankfurter haben auch keine Ahnung, wo ihr größter Philosoph begraben ist. Wie sah der Grabstein gleich noch aus, den ich irgendwo auf einer Foto gesehen hatte? Als ich mir schon Vorwürfe mache wegen meiner Gedächtnislücke und die Suche aufgeben will, begegne ich einem älteren Paar, das mir freundlich den Weg zu einem unscheinbaren, ungepflegten Grab weist. Eine schlichte Grabplatte mit dem Namen

1

Arthur Schopenhauers, ein paar verwelkte Rosen in einer umgefallenen Plastikvase, zwei Blumentöpfe mit Unkraut. Neben der Grabplatte wuchert es ebenfalls, und um die Ruhestätte des Schopenhauerforschers Arthur Hübscher daneben steht es noch schlimmer. Hat Frankfurt—eine der einzigen Städte der Welt, welche einer Philosophenschule ihren Namen geben durfte—ebenfalls eine Gedächtnislücke? Goethe hat sein vielbesuchtes Haus in der Innenstadt und die Stadt ist zu Recht stolz auf den Mann, der viel weniger lang in Frankfurt lebte als Schopenhauer. Aber es besteht kein Zweifel, dass Frankfurts größter Dichter heute weltweit viel weniger gelesen wird als Frankfurts größter Denker. Im Kiosk einer Sardinienfähre sucht man vergeblich nach Goethe; doch was fand ich da letzten Sommer inmitten von Stapeln internationaler Ferienliteratur? Nicht weniger als fünf italienische Schopenhauer-Übersetzungen!

Vom Friedhof führte mein Weg zur Schönen Aussicht am Ufer des Mains. Da standen ehedem die Häuser, welche Schopenhauer jahrzehntelang bewohnte und die 1943 im Bombenhagel zerbröselten: Schöne Aussicht 16 und 17. Das Goethe-Institut e.V. trompetete im August 2008 auf seiner Webseite in die Welt hinaus, dies sei die *Adresse der Philosophie*: »Es mag verwundern, aber die Philosophie hat eine Adresse. So zumindest, wenn es nach einem ihrer schillerndsten Adepten geht. Arthur Schopenhauer hat finale Antworten auf die letzten Fragen gefunden, er bescheinigt der Philosophie eine Vollendung in seinem eigenen Werk. Wo er ist, ist die Philosophie zu Hause, am ›eigentlichen Mittelpunkt von Europa‹. Die letzte Adresse der Philosophie lautet: Frankfurt/Main, Schöne Aussicht 16« (Volker Maria Neumann; www. goethe.de).

Bei meinem Besuch (Foto vom 3. Oktober 2008) klaffte an dieser ›letzten Adresse der Philosophie‹ an Frankfurts Schöner Aussicht eine große, mittels riesiger Werbeplakate kaschierte Lücke.

Der heutige Besitzer dieses Grundstückes ist ein persischer Investor, was mich an eine andere Art von Gedächtnislücke erinnert: den toten Winkel, in welchem das persisch-lateinische Lieblingsbuch Schopenhauers, das *Oupnek'hat*, in der Schopenhauerforschung darbt. In seinen Wohnungen an der Schönen Aussicht lag dieses zweibändige, großformatige Werk bekanntlich immer offen da und ein Besucher berichtete, der Philosoph habe darin täglich seine Abendandacht verrichtet. Schopenhauer hielt die zwei Bände des *Oupnek'hat* für das lesenswerteste aller Bücher überhaupt und lobte es in den allerhöchsten Tönen: »Denn, wie athmet doch der Oupnekhat durchweg den heiligen Geist der Veden! Wie wird doch Der, dem, durch fleißiges Lesen, das Persisch-Latein dieses unvergleichlichen Buches geläufig geworden, von jenem Geist im Innersten ergriffen! Wie ist doch jede Zeile so voll fester, bestimmter und durchgängig zusammenstimmender Bedeutung! Und aus jeder Seite treten uns tiefe, ursprüngliche, erhabene Gedan-

3

ken entgegen, während ein hoher und heiliger Ernst über dem Ganzen schwebt. Alles athmet hier Indische Luft und ursprüngliches, naturverwandtes Daseyn. Und o, wie wird hier der Geist rein gewaschen von allem ihm früh eingeimpften jüdischen Aberglauben und aller diesem fröhnenden Philosophie! Es ist die belohnendeste und erhebendeste Lektüre, die (den Urtext ausgenommen) auf der Welt möglich ist: sie ist der Trost meines Lebens gewesen und wird der meines Sterbens seyn.« (P2 §184; Z10.436-7)

Nicht nur dieses überschwängliche Lob des betagten Philosophen hätte diese lateinische Upanischaden-Übersetzung zu einem zentralen Forschungsgegenstand machen sollen. Schon in der zweiten Hälfte des 19. Jahrhunderts wusste man, dass der junge Mann im Jahre 1816, kurz vor der Niederschrift seines Hauptwerkes *Die Welt als Wille und Vorstellung*, geschrieben hatte: »Ich gestehe übrigens daß ich nicht glaube daß meine Lehre je hätte entstehn können, ehe die Upanischaden, Plato und Kant ihre Strahlen zugleich in eines Menschen Geist werfen konnten. Aber freilich standen (wie Diderot sagt) viele Säulen da und die Sonne schien auf alle: doch nur Memnons Säule klang.« (HN1 #623).[1] Doch der Einfluss dieser Upanischaden ist auch heute noch ungeklärt. Es erschienen wohl ein paar Bücher und Artikel über Schopenhauers frühen Bezug zu asiatischem Denken, doch fatalerweise stützten sie sich fast ausnahmslos auf Upanischadenübersetzungen aus dem Sanskrit—d.h. Texte, welche zur Zeit von Schopenhauers Systementstehung noch gar nicht existierten. Meines Wissens gibt es in der gesamten bisherigen Fachliteratur zum Thema »orientalische Einflüsse auf Schopenhauer« nur einen einzigen Artikel, welcher anhand des lateinischen Textes von Schopenhauers Lieblingsbuch kurz auf die Einflussfrage eingeht (Piantelli 1986). Noch erstaunlicher ist, dass keine einzige der zahlreichen Publikationen, die seit dem neunzehnten Jahrhundert zu diesem Thema erschienen sind, die handschriftlichen Einträge in Schopenhauers Lieblingsbuch untersucht hat. Dies ist erstaunlich, weil das *Oupnek'hat* ohne jeden Zweifel Schopenhauers wichtigste asiatische Quelle zur Zeit der Systemgenese war. Mehr als das: wie ich in diesem Buch zeigen werde, war dieses Buch zur Zeit der Entstehung der Willensmetaphysik die wichtigste Einzelquelle Schopenhauers überhaupt—was mit ein Grund ist, weshalb es zum Lieblingsbuch des Philosophen wurde.

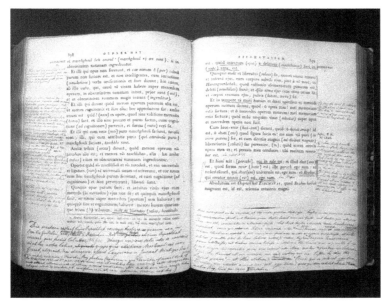

Handschriftliche Einträge Schopenhauers in seinem Lieblingsbuch

Anlässlich meines Vortrages im Goethehaus über Schopenhauers Lieblingsbuch (Anfang Dezember 2010) pilgerte ich wie bei jedem Besuch in Frankfurt zur Lücke an der Schönen Aussicht und stellte mit Erstaunen fest, dass exakt im Schopenhauer-Jubiläumsjahr, hundertfünfzig Jahre nach seinem Tod, auf dem besagten Grundstück riesige Baukräne standen: ein Hotel soll da errichtet werden statt eines Hauses der Philosophie. Frankfurter Gedächtnislücken.

Mein Buch ist, so hoffe ich, ein etwas adäquaterer Lückenfüller und stellt eine andere Art Baubeginn dar. Denn das hier angesprochene Forschungsgebiet lag bisher genauso brach wie das Grundstück am Mainufer: ein toter Winkel der Schopenhauerforschung. Angesichts der Loblieder des Philosophen auf das *Oupnek'hat* und seiner unmissverständlichen Aussagen zu dessen Einfluss auf die Bildung seines Systems fragt man sich, warum fast kein Forscher Fuß in diese Lücke setzte. Dies umso mehr, als wenige Strassenbahnminuten entfernt in der Unibibliothek das *corpus delicti* in seiner ganzen Pracht einzusehen ist: Schopenhauers Lieblingsbuch, gedruckt in den Jahren 1801 und 1802 und randvoll mit handschriftlichen Einträgen des Philosophen aus der Zeit zwischen dem Kauf des Werkes im Sommer 1814 und Schopenhauers Tod im Herbst 1860.

Vor vierzehn Jahren, am 22. Februar 1997, hatte ich anlässlich meines Festvortrages für die Schopenhauer-Gesellschaft zum Geburtstag des Philosophen in Frankfurt festgestellt, dass ohne das Studium des *Oupnek'hat* die Genese der Willensmetaphysik nicht verstanden werden kann. Daran hat sich bis heute nichts geändert. Doch ist dieses faszinierende Buch beileibe nicht die einzige Quelle. In der Tat gibt es wohl für keinen bekannten Philosophen der Weltgeschichte eine solche Fülle authentischen Quellenmaterials zur Rekonstruktion der Systementstehung. Neben Ausleihregistern von Bibliotheken, Briefen und aufgezeichneten Gesprächen sind es vor allem die Vorlesungsnachschriften des Studenten, seine Einträge in Büchern und seine so interessanten wie umfangreichen philosophischen Notizbücher, welche eine detaillierte Rekonstruktion der Geburt seiner Philosophie ermöglichen.

Doch dieses Buch beleuchtet nicht nur die Geburt *einer* Philosophie (derjenigen von Schopenhauer), sondern es stellt auch eine geistes- und ideengeschichtliche Fallstudie dar, in welcher vielfältige und zum Teil erstaunlich komplexe und exotische Einflüsse aufgedeckt werden, die bei der Entstehung eines philosophischen Systems im Spiel sein können. Überdies ist das Verständnis der Entstehung von

Schopenhauers Philosophie vielleicht die natürlichste Einführung in sein Denken. Und dieses Denken hat meiner Ansicht nach in den 150 Jahren seit dem einsamen Tod des Denkers an Frankfurts Schöner Aussicht kaum etwas von seiner Kraft und Aktualität verloren.

Dieses Buch entstand im Rahmen des vom Schweizerischen Nationalfonds zur Förderung der wissenschaftlichen Forschung (SNF) finanzierten Projektes »Orientalische Einflüsse auf die Entstehung der Philosophie Schopenhauers« (Projekt 101511-116443). Die weltweit einzigartige Weise dieser Institution, individuelle wissenschaftliche Forschungsprojekte unabhängig von Alters-, Geschlechts- und akademischen Statusgrenzen zu unterstützen wurde leider durch die Reform des Beitragsreglementes vom 1. März 2008 außer Kraft gesetzt. Dieses Buch ist ein Denkmal der alten Regelung. Den Schweizer Steuerzahlern und den weitsichtigen Autoren der nun aufgehobenen Nationalfondsstatuten gilt deshalb mein besonderer Dank.

Im weiteren bin ich jenen Lesern meines seit Frühling 2009 in Fach- und Freundeskreisen zirkulierenden Manuskriptes zu Dank verpflichtet, deren Reaktion zur inhaltlichen und formellen Verbesserung des Textes beitrug. Außerdem bin ich den Leitern und Mitgliedern der Schopenhauer-Gesellschaft sowie dem Personal des Schopenhauer-Archivs verbunden, die meine Forschung unterstützten und mir das Fotografieren von orientbezogenen Archivbeständen erlaubten.

Mein größter Dank gilt jedoch der Muse dieses Projektes, meiner über alles geliebten Gattin Monica Esposito, die sich so sehr auf die Veröffentlichung dieses Buches gefreut hatte und sie zu meinem grenzenlosen Bedauern nicht mehr erleben durfte. Ihr und ihrem Andenken ist diese Arbeit gewidmet. Wenn jemand Schopenhauers ›Nordpol‹ zutiefst verstand und lebte, dann sie: »Nella vita e nella morte quello che conta di più è l'abbandonarsi.«

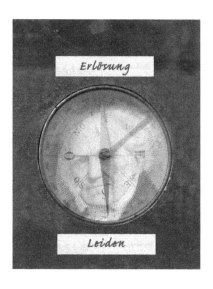

1. Leiden und Erlösung

Die Nadel eines Kompasses weist nicht wie ein Wegweiser nur in eine einzige Richtung. Sie muss exakt im Mittelpunkt beweglich gelagert sein und gibt immer zwei diametral entgegengesetzte Richtungen an: Süden und Norden. Wohin es einen auch verschlägt auf seinem Lebensweg: die Kompassnadel ändert ihre Grundrichtung nie.

In Schopenhauers Gesamtwerk gibt es zwei Stellen über den Kompass. Die erste beschreibt den Ausgangspunkt, auf den die eine Hälfte der Magnetnadel deutet: auf den Menschen, der den ausgerichteten Kompass in der Hand hält, auf seine Stellung im Weltganzen und auf sein grundlegendes Befinden. »Um allezeit einen sichern Kompaß, zur Orientierung im Leben, bei der Hand zu haben, und um dasselbe, ohne je irre zu werden, stets im richtigen Lichte zu erblicken, ist nichts tauglicher, als daß man sich angewöhne, diese Welt zu betrachten als einen Ort der Buße, also gleichsam als eine Strafanstalt, *a penal colony* [eine Strafkolonie]—welche Ansicht derselben auch ihre theoretische und objektive Rechtfertigung findet, nicht bloß in meiner Philosophie, sondern in der Weisheit aller Zeiten, nämlich im Brahmanismus, im Buddhaismus, beim Empedokles und Pythagoras [...] selbst im ächten und wohlverstandenen Christenthum wird unser Daseyn aufgefaßt als die Folge einer Schuld, eines Fehltritts [...] wir werden stets im Sinne behalten, wo wir sind, folglich Jeden ansehn zunächst als ein Wesen, welches nur in Folge seiner Sündhaftigkeit existirt, dessen Leben die Abbüßung der Schuld seiner Geburt ist. Diese macht eben Das aus, was das Christenthum die sündige Natur des Menschen nennt.« (P2 §156, Z9:328-9)

Die diesseitige Hälfte der Nadel unseres Kompasses weist auf den Buchstaben ›S‹. Gemäß Schopenhauers Standortbestimmung deutet dies auf Sündhaftigkeit, Schuld, Strafkolonie und im weitesten Sinne auf ›Seyn‹ oder Dasein. Dies ist der Bereich des Leidens. Doch jede Kompassnadel hat zwei Extremitäten und zeigt zugleich in die exakt entgegengesetzte Richtung: von mir weg. Während die diesseitige Hälfte der Nadel auf des Menschen Herkunft und grundlegende Befindlichkeit deutet, repräsentiert der Buchstabe ›N‹ auf der entgegengesetzten Seite die Zielvorgabe. Alle Kompasse der Welt sind auf dieses ›N‹ fixiert; doch was bedeutet dieses ›N‹ für Schopenhauer? Man kann sagen, dass er dies in der berühmten Stelle ganz am Schluss seines Hauptwerks beleuchtete: »Also auf diese Weise, durch Betrachtung des Lebens und Wandels der Heiligen, welchen in der eigenen Erfahrung zu begegnen freilich selten vergönnt ist, aber welche ihre aufgezeichnete Geschichte und, mit dem Stämpel innerer Wahrheit verbürgt, die Kunst uns vor die Augen bringt, haben wir den finstern Eindruck jenes Nichts, das als das letzte Ziel hinter aller Tugend und Heiligkeit schwebt, und das wir, wie die Kinder das Finstere, fürchten, zu verscheuchen; statt selbst es zu umgehn, wie die Inder, durch Mythen und bedeutungsleere Worte, wie Resorbtion in das Brahm, oder Nirwana der Buddhaisten. Wir bekennen es vielmehr frei: was nach gänzlicher Aufhebung des Willens übrig bleibt, ist für alle Die, welche noch des Willens voll sind, allerdings Nichts. Aber auch umgekehrt ist Denen, in welchen der Wille sich gewendet und verneint hat, diese unsere so sehr reale Welt mit allen ihren Sonnen und Milchstraßen— Nichts.« (W1 §71, Z2.508)

Das ›N‹ in Schopenhauers Kompass mag also für ›Nichts‹ stehen und entspricht dem Nieban oder Nirwana der Buddhisten, was ein weniger radikaler Ausdruck für dasselbe Ziel sei.[2] Dieses Ziel ist das genaue Gegenteil von ›S‹: ›N‹ steht für Heiligkeit, Sündlosigkeit, Erlösung aus der Strafkolonie und im weitesten Sinne für Nicht-Leiden und Nicht-Seyn. Diese berühmte Stelle, welche Schopenhauers Peilrichtung so prägnant ausdrückt, hat Schopenhauer gegen Ende 1816 in seinem philosophischen Notizbuch entworfen (HN1 #612) und in der Folge nur geringfügig verändert. Dies war genau der Zeitpunkt, wo Schopenhauers philosophisches System in fast allen wichtigen Einzelheiten errichtet war. Der Kern dieses Systems ist die sogenannte Willensmetaphysik, deren Entstehung in diesem Buch beschrieben ist. Diese Metaphysik liefert die philosophische Diagnose vom Leiden— die Erklärung von dessen Wesen und Grund—und weist auf die Möglichkeit einer Heilung: der zeitweiligen oder endgültigen Elimination des Leidens. Während die ›diesseitige‹ Hälfte der Kompassnadel in dieser Optik auf die Willensbejahung und das Sein zeigt, weist die ›jenseitige‹ Hälfte der Nadel unbeirrt in Richtung Willensaufhebung und Nichts. Das Verständnis dieser Grundkonfiguration wird erleichtert, wenn man die Entwicklung von Schopenhauers Denkens verfolgt und verstehen lernt, wie er auf die Idee kommen konnte, dass seine Diagnose das Rätsel von allem betrifft: vom Menschen mit dem Kompass in der Hand, der auf der wild drehenden und durch den Weltraum rasenden Erdkugel sich immer schön stabil und aufrecht wähnt, bis zu den entferntesten Sternennebeln des Universums.

Wie kam Schopenhauer zu dieser Sicht der Dinge, welche Ende 1816—im 28. Altersjahr Schopenhauers—bereit war für die Fassung, welche sie im Hauptwerk *Die Welt als Wille und Vorstellung* von 1818 erhielt? Einen Hinweis bietet die Quellenangabe, die Schopenhauer auf der dritten und vierten Linie seines Entwurfes der ›Nichts‹ Passage von Ende 1816 machte, aber in seinem Hauptwerk ausließ.

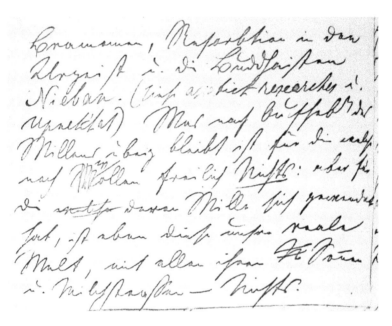

Teil des Entwurfes von 1816 zum Schluss des Hauptwerkes; HN1 #612

Da steht als Quelle für die Lehren der Buddhisten und Brahmanen, welche mittels anderer Worte exakt auf dasselbe Ziel weisen wie seine Philosophie: »siehe *asiatick researches* und *Upnek'hat*« (HN1 #612). vierundvierzig Jahre später, ganz am Ende seines Lebens, machte Schopenhauer einen handschriftlichen Eintrag in seinem Hauptwerk, der sich auf das letzte Wort ›Nichts‹ bezog und es erneut in Bezug zum Buddhismus setzte. Dieser Eintrag erscheint heute in vielen Editionen als Fußnote zum letzten Wort ›Nichts‹: »Dies ist eben auch das Pradschna-Paramita der Buddhaisten, das ›Jenseits aller Erkenntniß‹, d.h.

der Punkt, wo Subjekt und Objekt nicht mehr sind. (Siehe J. J. Schmidt, ›Ueber das Mahajana und Pradschna-Paramita‹).« (Z2:508)

Es ist, als ob Schopenhauer kurz vor seinem Tod im Jahre 1860 ein weiteres Zettelchen auf die alles entscheidende Nordseite seines Kompasses geheftet hätte: *prajñā-pāramitā*, die höchste Weisheit des Mahāyāna-Buddhismus, wie sie der Deutsch-Russe Isaak Jakob Schmidt in seiner Übersetzung des tibetischen Diamant-Sutra beschrieben hatte. Auf seinem Kompass klebten gleichsam schon eine ganze Menge Notizen, unter anderem das schon 1816 hinzugefügte *Nieban* aus der Pali-Sprache, welches er später durch sein Sanskrit-Äquivalent *Nirwana* ersetzte. Schopenhauer hat seit seiner Jugend nach Worten und Erklärungen gesucht für das, was dieser Pol repräsentiert. In den *Parerga und Paralipomena*, durch die der bis dahin fast unbekannte Philosoph in den 1850-er Jahren plötzlichen Ruhm erlangte, beschrieb Schopenhauer diese Erleuchtungslehre als ›Illuminismus‹. Er schrieb, die Philosophie pendle ständig zwischen Rationalismus und Illuminismus hin und her. Rationalismus habe sich vom Dogmatismus über den Skeptizismus zu Kants Transzendentalphilosophie entwickelt. Im Gegensatz dazu sei der Illuminismus »wesentlich *nach innen* gerichtet, innere Erleuchtung, intellektuelle Anschauung, höheres Bewußtseyn, unmittelbar erkennende Vernunft, Gottesbewußtseyn, Unifikation« (P2 §10, Z9.17). Wenn Illuminismus auf dem Boden einer Religion wachse, so werde er *Mysticismus*—oder wie wir heute sagen würden, Mystik—genannt. Das Grundgebrechen des Illuminismus sei, »daß seine Erkenntniß eine nicht mittheilbare ist« und deshalb auch nicht bewiesen werden könne. Doch dies bedeute keineswegs, dass mystische Erfahrung nicht auch in Philosophen am Werk sei. »Illuminismus ist stellenweise schon im Plato zu spüren: entschiedener aber tritt er auf in der Philosophie der Neuplatoniker, der Gnostiker, des Dionysius Areopagita, wie auch des Skotus Erigena; ferner unter den Mohammedanern, als Lehre der Sufi: in Indien herrscht er in Vedanta und Mimansa: am entschiedensten gehören Jakob Böhme und alle christlichen Mystiker ihm an. Er tritt allemal auf, wann der Rationalismus ein Stadium, ohne das Ziel

13

zu erreichen, durchlaufen hat: so kam er, gegen das Ende der scholastischen Philosophie und im Gegensatz derselben, als Mystik, zumal der Deutschen, im Tauler und dem Verfasser der deutschen Theologie, nebst Andern; und ebenfalls in neuester Zeit, als Gegensatz zur Kantischen Philosophie, in Jacobi und Schelling, gleichfalls in Fichtes letzter Periode.« (P2 §10, Z9.17)

Doch Fichte und Schelling, die berühmten Exponenten des deutschen Idealismus, hatten in Schopenhauers Sicht sträflich die Grenzen zwischen Philosophie und Illuminismus oder Mystik verwischt und damit beiden geschadet. Dies suchte Schopenhauer zu vermeiden: »Allein die Philosophie soll mittheilbare Erkenntniß, muß daher Rationalismus seyn. Demgemäß habe ich, in der meinigen, zwar, am Schluß, auf das Gebiet des Illuminismus, als ein Vorhandenes, hingedeutet, aber mich gehütet, es auch nur mit Einem Schritte zu betreten; dagegen denn auch nicht unternommen, die letzten Aufschlüsse über das Daseyn der Welt zu geben, sondern bin nur so weit gegangen, als es auf dem objektiven, rationalistischen Wege möglich ist. Dem Illuminismus habe ich seinen Raum freigelassen, wo ihm, auf seine Weise, die Lösung aller Räthsel werden mag, ohne daß er dabei mir den Weg verträte, oder gegen mich zu polemisiren hätte.« (P2 §10, Z9.17)

Wenn Schopenhauer vom ›Schluß‹ spricht, bezieht er sich auf das vierte Buch seines Hauptwerkes *Die Welt als Wille und Vorstellung* und im besonderen auf die oben zitierte Schlusspassage, welche mit dem Wort ›Nichts‹ endet. Doch diese strikte Beschränkung der Philosophie auf den Rationalismus heiße nicht, dass Philosophen nicht auch von Illuminismus und Mystik *inspiriert* sein könnten. Im Gegenteil: gerade die von Schopenhauer—mit Ausnahme von Kant—am höchsten geschätzten Philosophen hätten offensichtlich einen heimlichen Erleuchtungs-Kompass gehabt: »Inzwischen mag oft genug dem Rationalismus ein versteckter Illuminismus zum Grunde liegen, auf welchen dann der Philosoph, wie auf einen versteckten Kompaß, hinsieht, während er eingeständlich seinen Weg nur nach den Sternen, d.h. den äußerlich und klar vorliegenden Objekten, richtet und nur diese in Rechnung bringt. Dies ist zulässig, weil er nicht unternimmt, die unmittheilbare Erkenntniß mitzutheilen, sondern seine Mittheilungen rein objektiv und rationell bleiben. Dies mag der Fall gewesen seyn mit Plato, Spinoza, Malebranche und manchem Andern: es geht niemanden etwas an: denn es sind die Geheimnisse ihrer Brust. Hingegen das laute Berufen auf intellektuelle Anschauung und die dreiste Erzählung ihres Inhalts, mit dem Anspruch auf objektive Gültigkeit desselben, wie bei Fichte und Schelling, ist unverschämt und verwerflich.« (P2 §10, Z9.17)

Arthur Hübscher stellte richtig fest, dass wir getrost Schopenhauer in die Reihe der vom Illuminismus inspirierten Philosophen einfügen können (Hübscher 1973:48). Doch was Schopenhauers geheimer Kompass war—und wie er zu seiner Willensmetaphysik kam—ist trotz der Studien der letzten anderthalb Jahrhunderte noch immer ungeklärt. Dank der Forschungen von Rudolf Malter und seiner Nachfolger ist jedoch immer klarer geworden, dass die Frage nach dem Leiden und seiner Überwindung—die sogenannte Soteriologie—die zentrale Problematik von Schopenhauers Philosophie darstellt. Doch Schopenhauers Verständnis dieser Problematik entwickelte sich schrittweise und entsprach nicht von Anfang an der im Hauptwerk dargelegten Sicht. Deshalb ist es angebracht, in dieser Sache die Notizen des jungen Mannes zu benützen und spätere Ansichten mit Vorsicht zu genießen; denn auch Schopenhauer hatte die allgemein verbreitete Neigung, seinen Werdegang im Rückblick als zielgerichteter darzustellen, als er es wirklich war. In diesem Buch wird die Entstehungsphase von Schopenhauers System aufgrund seiner erhaltenen Notizen in folgende Phasen aufgeteilt:

1. Die erste Phase umfasst die Zeit vor Beginn des Philosophiestudiums, das heißt vor 1811, deren Wichtigkeit in bisherigen Darstellungen oft übersehen wurde.

2. Die zweite Phase ist die der sogenannten Frühphilosophie, das heißt Schopenhauers Studienzeit bis zum Abschluss der Doktorarbeit

im Herbst 1813. Die detaillierte Studie von de Cian (2002) über Schopenhauers Frühphilosophie endet mit der Dissertation.

3. Die dritte Phase, welche den Brennpunkt dieses Buches formt, umfaßt die Geburt der Willensmetaphysik (1814) und die Jahre 1815 und 1816, in denen Schopenhauer deren Implikationen immer umfassender durchdachte, formulierte und philosophiegeschichtlich einzuordnen suchte.

4. Die vierte Phase beinhaltet die Redaktion von Schopenhauers Hauptwerk, *Die Welt als Wille und Vorstellung* (1816 bis 1818). Sie ist noch kaum erforscht und wird hier nicht miteinbezogen.[3]

Phase	Zeit/Alter	Schriften
1. Frühphase	1807-1811 (19-23 J.)	Reisejournale; Nachlass 1, #1-12
2. Studienphase	1811-1813 (23-25 J.)	Nachlass 1, # 22-116 1813 Dissertation *Vierfache Wurzel*
3A. Geburt der Willensmetaphysik	1814 (26 J.)	Nachlass 1, # 117-364
3B. Ausarbeitung der Willensmetaphysik	1815-1816 (27-28 J.)	Nachlass 1, # 365-509 1816 *Sehn und Farben*
4. Darstellung der Willensmetaphysik als System	1817-1818 (29-30 J.)	Nachlass 1, # 510-716 1818 *Welt als Wille u. Vorstellung*
5. Didaktische Fassung des Systems	1819-1821 (31-33 J.)	Vorlesungsmanuskripte
6. Erläuterungen; Kommentare; Zusätze; Änderungen; Neues	1822-1860 (34-72 J.)	1836 *Wille in der Natur* 1841 *Grundprobleme der Ethik* 1844 *Welt als Wille u. Vorstellung 2* 1851 *Parerga und Paralipomena*

Da die Geburt von Schopenhauers Willensmetaphysik das Thema dieses Buches ist, muss unser besonderes Augenmerk der dritten Phase gelten, d.h. der Zeit zwischen 1814 und 1816. Doch auch die unmittelbar vorangehenden Phasen dürfen nicht vernachlässigt werden. Das Schema auf der vorangehenden Seite situiert diese Phasen im größeren Kontext von Schopenhauers Leben und Werk.

Welche Früchte Schopenhauers Grundkonzeption der Willensmetaphysik in seinem Werk—angefangen mit seinem Ende 1818 publizierten Hauptwerk— trug ist ebensowenig Thema dieses Buches wie die Diskussion ihres Wahrheitsanspruches. Vielmehr ist es meine Absicht, neues Licht auf die Entstehung von Schopenhauers Philosophie zu werfen und zu erläutern, was seinem Denkweg die Richtung gab: seinen Kompass.

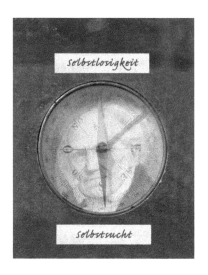

2. Selbstsucht und Selbstlosigkeit

Wenn ich mich nach dem Kompass in meiner Hand ausrichte, so weist das eine Ende auf mich und das andere von mir weg. Dies drückt, so denke ich, die Grundtendenz der ganzen Philosophie Schopenhauers aus. Sie erscheint in unzähligen Variationen von den frühesten Aufzeichnungen der Jugendzeit bis zu den spätesten Notizen des Greises und natürlich zeigt sie sich auch in der Grundstruktur seines Hauptwerkes *Die Welt als Wille und Vorstellung*. Dessen erstes Buch zeigt die Welt als die Vorstellung eines Ich: als Objekt eines Subjektes. Das zweite enthüllt ihr Wesen als blinden Willen, der nur sich selbst und sein Wohl will. Dieses blinde Streben erscheint uns zweipolig, was sich zum Beispiel im Magnetismus zeigt; und es hat neben vielen anderen Organismen auch solche geschaffen, welche dank ihres Gehirnes und Selbstbewusstseins zu seinem Spiegel werden konnten: die Menschen. Rudolf Malter hat dies Schopenhauers ›einen Gedanken‹ genannt: »Die Welt ist die Selbsterkenntnis des Willens« (1988:14). Doch damit scheint nur die eine Hälfte von der Kompassnadel und von Schopenhauers ›einem Gedanken‹ angesprochen. Es ist die Seite, welche unsere Natur und die Natur von allem anzeigt: der Ausgangspunkt. Vom anderen Pol, der diese Nadel unsichtbar und ohne Unterlass anzieht, handeln das dritte und vierte Buch von Schopenhauers Hauptwerk. Das dritte handelt vom zeitlich beschränkten Selbstvergessen im Kunstschaffen und Kunsterleben, in Genie und Publikum. Im vierten und letzten Buch geht es um das endgültige Selbstvergessen: die Selbstlosigkeit des Heiligen und das Erlöschen von jeglichem ›ich und mein‹, deren Darstellung in der oben zitierten furiosen Schlusspassage im buddhistischen Nirwana und dem ›Nichts‹ gipfelt.[4] Sein Leben lang suchte und fand Schopenhauer Bestätigungen dieser Kompassausrichtung in der Weltliteratur, und ein Jahr vor seinem Tod schrieb er: »In der *Deutschen Theologie* (alleinige unverstümmelte Ausgabe, Stuttgart 1851) wird Kapitel 2 und 3 gesagt, daß sowohl der Fall des Teufels, als der Adams, darin bestanden hätte, daß der Eine, wie der Andere, sich das Ich und Mich, das Mein und Mir beigelegt hätte; und S. 89 heißt es: ›In der wahren Liebe bleibt weder Ich, noch Mich, Mein, Mir, Du, Dein, und desgleichen.‹ Diesem nun entsprechend heißt es im ›Kural‹, aus dem Tamulischen von Graul, S. 8: ›Die nach außen gehende Leidenschaft des Mein und die nach innen gehende des Ich hören auf‹ (vgl. Vers 346). Und im *Manual of Buddhism* by Spence Hardy, S. 258 spricht Buddha: ›Meine Schüler verwerfen den Gedanken, dies bin Ich, oder dies ist Mein.‹ Ueberhaupt, wenn man von den Formen, welche die äußern Umstände herbeiführen, absieht und den Sachen auf den Grund geht, wird man finden, daß Schakia Muni und Meister Eckhard das Selbe lehren; nur daß Jener seine Gedanken geradezu aussprechen durfte, Dieser hingegen genöthigt ist, sie in das Gewand des Christlichen Mythos zu kleiden und diesem seine Aussprüche anzupassen.« (W2 §48, Z4.718)

Dass er diese Lehre als die Quintessenz und das Ziel seiner eigenen Philosophie ansah ergibt sich aus zwei Bemerkungen, welche der Greis zwei Jahre vor seinem Tod in sein *Senilia* genanntes Notizbuch kritzelte. In einem Abschnitt über Meister Eckhart und dessen »wundervoll tiefe und richtige Erkenntniß« schrieb Schopenhauer: »Im Buddhaismus liegen die selben Gedanken, unverkümmert durch solche Mythologie, daher einfach und klar, soweit eine Religion klar seyn kann. Bei mir ist die volle Klarheit« (HN4b.28). Beim Durchlesen dieser Passage muss er bemerkt haben, dass die Prämisse dieser Aussage fehlte und fügte er sie am linken Papierrand hinzu: »Buddha, Eckhard u. ich lehren im Wesentl. das Selbe, Eckhard in den Feßeln seiner christl. Mythologie.« (HN4b.28)

Für Schopenhauer stellten die Lehren der Mystiker ein Faktum dar, das keinem Zweifel unterlag. Es wird sich im Laufe dieses Buches zeigen, dass sie viel mehr darstellen als nur eine *Bestätigung* seiner Philosophie. Sicherlich waren sie dies *auch*—ganz besonders zur Zeit, als sein Hauptwerk fast gänzlich ignoriert und kaum verkauft wurde. So schrieb Schopenhauer im Jahre 1827, neun Jahre nach dessen Publikation: »Die *Quietisten* und *Mystiker* sind nicht etwa eine Sekte, die ein theoretisch beliebtes und einmal ergriffenes Dogma festhält, fortpflanzt und vertheidigt, und deren Mitglieder daher alle zusammenhängen. Im Gegentheil sie wissen oft nicht von einander, wenigstens sind einander die Indischen, Christlichen und Muhammedanischen Quietisten völlig fremd. Und selbst die Christlichen werden oft wenig Kunde von einander gehabt haben ... Dennoch reden sie alle vollkommen übereinstimmend. Diese große Uebereinstimmung im Verein mit der großen Zuversicht und Festigkeit ihres Vortrages bestätigt ihre Lehre als das wofür sie sie geben: *Aussage über innre Erfahrung*. Da diese *innre Erfahrung* überall dieselbe ist, so lehren Quietisten, obwohl völlig unabhängig von einander, ja durch Zeitalter, Welttheile und Religionen von einander abgeschnitten, doch ganz und gar dasselbe, so sehr, daß sogar der große Unterschied in der Bildung ... keinen merklichen Unterschied in der Lehre verursacht, eben so wenig als die Verschiedenheit des Zeitalters, der Nation, des Geschlechts jenes vermag.« (HN3.351)

Jede Philosophie, die ihren Namen verdient, muss nach Schopenhauer neben dem ›S‹ der Sexualität, dem klarsten Ausdruck des blinden und selbstischen Strebens der Natur, auch dieses ›N‹ erklären: die Nichtung oder Aufhebung dieses Strebens. Dieser Pol steht folglich »in genauer Verbindung mit dem Thema der Metaphysik«: »Daher hat jede Metaphysik die Quietisten entweder abzuweisen, welches nur geschehn kann indem sie solche entweder für Betrüger oder für Verrückte erklärt; oder sie muß sie gelten lassen und ihre Aussagen bestätigen. Alle bisherigen Metaphysischen Systeme müssen, um konsequent zu seyn, erstere Partei ergreifen, sobald der Gegenstand zur Frage kommt: das meinige ist das erste und einzige, welches entschieden die 2te Parthei ergreift, und ich halte diesen Umstand für kein unbedeutendes Merkmal seiner Wahrheit.« (HN3.351)

Seit Jahrhunderten hatten gebildete Europäer den ›consensus gentium‹, die Übereinstimmung aller Völker bezüglich eines allmächtigen Schöpfergottes, beschworen; und in der Folge von Vasco da Gamas Entdeckung des Seeweges nach Indien (1498) wurde das alte Indien oft als beste Bestätigung des Ur-Monotheismus aller Völker angeführt (App 2010c). Doch Schopenhauer sah keinen monotheistischen Konsens aller Völker, sondern einen mystischen: »Ein höchst auffallendes Beispiel hievon liefert die Vergleichung der *Torrens* der Guion mit der Lehre der Veden, namentlich mit der Stelle im Oupnekhat, Bd. 1, S. 63, welche den Inhalt jener Französischen Schrift in größter Kürze, aber genau und sogar mit denselben Bildern enthält, und dennoch der Frau von Guion, um 1680, unmöglich bekannt seyn konnte.« (W2 §48, Z4.718)

Während die Erkenntnis und das Verständnis dieses Phänomens im Laufe seines Lebens wuchs und sich in einer immer größeren Sammlung von Literatur und Notizen zu diesem Thema zeigte, ist die Grundtendenz schon in den frühesten Aufzeichnungen erkennbar. In den Reisetagebüchern (1800 und 1803-4) des Pubertierenden wechseln sich enthusiastische Beschreibungen der Schönheit und Gewalt der Natur ab mit Betrachtungen über das Elend und die Vergänglichkeit des Lebens. So bewunderte der Fünfzehnjährige bei seinem Besuch von Londons Westminster Abbey nicht nur die gewaltige Architektur, sondern notierte sich auch die Inschrift unter der Büste von John Gay im Poet's Corner: »Life is a jest and all things show it, / I thought so once and now I know it«: Das Leben ist ein Narrenspiel, in allem zeigt sich's / So dacht' ich einst und heute weiß ich's (Reisen:69). Im selben Jahr 1803 übersetzte er Miltons Gedicht *On Time*, das wie folgt beginnt: »Flieh neidsche Zeit, bis du dein Ziel erreichet, / Beschleunige der Stunden schweren Gang, / Des Eile nur dem Schritt des Senkbleys gleichet, / Es sättige dich was dein Rachen schlang, / Das Eitle, Falsche, denn nur das wird dein, / Nur Erdentand und Staub ...« (HN1, #1).

Miltons Gedicht schließt optimistisch, wird doch am Ende »alles Böse ... begraben, / Zuletzt die eigne Gier verzehrt haben« und anschließend die »Ewigkeit mit hohem Gruß« und einem »untheilbaren Kuß« eingeläutet: »Und einer Fluth gleich wird die Freude steigen, / Wenn jedes wahrhaft Gute sich wird zeigen, / Das Göttliche hell scheinen / Und Wahrheit, Friede, Liebe sich vereinen / Um dessen Thron zu schweben, / Zu dem wir uns im Himmelsflug erheben, / Ihn anzuschaun durch alle Ewigkeit, / Tief unter uns die dunkle Erdenbahn, / Ruhn ewig wir, in Sternen angethan, / Erhaben über Zufall, Tod und dich, o Zeit« (#1).

Während der Hamburger Jahre als Kaufmannslehrling (1805-7) fand der Jüngling in den *Phantasien über die Kunst, für Freunde der Kunst* von Ludwig Tieck und Wilhelm Wackenroder, die er seinem französischen Jugendfreund Anthime zur Lektüre empfahl, ähnliche Betrachtungen über »das blinde Ungeheuer Zeit« (Tieck 1799:126). Die beiden Autoren beschrieben einen Ausweg aus dem »Gefühl der allgemeinen Unbedeutendheit« und der »Nichtigkeit und Vergänglichkeit aller menschlichen Dinge«: die »Ewigkeit der Kunst« und die »höchste und reinste Liebe« (S. 124-6). In Kunst und Liebe gibt es Augenblicke, in denen wir uns vergessen: »eine geheime magische

23

Freude durchströmt uns, wir glauben uns selbst zu erkennen« (S. 123). In solchen Momenten können wir plötzlich »in reicher, frischer Lebensgegenwart unbefangene Blicke auf die Welt und in unser Inneres werfen« (S. 126). Die höchste aller Künste—für Wackenroder wie für Schopenhauer—ist die Musik, »der letzte Geisterhauch, das feinste Element, aus dem die verborgensten Seelenträume, wie aus einem unsichtbaren Bache ihre Nahrung ziehn«. Die Musik »will nichts und alles, sie ist ein Organ, feiner als die Sprache, vielleicht zarter als seine Gedanken, der Geist kann sie nicht mehr als Mittel, als Organ brauchen, sondern sie ist Sache selbst, darum lebt sie und schwingt sich in ihren eignen Zauberkreisen« (S. 120-1).

Wackenroder goss seine Sicht von Leiden und Erlösung in ein »wunderbares morgenländisches Mährchen von einem nackten Heiligen« (S. 135-46), welches auch die beiden Pole vom Kompass des Kaufmannslehrlings Schopenhauer schön verbildlicht. Im Morgenland, der »Heimath alles Wunderbaren«, hauste einst ein nackter Heiliger seit Jahren in einer abgelegenen Felsenhöhle an einem Fluss. Dieser Mann fand nie Ruhe: »ihn dünkte immer, er höre unaufhörlich in seinen Ohren das *Rad der Zeit* seinen sausenden Umschwung nehmen«. So war er von einer gewaltigen Angst getrieben, welche ihn »ohne die Ruhe einer Sekunde ... mehr und mehr in den Strudel der wilden Verwirrung« zog. »Tag und Nacht« war er »in der angestrengtesten, heftigsten Bewegung« wie ein Mensch, »der bemüht ist, ein ungeheures Rad umzudrehen«. Er war völlig gefangen in seiner Welt und terrorisiert vom Gedanken, Zeit zu verlieren und sich zu verlieren. Doch manchmal in schönen Mondnächten gab es kurze Augenblicke, wo er plötzlich innehielt. Dann sank er auf den Boden, »warf sich umher und winselte vor Verzweiflung; auch weinte er bitterlich wie ein Kind, dass das Sausen des mächtigen Zeitrades ihm nicht Ruhe lasse, irgend etwas auf Erden zu thun, zu handeln, zu wirken und zu schaffen«. In solchen Momenten fühlte er »eine verzehrende Sehnsucht nach unbekannten schönen Dingen«. Er suchte etwas »*bestimmtes unbekanntes*, was er ergreifen und woran er sich hängen wollte; er wollte sich außerhalb oder in sich vor sich selber retten, aber vergeblich!«

Wackenroders Märchen handelt vom Gefangensein in sich und von der Befreiung von sich selbst. Eine »wunderschöne, mondhelle Sommernacht« brachte endlich die ersehnte Erlösung, als der Heilige wieder einmal »weinend und händeringend auf dem Boden seiner Höle lag«. Zwei Liebende fuhren in dieser Nacht auf einem Nachen den Fluss bei der Höhle des nackten Heiligen hoch. »Der durchdringende Mondstrahl hatte den Liebenden die innersten, dunkelsten Tiefen ihrer Seele erhellt und aufgelöst« und aus dem Nachen »wallte eine ätherische Musik in den Raum des Himmels empor, süße Hörner, und ich weiß nicht welche andre zauberische Instrumente, zogen eine schwimmende Welt von Tönen hervor« und ein Gesang von der Liebe ertönte. »Mit dem ersten Tone der Musik und des Gesanges war dem nackten Heiligen das sausende Rad der Zeit verschwunden. Es waren die ersten Töne, die in diese Einöde fielen; die unbekannte Sehnsucht war gestillt, der Zauber gelöst, der verirrte Genius aus seiner irrdischen Hülle befreyt«. Der Heilige war endlich von sich selber und seinem Wahn erlöst: »Die Gestalt des Heiligen war verschwunden, eine engelschöne Geisterbildung, aus leichtem Dufte gewebt, schwebte aus der Höle« und schwang sich »immer höher und höher in die Lüfte«, eine »helle Luftgestalt« welche »mit himmlischer Fröhlichkeit« im Luftraume tanzte und endlich »sich in das unendliche Firmament verlor«. »Reisende Caravanen sahen erstaunend die nächtliche Wundererscheinung, und die Liebenden wähnten, den Genius der Liebe und der Musik zu erblicken« (Tieck 1799:124-6).

Dieses Märchen und die Aufsätze und Erzählungen von Wackenroder und Tieck beschwören Kunst und Religion, ja Kunstreligion, als Erlösung von der Gefangenschaft in der Ich-Illusion. Tieck war ein Apostel des Mystikers Jakob Böhme (1575-1624), und durch Tieck sind andere Protagonisten der Romantik wie Novalis und Friedrich Schlegel auf Böhme aufmerksam geworden. In diesem Märchen sind es die Ekstasen von Musik und Liebe, welche die Gefangenheit im Ich und seiner irdischen Hülle durchbrechen und den Menschen »vor sich selber« retten. Für die von Böhme inspirierten Tieck und Wakkenroder ist die Befreiung von dieser Befangenheit in der ›Ichtung‹ und ihrer Scheinwelt die wahre Religion. Die »zwey großen göttlichen Wesen, die Religion und die Kunst« sind »die besten Führerinnen des Menschen«, denn sie gleichen »zweyen magischen Hohlspiegeln ... die mir alle Dinge der Welt sinnbildlich abspiegeln, durch deren Zauberbilder hindurch ich den wahren Geist aller Dinge erkennen und verstehen lerne« (S. 29).

Man ahnt, warum der siebzehnjährige Schopenhauer seinem Freund Anthime die Bücher von Tieck und Wackenroder (1797 & 1799) so nachdrücklich zur Lektüre empfahl: sein Kompass war ähnlich ausgerichtet wie derjenige der beiden von Böhme inspirierten Dichter: von der ›Ichtung‹ zur ›Nichtung‹. Hat nicht Schopenhauers Hauptwerk, das wenige Jahre nach dieser Lektüre entstand, ein ähnliches Ziel—das in den Zauberbildern der Vorstellungen versteckte wahre Wesen aller Dinge zu verstehen—und eine ähnliche Ausrichtung auf Erlösung im Kunsterlebnis (drittes Buch) und in mystischer Nichtung (viertes Buch)? Doch verglichen mit Schopenhauers philosophischem System erscheinen Tiecks und Wackenroders Aufsätze und Märchen noch wie das Melodiengewirr beim Stimmen der Instrumente vor einem Konzert. Die Tonart ist schon einigermaßen da, einige Grundthemen auch—und doch trennt diese thematischen Fetzen noch eine Riesenkluft von der symphonischen Aufführung in Schopenhauers Hauptwerk.

Aus dem letzten Hamburger Jahr, als der 18-jährige Schopenhauer sich in derartige Lektüre vertiefte, stammt ein Gedicht, welches die beiden Pole von Schopenhauers Kompass zu jener Zeit schön zeigt. Es beginnt mit dem Südpol: »O Wollust, o Hölle / O Sinne, o Liebe, / Nicht zu befried'gen, / Und nicht zu besiegen. / Aus Höhen des Himmels / Hast du mich gezogen / und hin mich geworfen / In Staub dieser Erde: / Da lieg' ich in Fesseln« (HN1 #2). Gleich darauf folgt der entgegengesetzte Pol: »Wie wollt' ich mich schwingen / Zum Throne des Ew'gen, / Mich spiegeln im Abdruck / Des höchsten Gedankens, / Mich wiegen in Düften, / Die Räume durchfliegen, / Voll Andacht, voll Wunder, / Ausbrechend in Jubel, / In Demuth versinkend, / Den Einklang nur hörend« ... (#2)

Doch das »Band der Schwäche« verhindert meist solche Höhenflüge; es zieht den Jüngling immer wieder nieder und lässt »jegliches Streben nach Oben« misslingen. Trotzdem versiegt die Sehnsucht nach Erlösung nicht: »Was wäre wünschenwerther wohl / Als ganz zu siegen / Ueber das leere und so arme Leben, / Was keinen Wunsch uns je erfüllen kann, / Ob Sehnsucht gleich uns auch das Herz zersprengt« (#2). Dieser Sieg über das »leere und so arme Leben« klingt in Akkorden an, die an Tieck und Wackenroder erinnern: »Nehmen wir aus dem Leben die wenigen Augenblicke der Religion, der Kunst und der reinen Liebe, was bleibt als eine Reihe trivialer Gedanken?« (#12, Abschnitt 8)

Den Südpol seines Kompasses gegen Ende der Hamburger Zeit hat Schopenhauer fünfzehn Jahre später in einer berühmten Passage seiner handschriftlichen Aufzeichnungen folgendermaßen beschrieben: »In meinem 17ten Jahre, ohne alle gelehrte Schulbildung, wurde ich vom *Jammer des Lebens* so ergriffen, wie Buddha in seiner Jugend, als er Krankheit, Alter, Schmerz u. Tod erblickte. Die Wahrheit, welche laut und deutlich aus der Welt sprach, überwandt bald die auch mir eingeprägten Jüdischen Dogmen, u. mein Resultat war, daß diese Welt kein Werk eines allgütigen Wesens seyn könnte, wohl aber das eines Teufels, der Geschöpfe ins Daseyn gerufen, um am Anblick ihrer Quaal sich zu weiden: darauf deuteten die Data, u. der Glaube, daß es so sei, gewann die Oberhand.« (HN4a.96; Cholerabuch 89)

Doch die Hoffnung zog Schopenhauer magnetisch an. In Hamburg schöpfte er sie nicht nur aus Wackenroders und Tiecks Schriften, sondern auch aus den Dramen von Zacharias Werner (1768-1823), welche er seiner Mutter im Frühjahr 1807 mit Nachdruck zur Lektüre empfahl. Solche Leseempfehlungen sind gute Indikatoren von Interessen und verdienen gehörige Beachtung; in diesem Fall umso mehr, weil Schopenhauer den Dichter Werner Ende 1807 in Weimar traf und nach eigener Darstellung von ihm positiv beeinflusst wurde. Auf die Anfrage seines Bewunderers Becker, der Jahrzehnte später einige Werke von Werner las und ob der frappanten Ähnlichkeit mit zentralen Gedankengängen von Schopenhauers Philosophie staunte, schrieb Schopenhauer am 3. November 1853: »[Werner] war ein Freund meiner Jugend u. hat gewiß Einfluß u. zwar günstigen, auf mich gehabt. Im frühen Jünglingsalter schwärmte ich für seine Werke, u. als ich, im 20sten Jahre, seinen Umgang vollauf genießen konnte, im Hause meiner Mutter in Weimar, fand ich mich hochbeglückt. Er war mir gewogen u. sprach oft mit mir, sogar ernsthaft u. philosophisch.« (Gespräche 20)

Zufällig kamen der junge Schopenhauer und der Dichter Werner fast gleichzeitig um Weihnachten 1807 nach Weimar und verkehrten in den folgenden drei Monaten häufig miteinander, da Werner schnell Stammgast im Teezirkel von Schopenhauers Mutter Johanna wurde, wo sich an zwei Abenden pro Woche die geistige Elite Weimars einschließlich Goethe und Wieland ein Stelldichein gab. Ab Jahresanfang 1808 war Johannas Haus zudem Probelokal für Werners Drama *Wanda*, welches anlässlich seiner Aufführung im Weimarer Theater den jungen Schopenhauer tief bewegte.

Werner war stark von Wackenroder und Tieck beeinflusst und schwärmte ebenso feurig wie seine Vorbilder von Liebe, Kunst und Religion und den »Minuten der Weihe« (Hitzig 1823:20). Doch mehr als all die »Glaubens- und Kunstheroen, Fichte, Schleiermacher, Schlegel, Tieck« war er von Jakob Böhme begeistert. So schrieb Werner am 18. März 1801 an seinen jungen Freund Julius Hitzig: »Mehr aber als alles, gießt dieser fromme Geist Oel in die verwundeten Herzen. O, lieber, lieber Freund! Dass ich Dich doch bekehren, doch überzeugen könnte, daß uns *nichts* zu trösten vermag, als *Kunst und Religion*; (warum haben wir doch noch nicht *einen* Namen für diese beiden Synonyma)« (S. 24-5).

Zacharias Werner, gezeichnet von E.T.A. Hoffmann

Werner versicherte Hitzig, dass er »alle poetischen Lorbeerkronen für die Freude hingäbe, nicht etwa Stifter, bloß Mitglied, einer *ächt* religiösen Sekte zu seyn«, und weil er alle Künste nur als »Propyläen zu *diesem* Endzweck« betrachtete, war er stolz darauf, dass seine Dramen »eben so gut Predigt« heißen könnten (S. 48). Werner war ein äußerst missionarisch veranlagter Mann und liebte es, junge Männer für seine Religion zu begeistern: »Was könnten *zehn* gefühlvolle, reine, begeisterte Jünglinge, zu *einem* Zwecke verbündet, *mit der Welt in religiöser Hinsicht machen,* wenn sie weniger schreiben und mehr thun wollten, und wenn es möglich wäre, noch *junge* Leute zu finden« (S. 54). Seinem Jünger Hitzig erklärte er offen in seinen Briefen, dass er

29

auf Apostel hoffe und »Proselyten machen und Brüder haben« wolle (S. 60, 119).

Werners »Lieblings-Verhältniß« war das »des Meisters zum Jünger« (S. 118). In den ersten Jahren des Jahrhunderts hatte Hitzig die Position des Lieblingsjüngers inne, doch wenige Jahre später begeisterte sich auch der junge Schopenhauer für Werners Dramen und hatte anschließend das Glück, während dreier Monate den Umgang mit dem Dichter »vollauf« zu genießen und oft mit dem zwanzig Jahre Älteren zu sprechen. Der Inhalt ihrer ernsthaften und philosophischen Gespräche ist unbekannt; doch der Mystiker Jakob Böhme spielte mit Sicherheit eine zentrale Rolle, denn Werners Philosophie war völlig von Böhmes Gedankengut durchtränkt. Werner hatte als Student in Königsberg Kant gehört und sich dann für Schleiermacher, Tieck und Wackenroder begeistert. Doch ab 1801 war er ganz Böhme verfallen, der ihm auch den Weg zu Schelling—einem weiteren Böhme-Bewunderer—erschloss. All dies mag in Werners Unterhaltungen mit Schopenhauer zur Rede gekommen sein. Doch die Lehre, welche Werner mit so großem Missionseifer vertrat, ist auch in den Dramen verpackt, für welche Schopenhauer bereits »im frühen Jünglingsalter« schwärmte. Deren Langatmigkeit und brünstige Mystik, die schon Goethe auf die Nerven gingen, mögen mit ein Grund sein, warum der Einfluss Werners ebenfalls in einem ziemlich toten Winkel der Schopenhauerforschung liegt. Dabei gibt es bestimmt keinen anderen Autor im Umkreis des jungen Mannes, dessen Kompass so ähnlich ausgerichtet war und dessen Werk die Grundtendenz der späteren Ästhetik und Ethik des Philosophen so frappierend vorausnimmt.

Am ausführlichsten erscheint Werners Lehre im zweiteiligen Drama *Die Söhne des Thal's*, das Werner kurz vor seinem Weimaraufenthalt überarbeitet hatte und das auch Schopenhauers Mutter beeindruckte, die es auf Empfehlung ihres Sohnes hin las (Lütkehaus 1998:151). Schon im Prolog kündigt sich das Mystik-inspirierte Kernthema an: die höchste Entsagung, in welcher »die stolze Ichheit ... an's Kreuz geschlagen« wird (Werner 1823.1:iv). Werners Drama war ursprünglich als freimaurerisches Lehrstück konzipiert und beschreibt die Entartung einer Urlehre (die Lehre der Bruderschaft des Thals) in den Händen des Templerordens und der Kirche. Diese Urlehre stellt natürlich Werners damalige Religion dar; und von der »Kanzel der Bühne« wollte er dem Publikum stundenlang den Unterschied zwischen wahrer Religion und degeneriertem Templertum und Christentum einbleuen. In diesem Fall war die Kanzel jedoch das Buch, welches Schopenhauer seiner Mutter empfahl, denn auf der Bühne war das Werk ein Misserfolg. Werner hatte offensichtlich Schriften eines schottischen Pioniers des Freimaurertums, des Biographen Fénelons und Sekretärs von Madame Guyon, studiert: Chevalier Andrew Ramsay. Die Urreligion von Ramsay war durch Fénelon und Madame Guyon inspiriert und jene von Werner durch Guyon und Böhme. Werners »Bruderschaft des Thal's« hat die Urreligion bewahrt und ist folglich »die Wurzel jenes Baumes, / Von dem der Orden deines Tempelbundes / Ein kleiner Zweig nur ist«; und Ausleger dieser Wurzel finden sich auch »am Ganges, / Am Nil, am Indus, Tanais und Oxus« (Werner 1823.2:272). Der Höhepunkt des langatmigen Dramas ist eine Szene im Untergrund von Paris, wo »eine kolossalische Statüe einer liegenden Sphinx« den uralten ägyptischen Hintergrund der Lehre und das unter deutschen Intellektuellen und Künstlern so populäre ›hen kai pan‹ (Eins-und-Alles) repräsentiert. Dieses *hen kai pan* wurde unter anderem von Schiller in »Die Sendung Moses« besungen und thronte als gerahmtes Glaubensbekenntnis auf Beethovens Pult »Ich Bin, Was da ist / Ich bin alles, was ist, was / war, und was seyn wird, / Kein sterblicher Mensch / hat meinen Schleyer / aufgehoben« (Assmann 2007:249).

Werners Interpretation dieses *hen kai pan* formt den Kern des Lehre des Thals und den Höhepunkt seines Dramas. Diese Lehre wird einerseits vom »Alten vom Carmel« proklamiert, welcher in dieser Schlüsselszene hinter der Sphinxstatue sitzt, und anderseits von »verborgenen Stimmen«, welche immer wieder aus dem Äther ertönen. Der Alte vom Carmel erklärt »des Daseyns Räthsel«—und damit den Kern von Werners Philosophie—wie folgt: Der »Wahn zu werden Ein

31

und Etwas«, d.h. der Wahn der Eigenheit ist der Grund, warum der Mensch vergisst, dass er eins mit allem ist. Dieser egoistische Wahn führte zu seiner Verbannung »in einen Kerker, der da heißet *Leben*«. Genau dieser Wahn, der den Menschen zum Vergessen seines wahren Wesens verführte, ist es nun, der durchbrochen werden muss »auf dass du werdest wieder Nichts und Alles« (Werner 1823.2:263-5). So enthüllt Werners Sphinx den Sinn ihres Rätsels vom »Eins-und-Alles«: »Alles bist du selber, / Wenn du Alles bist, nicht Etwas« (S. 271). Dies ist der Inhalt der Erleuchtung, welche der Empfänger dieser Lehre erfährt und die ihn vom Gefangenen zum König macht: »Da fiel es ihm wie Schuppen von den Augen: / Es schwand der Wahn, zu werden Ein und Etwas; / Sein Wesen war in's große All zerronnen, / Und, wie ein Säuseln, kühlt es ihn von oben, / Dass ihm das Herz vor Lust zerspringen wollte, / Gewand und Kette drückten ihn nicht fürder; / Denn das Gewand schuf er zum Königs-Purpur, / Und seine Kette schuf er zum Geschmeide« (S. 270). Das Gefängnis des Menschen ist sein egoistischer Wahn der ›Ein und Etwas‹–Eigenheit und die Erlösung besteht darin, dass er zu Nichts wird und im Alles verschmilzt.

Werners Drama von den Söhnen des Thals ist wie Wackenroders Märchen vom nackten Heiligen offensichtlich von der Mystik Jakob Böhmes geprägt. Ebenso stark ist jedoch der Einfluss der französischen Mystikerin Jeanne-Marie Bouvier de la Motte Guyon (1648-1717), kurz Madame Guyon genannt. Ihre berühmte französische Autobiografie war 1720 in Köln publiziert worden und deren deutsche Übersetzung 1727 in Leipzig. In der Folge wurden viele Schriften der Guyon in mehreren europäischen Sprachen verlegt, und genau als Werner sein Thal-Drama verfasste, erschienen in Frankfurt und Leipzig zwei Bände mit deutschen Übersetzungen ihrer »geisterhebenden Beschäftigungen des Herzens mit Gott durch die lebendige Erfahrungs-Erkenntniß der göttlichen Liebe, oder die Geheimnisse des innwendigen Christenthums, geoffenbaret in der Schule der himmlischen Weisheit« (1802-3). Madame Guyons Denken spiegelt sich perfekt im Zentralthema von Werners Thalbrüdern: die stolze Ichheit muss ans Kreuz geschlagen und völlig vernichtet werden. Nur durch den vollständigen Sieg über das ›Kleben an sich selbst‹ und die völlige Befreiung von aller Eigensucht und Eigenliebe im mystischen Tod kann dieses ›Nichts‹ erreicht werden, in dem man ›Alles‹ wird. Madame Guyons Mystik der Liebe ist das schlagende Herz von Werners Religion. Doch Werners Interpretation jener Lehre war auch durch sein Studium von Schleiermachers Reden über die Religion, von Schellings frühen Schriften und von Werners stark sexuell-mystischen Tendenz gefärbt. Erlebnisse des Selbstvergessens in der sexuellen Ekstase, im Kunsterlebnis, in der Religion und im mystischen Tod haben alle einen gemeinsamen Nenner: Erlösung vom Ich. Werners Vertreter der Urlehre des Thals führt aus: »Der Mensch kann alles, wenn er nur sich selbst / Vergisst, und sich der Sinnenwelt entäußert: / Die erste Handlung dieser Selbstentäußrung / Ist *Reinigung*, die letzte ist der *Tod*; / Und das, was uns dem Ganzen wiedergibt, / die herrliche *Verwesung*, ist die Krone. / Um dieses zu erlernen, sind wir hier« (S. 292-3). Diese »herrliche Verwesung« ist eines der Elemente, welches klar von Madame Guyon stammt, die das Verscheiden »in den Armen der Liebe« nicht als letzte Stufe der Selbstentäußerung ansah, sondern auch »Begräbnis, Verwesung« und völlige »Vernichtigung« aller Eigenliebe forderte: »Der alte Adam fängt endlich an, in Fäulnis überzugehen und in Verwesung ... Schon ist der alte Mensch zerstört ... Er ist untergegangen mit allen seinen bösen Gelüsten ... Die Verwesung ist vollendet ... Sterbend hat er das Leben gewonnen, und im Nichts das All, im Kreuz die Auferstehung!« (Guyon 1978:76-9)

Dieses radikale Durchbrechen des Ich-Wahns und die Erkenntnis von dessen Nichtigkeit in der Erfahrung der All-Einheit kann dem Menschen nicht vermittelt werden, denn er kann sein eigenes wahres Wesen nur erkennen, wenn er alles Ich und Mein abtötet und vernichtet (Werner 1823.2: 293). So lehrt der Vertreter des Thals ganz im Stile von Böhme und Madame Guyon: »Durch Selbstverlierung lernst du anzuschauen« (S. 294). Werners Darstellung der Erleuchtung des Protagonisten im Thal-Drama liefert so den Schlüssel zu jener Philosophie, die seine Jünger einschließlich Schopenhauer so faszinierte. Es geht um das Ablegen des Ich-Wahns in der Selbstentäußerung des Helden, des schöpfenden Künstlers und des Heiligen—alles Themen, welche die spätere Philosophie Schopenhauers prägen sollten. Der junge Mann in Werners Thal-Drama erlebt diese Lehre so: »Du wirfst mich in ein Chaos von Ideen; / Doch fühl' ich wohl—sie sind mir nah' verwandt: / Du hast sie nur entwickelt, nicht erschaffen.— / Der Egoismus, selbst der leiseste, / Ist aller Größe Tod; — im Sittlichen / War nie ein Held noch ohne Selbstverläugnung — / Und was vom Helden gilt, gilt auch vom Schöpfer; / Denn wer ist Held, wenn er nicht Schöpfer ist? — / Der Tod—so dämmert's mir—er soll vielleicht, / Er der von uns so gar nichts übrig lässt— / Vielleicht Symbol seyn dieser Selbstverläugnung— / Vielleicht noch mehr ...— vielleicht — Ich hab' es, Alter! / Die krüpplichte Unsterblichkeit—nicht wahr?— / Die unser eignes jämmerliches Ich / So dünn und kläglich—so mit allem Unrath / Nur fortspinnt in's Unendliche—nicht wahr?— / Auch sie muss sterben?—unser schales Selbst— / Wir sind in Ewigkeit nicht d'ran genagelt?— / Wir können es, wir müssen es verlieren, / Um einst in Aller Kraft zu schwelgen!« (S. 294-5). Auf diesen rhapsodischen Ausspruch hin ruft der Vertreter des Thals begeistert: »Er hat entsagt—er hat es selbst gefunden!« (S. 295).

Werners Jüngern erging es vielleicht ähnlich. Sie nahmen sich wohl auch die »verborgenen Stimmen« zu Herzen, welche während dieser Schlüsselszenen immer wieder aus dem Äther erklingen. Sie raunen zum Beispiel über das Selbstvergessen im Kunsterlebnis: »Uebe Kunst mit reinen Sinnen, / Dann wirst du die Kraft gewinnen, / Um in Schönheit zu zerrinnen!« (S. 256). Solches Zerrinnen geschieht vorzugsweise im Natur- und Musikerlebnis: »Ich halt's nicht aus—ich muss in diesen Tönen— / In diesen Wogen muss ich untergehn!— / Mein Innerstes—es muss zerfließen—Sehnsucht— / Unnennbar—bin ich noch?« (S. 256-7). Beim Überreichen des Kelches der Weisheit verkünden die verborgenen Stimmen, was Wackenroders nackter Heiliger am eigenen Leibe erfuhr: »Nur, wenn du dir selbst entkommen,

34

/ Und in's große All geschwommen, / Ist die Binde dir entnommen« (S. 257).

Wir werden wohl nie wissen, wie tief solche Böhme- und Guyon-inspirierten Aussagen Werners den jungen Schopenhauer prägten; doch könnten einige dieser eben zitierten Aussagen nicht fast als Motto über dem dritten und vierten Buch von Schopenhauers Hauptwerk stehen? Was sah der junge Mann wohl in Aussagen der ›verborgenen Stimmen« wie: »Formen werden und verwehen, / Leben muss Verwesung sehen, / Und der Strahl zum Urquell gehen« (S. 247)? Was bedeutete es für ihn, dass gerade dieser Urquell dem Menschen wegen seines Ich-Wahns verborgen ist? Wurden solche Ideen zu Ankersteinen für Schopenhauers spätere Konzeption von *Maya* und *principium individuationis*? War er überzeugt von Werners Argument, dass der Ich-Wahn des Menschen—oder, wie Böhme sagt, sein ›Eigenwille‹ oder ›Ich‹ und ›Mein‹—die wahre Erbsünde ist und dass das Menschendasein durch Gefangenschaft in diesem Wahn gekennzeichnet ist? Beeindruckte ihn der Gedanke, dass nur Selbstverneinung und Selbstaufhebung die Türe des »Kerkers, der da heißet *Leben*« zu öffnen imstande sind? Könnte es sein, dass in diesen Weimarer Monaten, als Schopenhauer immerhin schon zwanzig Jahre alt war, sein Kompass sich endgültig auf das ›N‹ von Böhme, Madame Guyon und Zacharias Werner—»dass du werdest wieder Nichts und Alles« (S. 263-5)— ausrichtete? Auf jeden Fall weisen Bemerkungen Schopenhauers wie »Ich bin was jederzeit ist, jederzeit war, und jederzeit seyn wird. Und nur ich selbst kann meinen Schleier heben« (#654) darauf hin, dass die Stimme von Werners Sphinx noch im Jahre 1817, als Schopenhauer sein Hauptwerk redigierte, widerhallte. Es ist deshalb sehr wohl möglich, dass schon 1808, im zwanzigsten Altersjahr Schopenhauers, die Grundausrichtung fixiert war, welche zehn Jahre später zum ›Nichts‹ am Ende von Schopenhauers Hauptwerk führen sollte. Dies war der Pol, der ihn auch am Ende seines Lebens noch magnetisch anzog, als er dem Nichts und den anderen Begriffen auf der Nordseite seines Kompasses noch denjenigen von *prajñā-pāramitā* beigesellte: die höchste

Weisheit des Mahāyāna-Buddhismus »jenseits von Subjekt und Objekt«.

Jedenfalls formt dieses Gegensatzpaar von Selbstsucht und Selbstlosigkeit den gemeinsamen Nenner nicht nur der Frühphilosophie Schopenhauers, der wir uns nun zuwenden, sondern seines gesamten Werkes in all seinen Dimensionen, von der Metaphysik bis zu seiner Kunstlehre, und von der Naturlehre bis zur alles krönenden Ethik. Wenn Schopenhauers Philosophie nur verschiedene Dimensionen eines ›einzigen Gedankens‹ expliziert, dann wurzelt dieser Gedanke im dunklen Erdreich der Eigensucht, von welcher die gesamte Natur und am extremsten der Mensch beredtes Zeugnis ablegt. Gleichzeitig ist darin jedoch das magische Streben erfasst, welches den Menschen zum Licht der Selbstlosigkeit hintreibt: weg vom Ich und Mein, eben wie die Peilung der Kompassnadel. Das ist die Kraft, die den Menschen hinzieht zur Überwindung der Eigensucht in Selbstvergessen und Selbstlosigkeit—sei das nun in der Liebe, im schöpferischen Akt, im Erleben von Natur und Kunst, in der Klarheit meditativer Konzentration oder in eben in jener Heiligkeit, welche diesen Magnetpol am eindeutigsten zeigt und ihn am unwiderleglichsten »mit dem Stämpel innerer Wahrheit verbürgt« (W1 §71, Z2.508). Schon in einer seiner frühesten Aufzeichnungen schrieb der Zwanzigjährige folgendes zum Thema Selbstsucht und Selbstlosigkeit: »Das Leiden, welches ich von mir weg und auf einen andern schiebe, wird dadurch vergrößert: darum die große Masse des Übels auf der Welt, die entstanden ist, indem das ursprüngliche positive Uebel (die Schuld der Welt) durch dies egoistische Weiterschieben vermehrt wurde. Nur durch freiwilliges Aufladen und Ansichziehn des Uebels wird es zur möglichsten, vielleicht unendlichen Verringerung gelangen und so das Reich Gottes kommen.« (HN1, #12, Abschnitt 9)

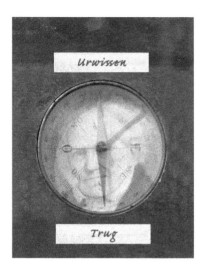

3. TRUG UND URWISSEN

Warum hat Schopenhauer überhaupt Philosophie studiert? Seinem Vater hatte er versprochen, Kaufmann zu werden, und nach dem Abbruch seiner Lehre drängte ihn die Mutter zu einem Brotstudium wie Juristerei oder Medizin. 1809 war es dann soweit: der 21-jährige Sohn begann mit einem Empfehlungsbrief von Goethe bewehrt endlich sein Medizinstudium in Göttingen. Doch schon nach drei Semestern brach er es ab und wechselte zur Philosophie. Was war passiert? Aus dieser Zeit gibt es nur wenig Tagebuchnotizen Schopenhauers, doch das Ausleihregister der Unibibliothek und die Vorlesungsnachschriften des Studenten weisen auf ein starkes Interesse an Natur- und Menschheitsgeschichte. Es ist, als ob der junge Mann zuerst seinen Standpunkt in der Geschichte und in der Natur verstehen lernen wollte. Dabei hatte er drei berühmte Führer: Professor Johann Friedrich Blumenbach (1752-1840) für die Naturgeschichte, Professor Arnold Hermann Ludwig Heeren (1760-1842) für die Menschheitsgeschichte und Jean-André Deluc (1727-1817) für die Erdgeschichte. Der letztere las zwar nicht mehr in Göttingen, doch die Bände seiner Briefe über die Erdgeschichte waren eine Hauptlektüre des Studenten in den ersten zwei Semestern. Deluc beschrieb unter anderem ausführlich die geologischen Eigenheiten und Fossilienfunde um Göttingen und Hamburg, also sozusagen den Boden unter Schopenhauers Füßen. Delucs Briefe setzten eine langjährige Diskussion mit Professor Blumenbach fort, die immer wieder auf ein Thema zurückkam, welches ganz Europa faszinierte: Fossilien. Sie mögen als winzige, unnütze Schrauben in der gewaltigen Maschinerie des Universums erscheinen; doch Haifischzähne auf den Alpen und versteinerte unbekannte Lebewesen sowie die Riesenknochen tropischer Tiere, die sogar in der Nähe von London ausgegraben wurden, brachten das althergebrachte Vertrauen in die Bibel und ihren Schöpfungsbericht bedenklich ins Wanken. Schon die Entdeckung Amerikas mit seinen unzähligen, bisher unbekannten Tieren und Pflanzen hatte reichlich Stoff für Zweifel geliefert und Isaac La Peyrère (1596-1676) auf die Idee gebracht, dass lange vor Adam und Eva Präadamiten gelebt hätten. Der Skandal war, dass diese gutgemeinte Idee die biblische Schöpfungsgeschichte zum letzten Kapitel einer viel längeren Geschichte deklassierte.

Schopenhauers Nachschrift von Professor Blumenbachs Vorlesungen über Mineralogie und Naturgeschichte enthält allerhand Informationen über Versteinerungen, prähistorische Riesenhyänen, »ellenlange Vogelkrallen« aus Sibirien und die berühmten Versteinerungen aus Oeningen am Bodensee, unter welchen der Zürcher Gelehrte Johann Jakob Scheuchzer (1672-1733) auch das einzige erhaltene Skelett eines vorsintflutlichen Menschen entdeckt haben wollte. Im zweiten Göttinger Studienjahr Schopenhauers wies dann allerdings Blumenbachs Rivale Georges Cuvier nach, dass es sich um Kopf und Rumpf eines

Riesensalamanders handelte. Blumenbach knüpfte auf seine Art an La Peyrères Präadamiten an: in seinen *Beyträgen zur Naturgeschichte*, deren Resultate er in seinen Vorlesungen referierte, ging er von Göttingen aus, wo »fast jeder Pflasterstein ... Gattungen, ja sogar ganze Geschlechter von Thieren« enthalte, welche »untergegangen seyn müssen«: »Unser Kalkboden wimmelt gleichsam von den mannigfaltigsten Arten versteinter Seegeschöpfe, unter welchen aber meines Wissens nur eine einzige Gattung ist, wozu wir noch gegenwärtig ein derselben so sehr ähnelndes Geschöpf kennen, dass man es wohl für das Original dazu halten kann« (Blumenbach 1806:6). In seinem Büchlein *Specimen archaeologiae telluris*, welches Schopenhauer im zweiten Göttinger Semester gleich nach dem fünften Band der Erdgeschichtsbriefe von Deluc auslieh, schlug Blumenbach ein Klassifikationsschema für Fossilien vor und erklärte die Theorien von »Physikotheologen« wie Deluc, welche alle Fossilien auf eine einzige Sündflutkatastrophe zurückführen wollten, für unhaltbar. Vielmehr zeige der kritische Vergleich der Fossilien und ihrer Lagerstätten, dass es drei Hauptarten von Fossilien gebe: die jüngsten wie jene von Oeningen, welche den uns bekannten Lebewesen gleichen; ältere wie die Mammute in Sibirien, welche Lebewesen aus völlig anderen klimatischen Zonen noch irgendwie gleichen; und schließlich »die allerältesten, größtentheils von ganz *unbekannten* Geschöpfen, den Denkmahlen einer catastrophirten ganz fremdartigen Schöpfung« (S. 115).

Blumenbach folgerte, dass es mehrere gewaltige Revolutionen gegeben haben musste, wovon die jüngste nur eine klimatische war (daher die tropischen Tiere im Untergrund von Nordeuropa und Russland). Ältere Fossilien beweisen hingegen, dass »die feste Rinde der Erde selbst so mächtige Umkehrungen erlitten, dass zum Beispiel vormaliger Meeresboden der Urwelt nun mit sammt seinen ungestörten Conchylienlagern jetzt hohe Alpen deckt, und hingegen vormalige Landgewächse tief unter der jetzigen Meeresfläche vergraben sind« (S. 121). Solche Phänomene können nur durch mehrere Katastrophen in langen Abständen erklärt werden, was Blumenbach zu folgendem

Schluss brachte: »Alles dieß zusammen genommen, so wird es meines Bedünkens mehr als nur wahrscheinlich, dass schon einmal nicht nur eine oder die andre Gattung, sondern eine ganze organisirte präadamitische Schöpfung auf unserm Erdboden untergegangen ist« (S. 13). Während sich die verschiedenen Menschen- und Tierrassen durch relativ kleine Umformungen erklären lassen, suchte Blumenbach auch das Aussterben ganzer Gattungen und das Entstehen von neuen zu erklären. Darwin hat diese Phänomene ein halbes Jahrhundert später schlüssig mit seinem Evolutionsmodell erklärt; doch Blumenbach führte sie auf einen ›Bildungstrieb‹ zurück, dessen Entdeckung ihn international berühmt machte. Dieser Trieb, der zum Beispiel versehrte Organe wieder nachwachsen lässt, habe in den verschiedenen, gewaltig langen Phasen der Erdgeschichte »auf eine ähnliche—aber nicht auf die gleiche Weise gewirkt« (S. 21). So konnte Blumenbach nicht nur neue Spezies als Varianten von älteren erklären, sondern auch eine gewisse Kontinuität der Lebensformen über gewaltige Katastrophen hinweg sicherstellen.

Fossilien in Blumenbachs *Specimen archaeologiae telluris* (1806)

Schopenhauers Göttinger Buchausleihen und seine Verehrung Blumenbachs zeigen, dass ihn solche Themen faszinierten. Auch die einzigen Philosophiebücher, welche er in den ersten neun Monaten

seines Studiums auslieh, zeugen vom Interesse am Verstehen der Geschichte unserer Erde und des ganzen Universums: die durch Blumenbach öfters zitierten Werke von Lukrez, welche Epikurs Vision eines
Universums aus energiegeladener Materie ohne Schöpfer propagieren
und in den Werken von französischen Atheisten wie Baron von Hol-
bachs *Système de la nature* (1770) zu neuen Ehren gekommen waren.
Nur die Vorlesungen von zwei Professoren hat Schopenhauer während
aller vier Göttinger Semester besucht: Blumenbach und Heeren. Bei
Blumenbach ging es um die Geschichte der Erde und all ihrer Lebewesen, bei Heeren um jene der Menschheit: Europäische Geschichte,
Kreuzzüge, alte Geschichte und Ethnographie. In den Ethnographie-
vorlesungen, die Schopenhauer eifrig mitschrieb, vermittelte der Al-
tertums- und Indienspezialist Heeren dem jungen Studenten unter
anderem erste Informationen über asiatische Religionen und Kulturen
(App 2003, 2006a). Sein Durst, größere und größte Zusammenhänge
zu verstehen, mag Schopenhauer auf die Philosophie gebracht haben.
Nach Lukrez im ersten Semester sind seine nächsten philosophischen
Ausleihen am Ende des zweiten Studiensemesters im Göttinger Ausleihregister vermerkt: Schellings *Von der Weltseele* und seine *Ideen zu
einer Philosophie der Natur*.

In der *Weltseele* (1. Aufl. 1798) wollte Schelling unter Bezugnah-
me auf Delucs Erdgeschichte, Goethes Pflanzenmetamorphose, Blumenbachs Bildungstrieb usw. »ein *gemeinschaftliches Princip*« finden,
welches »zwischen anorgischer und organischer Natur fluctuirend die
erste Ursache aller Verändrungen in jener, und den letzten Grund aller
Thätigkeit in dieser enthält, das, weil es *überall* gegenwärtig ist, *nirgends*
ist, und weil es *Alles* ist, nichts *Bestimmtes* oder *Besondres* sein kann«
(Schelling 1798:iv). Obgleich eine eigentliche Bezeichnung dieses ersten Prinzips alles Lebenden und Leblosen nicht möglich sei, nannte
es Schelling es ›Weltseele‹ aufgrund seiner Überzeugung, dass genau
dies schon das Thema der ältesten griechischen Philosophie gewesen
sei, »zu welcher, nachdem sie ihren Kreislauf vollendet hat, die unsrige
allmählich zurückkehrt« (S. iv). Gemäß Schelling bezeichnet ›Welt-

seele‹ das Prinzip von allem—und genau dieses Prinzip stelle das Herz der wahren Philosophie dar, die deshalb *Naturphilosophie* sein müsse.

Wer schon im Vorwort von Schellings *Weltseele* Anklänge von Schopenhauers späterer Willensmetaphysik hört, liegt keineswegs falsch. Auch Schopenhauer wird es um das grundlegende Wesen von allem gehen; und wie Schelling wird er es als ein fundamentales Streben bezeichnen, das sich unter anderem in der magnetischen Kraft und ihrer Polarität ausdrückt. Für Schelling war gerade die magnetische Kraft ein gutes Erklärungsmodell, denn er vermutete, »dass sie *jedem* Körper der Natur, wenn auch in unendlich-kleinem Grade« innewohnen könnte (S. 165). Wenige Seiten später behauptet er bereits apodiktisch: »Da der Magnetismus eine allgemeine Naturkraft ist, kein Körper der Welt absolut-unmagnetisch sey, eben so wie kein Körper absolut-durchsichtig, oder undurchsichtig, absolut-warm oder kalt ist« (S. 169). Wie die magnetische Kraft die Kompassnadel magisch anzieht, so ist für Schelling die unbekannte »erste Kraft« oder Grundkraft, welche sich im Anorganischen als *Bildungskraft* und im Organischen als *Bildungstrieb* offenbare (S. 298-9), ebenfalls ein Unbekanntes: »So steht die Betrachtung der anorgischen so gut wie der organischen Natur vor jenem Unbekannten stille, in welchem die älteste Philosophie schon die erste Kraft der Natur vermuthet hat« (S. 303). Genau diese Kraft unterhält »die Continuität der anorgischen und der organischen Welt« und verknüpft »die ganze Natur zu einem allgemeinen Organismus« (S. 305). Sie gleicht dem Magnetismus: »So ist die Ursache des Magnetismus überall gegenwärtig, und wirkt doch nur auf wenige Körper. Der magnetische Strom findet die unscheinbare Nadel auf dem offnen, freyen Meer so gut als im verschloßnen Gemach, und wo er sie findet, giebt er ihr die polarische Richtung. So trifft der Strom des Lebens, von wannen er komme, die Organe, die für ihn empfänglich sind, und giebt ihnen, wo er sie trifft, die Thätigkeit des Lebens« (S. 301).

Solches las der junge Schopenhauer ab Mitte Juli 1810. Eine Woche später entlieh er zwei Bände Plato und nach weiteren zehn Tagen Schellings *Ideen zu einer Philosophie der Natur*. In der Folge sind fast all seine Bibliotheksausleihen Philosophiebücher. Im folgenden Wintersemester besuchte Schopenhauer seinen ersten Philosophiekurs: die Metaphysikvorlesung von Gottlob Ernst Schulze (1761-1833) und zu Semesterende informierte er seine Mutter bereits über den Entschluss, sein Leben der Philosophie zu weihen. Hatte ihn Schulzes Metaphysikvorlesung so begeistert? Obwohl er später den Vortrag von Schulze lobte, zeigen seine Randnotizen schon nach einigen Monaten eher wachsende Irritation. So quittiert er Schulzes Aussage, Gott sei das Experiment mit der menschlichen Natur gelungen, mit der Randnotiz »O Herre Gott o Herre Gott / Erbarme dich des Herrn!« (HN2:9). Dann regt er sich auf, dass Schulze Heiligkeit und Glückseligkeit als inkompatibel betrachtet und nennt ihn einen Sophisten (S. 12). In der Psychologievorlesung notiert er, dass Schulze »durch Gewäsch« zeige, »wie er das Göttliche im Philebos gar nicht verstanden« hat (S. 14). Die Ausdrücke der Entrüstung werden immer stärker, vor allem wenn es gegen die Peilrichtung von Schopenhauers Kompass geht. Als Schulze behauptete, das Vertieftsein sei »die Unfähigkeit die mit einem Gegenstande beschäftigte Aufmerksamkeit auch noch auf andre Dinge zu verwenden« bemerkte Schopenhauer sarkastisch: »An dieser Geistesschwäche hat also Sokrates stark laboriert, als er, wie Alkibiades im Symposion erzählt, ein Mal 24 Stunden unbeweglich auf dem Felde stand« (HN2:15). Und nach einer verpassten Vorlesung von Gottlob Schulze schrieb er doppelsinnig: »Hier fehlt Gottlob ein Diktat über das Erhabene« (S. 14).

Das Erhabene und die Kontemplation, die Heiligkeit und die Glückseligkeit lagen Schopenhauer besonders am Herzen, gaben sie doch den Anziehungspol auf seinem Kompass an—und genau da lag dieser ›Sophist‹ falsch. Doch immerhin hatte Schulze ihm den Rat gegeben, seine Zeit nicht mit Schelling, Spinoza und Konsorten zu vergeuden, sondern sich an Plato und Kant zu halten. Für Schulze waren nämlich Schelling und Fichte nicht viel mehr als moderne Imitatoren der Neuplatoniker und Mystiker. In einem Abschnitt der Metaphysikvorlesung mit Titel »Von dem Versuch vermittelst einer intellektuellen

Anschauung des Absoluten den Zweck der Metaphysik zu erreichen u. das Räthsel der Welt zu lösen: oder von der Fichtischen Wissenschaftslehre u. der Schellingischen Naturphilosophie« (HNB2:100r) sagte Schulze gemäß der Nachschrift Schopenhauers von diesen neuen Systemen: »Dergleichen Erkenntniskraft soll nun eine das Absolute anschauende Vernunft (intellektuelles Anschauungsvermögen) seyn, welche K[ant] leugnete, indem nach ihm alle Anschauung sinnlich ist, oder nur vermittelst der an die Vorstellung des Räumlich-Zeitlichen gebundenen Sinnlichkeit Statt finden kann. Das Vorgeben daß dem menschlichen Geist ein Vermögen der intellektuellen Anschauung oder unmittelbaren Betrachtung des Absoluten beywohne ist zwar nicht neu sondern so alt als die Mystik, auch hat bekanntlich die Neu-Platonische oder Alexandrinische Schule für ihre Lehren von der wahren Beschaftheit der Welt u. deren Verhältniß zur Gottheit die intellektuelle Anschauung des Einen, Höchsten, Ersten Urseyns dessen Schöpferkraft aller Dinge das Zentrum um das sich alle Wesen drehn als Fundament u. als höchsten Wahrheitsgrund aufgestellt u. in der Region des innern Gefühls die Quelle der höchsten Erkenntniß deren der denkende Mensch gar nicht fähig seyn soll entdeckt zu haben behauptet.« (HNB2:100v-101r)

Wenn Schulze von der neuplatonischen Mystik und ihrer »intellektuellen Anschauung« sprach, die Schelling und Fichte philosophisch ausschlachteten, so klang dies im Munde des Skeptikers wie ein Vorwurf. Doch Schellings *Ideen zu einer Philosophie der Natur* beeindruckten Schopenhauer durch ihre unverblümte Kraft: bloße Reflexion sei »eine Geisteskrankheit des Menschen« welche »alle Anschauung in ihm zerstört« und die »Trennung zwischen dem Menschen und der Welt permanent« mache (Schelling 1803:6), wohingegen »die wahre Philosophie« die Reflexion als bloßes Mittel betrachte (S. 7). Aufgrund seines Kantstudiums sah Schelling die ganze Welt als Vorstellung: »Wir kennen die Dinge nur durch und in unsern Vorstellungen. Was sie also sind, in wie fern sie unserer Vorstellung vorangehen, also nicht vorgestellt werden, davon haben wir gar keinen Begriff« (S.

9). Doch der Mensch, der sich über den Ursprung dieser Vorstellungen Gedanken macht, ist gemäß Schelling mehr als nur eine Vorstellung: »In so fern ich aber frey bin, (und ich bin es, indem ich mich über den Zusammenhang der Dinge erhebe und frage, wie dieser Zusammenhang selbst möglich geworden?)—bin ich gar kein *Ding*, kein *Objekt*. Ich lebe in einer ganz eignen Welt, bin ein Wesen, das nicht für andere Wesen, sondern für sich selbst da ist. In mir kann nur That und Handlung seyn ...« (S. 12). Schelling hatte offensichtlich Fichte und dessen Tathandlung verdaut und war wie Fichte und später Schopenhauer auf der Suche nach einer nach-kantischen Metaphysik mit einem ›Ding an sich‹. In seiner Naturphilosophie suchte Schelling »jenes geheime Band, das unsern Geist mit der Natur verknüpft« (S. 63). Es zeige sich nur durch »*absolutes Wissen*« und im »absoluten Erkenntnisakt«: »Ein absolutes Wissen ist nur ein solches, worin das Subjektive und Objektive, nicht als Entgegengesetzte vereinigt, sondern worin das ganze Subjektive das ganze Objektive und umgekehrt ist« (S. 71). Schelling sah Spinoza als Pionier, der »die Subjekt-Objektivität als den nothwendigen und ewigen Charakter der Absolutheit erkannt hat«. Fichte und Schelling selbst jedoch figurierten als Erben dieses absoluten Wissens und als diejenigen Philosophen, welche diese Identität endlich wissenschaftlich erkennen und formulieren (S. 85-6).

Schopenhauer dürften solch große Namen und orakelhafte Aussprüche aus der Feder eines Philosophen, der im Alter von Schopenhauer schon die *Weltseele* und die *Ideen* veröffentlicht hatte, wie eine Vision eigenen zukünftigen Schaffens erschienen sein: ein neues philosophisches System, absolutes Wissen, das Verstehen des Bandes zwischen Menschengeist und Natur, Subjekt-Objektivität ... Der Entschluss war gefasst. Im Frühjahr 1811, als Schopenhauer in den Semesterferien der konsternierten Mutter die frohe Kunde nach Weimar brachte, hatte er schon sein erstes System im Kopf. Die Enkelin Wielands, Wilhelmine Schorcht, beschrieb diese früheste Philosophie Schopenhauers wie folgt: »Neulich war der junge Schopenhauer auf einige Zeit in W[eimar]. Er kam ganz von filosophischen Ideen voll, er hat sich einer Filosofie mit Leib und Seele ergeben (ich weiß sie nicht namentlich zu sagen), die sehr streng ist; jede Neigung, Begierde, Leidenschaft müssen unterdrückt und bekämpft werden, dazu wünsche ich ihm nur die erforderliche Kraft, den Krieg zu bestehen, denn es gehört wohl eine Riesenseele dazu, die Forderungen alle ganz zu erfüllen, wie er den guten Willen hat.« (Gespräche S. 23, April 1811)

Weder in Schulzes Vorlesungen noch in Schellings Büchern war jedoch die Rede gewesen von einem Krieg, in welchem Begierde und Leidenschaft der Feind sind und ihre Ausmerzung der Weg zum Sieg. Dies ist vielmehr ein Zeichen der Grundausrichtung von Schopenhauers Kompass, die schon zu Beginn seines Philosophiestudiums eingestellt war. Im besagten Krieg ging es nicht um puritanische Ideale, sondern wohl um genau das, was Böhme und Madame Guyon predigten: den Kampf gegen alle Formen der Eigensucht und alles egoistische Begehren. Als der Student Wieland besuchte und ihm den Grund für sein Umsatteln von Medizin auf Philosophie erklärte, riet der alte Mann ihm davon ab: Philosophie sei kein solides Fach. Darauf soll Schopenhauer zu ihm gesagt haben: »Das Leben ist eine missliche Sache, ich habe mir vorgenommen, es damit hinzubringen, über dasselbe nachzudenken« (Gespräche S. 22)—was er in der Folge auch tat.

Nach der Horizonterweiterung in seinem letzten Göttinger Semester (besonders auch durch die Ethnologievorlesung von Prof. Heeren) und dem fortgesetzten Studium von Schulze, Plato und Kant holte Schopenhauer vor seiner Abreise als Vorbereitung auf sein Philosophiestudium in Berlin noch Schellings *Vorlesungen über die Methode des akademischen Studiums* aus der Göttinger Bibliothek. Da stand am Anfang der vierten Vorlesung: »Das schlechthin Eine, von dem alle Wissenschaften ausfließen und in das sie zurückkehren, ist das Urwissen« (Schelling 1803:83). In diesem Urwissen liege nichts weniger als »der letzte Grund und die Möglichkeit aller wahrhaft absoluten Erkenntnis« (S. 86-7). Während die anderen Wissenschaften das Urwissen nur in getrennter Erscheinung darstellen können, gebe es eine »schlechthin und in jeder Beziehung absolute Erkenntnisart«, welche

»das Urwissen unmittelbar und an sich selbst zum Grund und Gegenstand hat«: die *Philosophie* (S. 96). Schelling unterscheidet dieses *wahre*
und absolute Wissen vom trügerischen »besonderen«, welches »rein
als solches ... kein wahres Wissen« ist (S. 85). Das absolute Wissen der
Philosophie gründe in der »intellectuellen Anschauung, die mit ihrem
Gegenstande, dem Urwissen selbst, schlechthin identisch ist«. Dies
erklärt Schellings philosophischen Schlachtruf: »Ohne intellectuelle
Anschauung keine Philosophie!« (S. 97)

Doch wie kann ein junger Philosoph sich die besagte »intellectuelle Anschauung«, dieses *sine qua non* seines Berufes, aneignen? Schelling antwortet kategorisch: »Wer sie nicht hat, versteht auch nicht, was
von ihr gesagt wird; sie kann also überhaupt nicht gegeben werden.
Eine negative Bedingung ihres Besitzes ist die klare und innige Einsicht
der Nichtigkeit aller bloß endlichen Erkenntniß« (S. 98). Doch am
Ende der sechsten Vorlesung gab Schelling den Philosophiestudenten
einschließlich Schopenhauer trotzdem seinen Rat: »Die Aufgabe, die
sich jeder setzen muß, unmittelbar, wie er zur Philosophie gelangt, ist:
die Eine wahrhaft absolute Erkenntniß, die ihrer Natur nach auch eine
Erkenntniß des Absoluten ist, bis zur Totalität und bis zum vollkommenen Begreifen des Allen in Einem zu verfolgen« (S. 140). Wenn *das*
kein Rezept für Schopenhauers Philosophie war ... und tönte es außerdem nicht fast wie die Sphinx in Werners *Söhne des Thals*?

Der Dreiundzwanzigjährige fand offensichtlich, dass er diese
unerlässliche Voraussetzung für seinen zukünftigen Beruf besaß und
schrieb nach dem Verlassen Göttingens: »Die Philosophie ist eine
hohe Alpenstraße, zu ihr führt nur ein steiler Pfad über spitze Steine
und stechende Dornen: er ist einsam und wird immer öder, je höher
man kommt, und wer ihn geht, darf kein Grausen kennen, sondern
muß alles hinter sich lassen und sich getrost im kalten Schnee seinen
Weg bahnen. Oft steht er plötzlich am Abgrund und sieht unten das
grüne Thal: dahin zieht ihn der Schwindel gewaltsam hinab; aber er
muß sich halten und sollte er mit dem eigenen Blut die Sohlen an den
Felsen kleben. Dafür sieht er bald die Welt unter sich, ihre Sandwüsten

und Moräste verschwinden, ihre Unebenheiten gleichen sich aus, ihre Mißtöne dringen nicht hinauf, ihre Rundung offenbart sich. Er selbst steht immer in reiner, kühler Alpenluft und sieht schon die Sonne, wenn unten noch schwarze Nacht liegt.« (HN1 #20)

In Berlin stürzte sich der junge Mann zunächst voll in die Lektüre von Schellings Schriften und setzte seine naturwissenschaftlichen Studien fort, die zutiefst mit Philosophie verbunden schienen. Hatte Schelling nicht geschrieben: »Die Natur ist eine geschlossene in sich ruhende Objektivwerdung des Urwissens« (Schelling 1803:163)? Schopenhauer erschien das Leben oft als rabenschwarze Nacht, »die ein langer Traum füllt, der oft zum drückenden Alp wird« (HN1 #23); doch zum Glück gab es darin auch lichte Momente: »Es entsteht in mir bisweilen das lebhafteste Bewußtseyn, daß ich von jeher dagewesen sey, und es wirkt große Erhebung und Stärkung in mir.« (#22)

Die schwer verständlichen und oft widersprüchlichen Erklärungen von Fichte und Schelling provozierten Schopenhauer und stimulierten sein eigenes Denken. Was er in seinen zwei Berliner Jahren als sein eigenes philosophisches Projekt aussteckte, richtete sich mehr oder weniger nach ihren Vorgaben. Alle drei sind sich im Anschluss an Kant bezüglich der idealistischen Grundposition einig, nämlich »daß Objekte nur in Bezug auf das Subjekt und dies nur in Bezug auf jene existirt« (HN2:308). Alle drei akzeptieren auch, dass diese Welt mit all ihren Subjekten und Objekten nicht bloß ein Traum sein kann und dass »doch etwas unbedingt seyn muß« (S. 308). So notierte sich Schopenhauer in seinem Notizheft zu Schelling: »Es kommt daher auf die Frage an, ob zwischen *Seyn* und *Erkanntwerdenkönnen* ein Unterschied sey, ob nach Abzug aller Erkennbarkeit noch ein *Seyn* übrig bliebe, ob jenseit *Subjekt* und *Objekt* für uns noch etwas *ist*.« (S. 309)

Schopenhauer wird die damit verbundene Frage am Ende des ersten Buches seines Hauptwerkes stellen: Ist die Welt nur Vorstellung oder ist sie noch etwas mehr? Im zweiten Buch wird er dann seine Antwort liefern: die Welt ist Wille. Doch soweit ist er in Berlin noch lange nicht. Während er seine Vorgänger—Kant, Fichte und Schel-

ling—sowohl imitierte als auch kritisierte, kristallisierten sich allmählich seine eigene philosophische Perspektive und Methodik heraus. In
seinen Notizen zu Schellings *Vom Ich als Prinzip der Philosophie* bemerkt der Student, Fichte und Schelling hätten das der Vorstellungswelt Zugrundeliegende als »absolutes Ich« bezeichnet und Gott mit
diesem absoluten Ich identisch gesetzt (S. 308). Doch Schopenhauer
war zu dieser Zeit schon überzeugter Atheist und glaubte, eher hätte ein sadistischer Dämon diese Welt geschaffen als ein guter Gott. So
ist für ihn Schellings Unsterblichkeit »doch nur unendliches Werden,
Streben, d.h. unendliche Quaal« (S. 307), und Schellings Gott—als
»Form aller Formen« und oder »nothwendige und erste Form« ver-
kleidet—stammt in Schopenhauers Sicht »aus Wolkenkukuksheim«
(S. 305). Schopenhauers Notizen drücken wachsenden Unmut aus,
unter anderem weil Schellings Gedankentürme keine wirkliche Erklärung lieferten für grundlegende Fakten wie Hunger und Sexualität (S.
307) oder den »Eigenwillen der Selbstheit«, welcher »wie alles aus
der Selbstheit entsprungene« nichts als »Trug und Nacht« sei (HN1
#28). Wenn Philosophie nicht einmal diesen Pol seines Kompasses er-
klären konnte, wozu dann das ganze Theater?

Doch mindestens bezüglich des Erlösungspols gab es wichtige
Gemeinsamkeiten. In seinen *Philosophischen Briefen über Dogmatismus und Kriticismus* von 1795 hatte der zwanzigjährige Schelling einige Paragraphen geschrieben, welche Schopenhauer als »große lautre Wahrheit« bezeichnete (HN2:309). Schelling erläuterte daselbst
(1809:164-7) gleichsam den versteckten Kompass von Spinoza. Er sei
ausgerichtet gewesen auf »intellektuale Anschauung des Absoluten«
welche »das höchste, die letzte Stufe der Erkenntniß, zu der ein end-
liches Wesen sich erheben kann, das eigentliche Leben des Geistes«
sei, und dies habe er »aus seiner Selbstanschauung« geschöpft (S. 164-
5): »Uns allen nämlich wohnt ein geheimes, wunderbares Vermögen
bey uns aus dem Wechsel der Zeit in unser Innerstes, von allem, was
von aussenher hinzukam, entkleidetes Selbst zurückzuziehen, und da
unter der Form der Unwandelbarkeit das Ewige in uns anzuschauen.

Diese Anschauung ist die innerste, eigenste Erfahrung, von welcher allein alles abhängt, was wir von einer übersinnlichen Welt wissen und glauben« (S. 165). Die Beschreibung, die Schelling von Spinozas »intellektualer Anschauung des Absoluten« und der »letzten Stufe der Erkenntniß« gibt, entspricht genau der oben angeführten Charakterisierung des verborgenen Kompasses, den Schopenhauer einigen Philosophen einschließlich Spinoza zuschrieb. Das Problem mit Fichte und Schelling, so schrieb Schopenhauer dort, bestehe darin, dass sie sich auf intellektuelle Anschauung beriefen und objektive Gültigkeit für ihren Inhalt beanspruchten, was »unverschämt und verwerflich« sei (P2 §10, Z9.17). Doch Schellings frühe Beschreibung dieser Anschauung erhielt Schopenhauers vollen Beifall als »große lautre Wahrheit«. Er bezog sich auf Aussagen Schellings wie: »Diese intellektuale Anschauung tritt dann ein, wo wir für uns selbst aufhören, *Objekt* zu seyn, wo in sich selbst zurückgezogen, das anschauende Selbst mit dem angeschauten identisch ist. In diesem Moment der Anschauung schwindet für uns Zeit und Dauer dahin: nicht wir sind in der Zeit, sondern die Zeit—oder vielmehr nicht sie, sondern die reine absolute Ewigkeit ist *in uns*« (Schelling 1809:166-7). Während Schopenhauer hierin sein »besseres Bewusstsein« erkannte, bezweifelte er Schellings und Fichtes Fähigkeit, diesen und den entgegengesetzten Pol seines Kompasses rational begründen und philosophisch erklären zu können. Gerade die Intensität der Kritik in Schopenhauers Notizen zu Vorlesungen und Schriften seiner Vorgänger zeigt, dass er eine solche Begründung sehnlichst erwartete: hier ging es um seine zentralen Fragen. Entsprechend groß war seine Enttäuschung, als er erkennen musste, dass weder der eine noch der andere wirklich verstand, worum es ihm zutiefst ging.

Während Kant den Bereich der Philosophie in der Rationalität sah, erkannte Schopenhauer immer klarer, dass Schelling und Fichte diese Grenzen verwischten und deshalb sowohl der Philosophie als auch der Mystik schadeten. Ihr Anspruch, das Absolute in abstrakte Begriffe zu fassen und seinen Inhalt philosophisch zu analysieren, schien ihm absurd und er wehrte sich mit aller Kraft dagegen: Philosophie ist und bleibt ein rationales Unternehmen, und wenn da Illuminismus hineinspielt wie bei Spinoza, so muss dieser Kompass verborgen bleiben. So bleibt die Beweisführung logisch und rational. Doch wenn der Kompass offen zur Schau gestellt wird und intellektuale Anschauung an Stelle von philosophisch stringenter Argumentation als Beweis verwendet wird, so kann das nur schlechte Philosophie sein. Philosophische Evidenz ist und bleibt rationale Evidenz. Diese Grenzziehung war für Schopenhauer äußerst wichtig. Sie stützte nicht nur seine Kritik an Fichtes und Schellings Gedankengebäuden und ihrer versteckten Theologie, sondern sie half Schopenhauer auch, relativ schnell den Rahmen seiner Dissertation auszustecken: den Bereich der Welt als Vorstellung. Da ging es um die Bedingungen aller Erscheinung als Objekte für Subjekte, das heisst um Vorstellungen und nicht um das, was Kant »Ding an sich« genannt hatte und das eben *nie* Erscheinung sein kann, wenn Fichte und Schelling es auch mittels ihrer intellektuellen Anschauung zu erklären suchten. Diese Grenzziehung blieb in der Folge fundamental für Schopenhauer und ihre klare Formulierung erscheint erstmals in seinem Berliner Schelling-Studienheft: »Ich sage: Die Philosophie ist das bedingte Wissen vom Absoluten. Beweis: Wäre es nicht bedingt, so wäre es absolut, und das Absolute ist, seinem Begriffe nach, nur Eins, ein Seyn, kein Wissen, auch keines Wissens bedürftig. Wo also Wissen nöthig ist, da ist Bedingtheit. Wissen giebt es nur für Verstand und Vernunft, also sind diese bedingt. Sie sind die Vermögen der Begriffe und des Schaffens neuer Begriffe aus schon vorhanden. Also ist der Begriff bedingt: folglich dem Absoluten nie adäquat. Soll daher das Absolute in den Begriff, so kann dies nur unter den Beschränkungen geschehn, die dem Verstand und [der] Vernunft ankleben, also bedingterweise: also ist alles Wissen bedingt. Das höchste Wissen ist das vom Absoluten, d.h. die Philosophie: doch bleibt, laut dem vorhergehenden, auch diese, als Wissen, nothwendig bedingt; ist also ein bedingtes Wissen vom Absoluten. Insofern der Mensch dem Absoluten sich unbedingt nähert (wie er kann und soll) *weiß* er nicht vom Absoluten, sondern *ist* das Absolute selbst. Sofern er aber philosophirt, thut er dies nicht.« (HN2:316-7)

Genau dieser fundamentale Unterschied zwischen dem vernunftmäßigen Verstehen des Philosophen und der existenziellen Verwirklichung des Mystikers ist ein tiefer Grund der immer schärferen Kritik und vergleichsweise schnellen Abkehr Schopenhauers von Fichte und Schelling. Als er im Winter 1811/12 Schellings berühmten Aufsatz *Philosophische Untersuchungen über das Wesen der menschlichen Freyheit* las, zeigte Schopenhauer diesen Unterschied bereits konkret auf: »Er [Schellings Aufsatz über die Freiheit] ist fast nur eine Umarbeitung von Jakob *Böhm's Mysterium magnum*, in welchem sich fast jeder Saz und jeder Ausdruck nachweisen lässt.— Warum aber sind mir bey S[chelling] dieselben Bilder, Formen und Ausdrücke unerträglich und lächerlich, die ich bey Jakob Böhm mit Bewunderung und Rührung lese?—Weil ich erkenne daß in Jakob Böhm die Erkenntniß der ewigen Wahrheit es ist, die sich in diesen Bildern ausspricht, obwohl sie auch mit gleichem Fug in vielen andern sich hätte aussprechen können, wenn J[akob] B[öhm] nicht grade auf diese gerathen wäre.— S[chelling] aber nimmt von ihm (was er allein von ihm nehmen kann) dieselben Bilder und Ausdrücke, hält die Schaale für die Frucht, oder weiß sie wenigstens nicht von der Frucht zu lösen. Wäre dieselbe göttliche Erkenntniß in ihm wirksam gewesen die in J[akob] B[öhm] lebte, so hätte sie nach seiner Individualität andre, reinere Ausdrücke gefunden.—So ist uns die Nachahmung der Manier eines großen Künstlers zuwider, welche Manier in seinen eignen Werken doch wesentlich, d.h. von der Schönheit unzertrennlich ist.« (HN2:314)

Sowohl Schopenhauers Begegnung mit Fichte und Schelling als auch seine Ablösung von ihnen waren fruchtbare Prozesse, ohne die sein System kaum entstanden wäre. Das Beispiel des blutjungen Schelling, der schon im Alter von 25 Jahren philosophische Systeme geschmiedet hatte, machte angehenden Philosophen wie Friedrich Schlegel und K.F.C. Krause Mut. Nach den ersten Berliner Monaten versuchte es auch Schopenhauer zum ersten Mal schriftlich. Er nann-

te das Resultat »Systemchen« und war sich bewusst, dass es den Di-
minutiv noch verdiente. Der Unterschied zu Schellings und Fichtes
Absolutheits-Begriffssoufflé ist frappant. Schopenhauers Systemchen
bietet sozusagen nur Rohkost; es kommt völlig ohne Gott und Absolutes aus und könnte fast aus der Küche des Barons von Holbach,
des notorischen Atheisten und Materialisten der französischen Aufklärung, stammen. Schopenhauer schrieb: »Die Natur hat überall nur
Einen Zweck: Leben und Wohlseyn zu bereiten; so viel als möglich [...]
Auf der Erde drängt und quillt Leben überall hervor, die Teleologie ist
überall kenntlich und der Zweck aller Zwecke ist Wohlseyn und Leben
[..] Das physische Uebel ist auch nur eine Anzeige der Schranken die
die Erreichung jenes Zwecks hat, es drängt sich ein gegen alle Ordnung,
und gegen die überall kenntliche Absicht der Natur ihm vorzubeugen.
Sie will Leben und Wohlseyn, möglichst vollkommen und möglichst
lange, und die vielfältigen Gattungen der Geschöpfe sind nur vielfältige Wege zum Genuß [...]. Im Menschen offenbart sich der höchste
Grad des Selbstbewusstseyns, ein so hoher Grad, dass er mit Bewusstseyn thun soll, was alle andren Geschöpfe ohne Bewusstseyn thun,—
Leben und Wohlseyn befördern: dieses in seinem Bewusstseyn sich
aussprechende *Soll* ist der Kategorische Imperativ—er soll wollen was
die Natur will [...] Weil unser innerstes Wesen nur darauf hinausgeht
den Zweck der Natur zu befördern, unser reiner Wille nur ihr Wille
ist, so erklärt sich unsre innige Freude bey ihrem Anblick, bey ihren
Formen die die Kunst rein darstellt, bey der Musik die die Einheit und
Regelmässigkeit in der grössten Mannigfaltigkeit und Lebendigkeit,—
der Natur nachahmt.« (HN1 #34)

Während die Philosophie, welche Schopenhauer im Frühling
1811 Wielands Nichte erklärte, gleichsam die Richtung, die sein Kompass wies, in Worte fasste—Erlösung von allen Begierden und Leiden-
schaften—lieferte dieses »Systemchen« aus dem Frühjahr 1812 eine
erste philosophische Erklärung des Ausgangspunkts. Diese Spitze der
Nadel deutete auf den Grund des Begehrens und des natürlichen Egoismus: den Willen der Natur und das unvermeidliche Streben nach

Wohlsein. Doch in jenem Frühjahr wartete schon ein drittes frühes System Schopenhauers in den Kulissen: ein System, das erstmals beide Pole in einem einheitlichen philosophischen Rahmen vereinigen (wenn auch noch keineswegs erklären) sollte. In der Fachliteratur wird diese ›Duplizitätsphilosophie‹ oft unter der Kapitelüberschrift »Besseres Bewusstsein« behandelt und als Schopenhauers erste und einzige Frühphilosophie angesehen. Seit den Arbeiten von Hans Zint und Rudolf Malter wird immer mehr die soteriologische Intention, das heißt die Zielvorgabe der Erlösung in Schopenhauers Gesamtwerk betont und schon in der Frühphilosophie aufgezeigt (de Cian 2002). Dennoch ist noch immer unklar, worum es dabei eigentlich geht. Was für eine Erlösung? Erlösung wovon? Und was hat Philosophie damit zu tun?

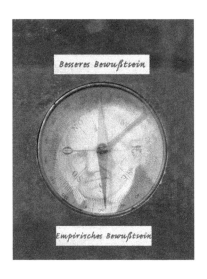

Besseres Bewußtsein

Empirisches Bewußtsein

4. Empirisches und Besseres Bewusstsein

Nach den Kursen in der Regionalliga der Philosophie bei »Gottlob Ernst Schulze, Professor der Misosophie zu Göttingen« (HN2.26) durfte der 23-jährige Student in Berlin plötzlich in der Champions league mitspielen. Endlich konnte er Philosophie aus frischem Quell trinken—von einem Mann, der nicht nur auf andere reagierte und die Gedanken wahrer Philosophen wiederkäute und kritisierte wie Schulze, sondern von einem Systemkonstrukteur höchstpersönlich: Fichte, dem berühmten Autor der Wissenschaftslehre! Im Herbst 1811 fand sich Schopenhauer im Hörsaal des berühmten Professors und konzentrierte sich aufs äußerste. Fichte hatte mit seiner gellenden Stimme den Anfängern untersagt, die Einführungsvorlesungen mitzuschreiben: mit*denken* sollten sie, nicht mit*schreiben*! Für Schopenhauer war die Übung so stimulierend wie frustrierend. Fichtes Sprache war ungewohnt und seine Gedankengänge auch; und wenn der Student einem

Argument trotz aller Anstrengung nicht folgen konnte, dann musste er schnell an seiner Eignung zum Philosophenmetier zweifeln. Im Notizbuch finden sich dann Tiraden, welche Ausdruck sowohl von extremem Wissensdurst wie auch von Frustration sind: »In dieser Stunde hat er außer dem hier Aufgeschriebenen Sachen gesagt die mir den Wunsch auspressten, ihm eine Pistole auf die Brust sezzen zu dürfen und dann zu sagen: Sterben mußt du jetzt ohne Gnade; aber um deiner armen Seele Willen, sage ob du dir bey dem Gallimathias etwas deutliches gedacht hast oder uns blos zu Narren gehabt hast?« (S. 41)

Doch auf der hohen Alpenstrasse der Philosophie gab es zum Glück nicht nur spitze Steine und blutige Sohlen, sondern auch Momente, wo plötzlich die Sonne durch die Wolken brach und die dicke Luft sich klärte. Nach den Vorlesungen schrieb Schopenhauer jeweils zuhause eine Zusammenfassung ihres Inhalts aus dem Gedächtnis nieder und erging sich bald in längeren eigenen Betrachtungen. In den Notizen zur zweiten Vorlesung findet sich Schopenhauers Interpretation von Fichtes ›Blitz der Evidenz‹: »Jenen Bliz der Evidenz giebt es, über alle Erfahrung. Es kommt ein Augenblick wo die ganze Welt der Erscheinung verbleicht, überstrahlt von dem Ich das seine Realität und die einer übersinnlichen Welt erkennt; wie ein Schattenspiel verschwindet wenn ein Licht angezündet wird. Der Augenblick mag Wenigen kommen, den ächten Philosophen. Platon spricht daher: Πολλοι μεν ναρθηκοφοροι, βακχοι δε γε παυροι [Viele schwingen den Bacchusstab, Bacchanten aber sind wenige nur].« (HN2:23)

Fichte sagte, Lehrer und Bücher könnten die Wahrheit nicht vermitteln und erläuterte: »Daß indeß der Schüler sie erkennt durch jenen Bliz der Evidenz, und so zum wahren Wissen gelangt, ist nur sein eignes Werk und das kann der Lehrer nicht bewirken. Hat der Schüler sie also erfaßt, so behält er sie auf immer« (S. 24). Die dritte Vorlesung begann mit Fichtes Erklärungen zum Blitz der Evidenz. Der Student schrieb in sein Kollegheft, dieser Blitz bestehe eigentlich in der Erkenntnis, dass »die Wahrnehmung und der Grund eins sey, in diesem jene, in jener diesen sehn« (S. 25). Professor Fichte ließ natürlich die Frage nicht

offen, woher der Blitz kommt: seine Wissenschaftslehre sei nämlich im
strengen Sinn des Worts »die Wissenschaft welche den Grund angiebt
alles Wissens« (S. 26).

Das musste Fichtes überforderten Philosophieanfängern Mut machen für die anschließenden Vorlesungen über die »Thatsachen des Bewusstseyns«, in denen die Studenten zum Glück mitschreiben durften.
Schopenhauer war sicherlich inspiriert von Fichtes Erklärungen über
den ›Trieb‹ und über dessen ›Anschaubarkeit‹ oder Erscheinung,
die Welt (S. 66). Fichte erklärte, dass das Ich der Reflexion keineswegs
das erste sei. Vielmehr sei das ursprüngliche Ich »das Ich des Triebs«,
weshalb Fichtes ganzes System »vom Grund des Triebs« ausgehe (S.
68). Was Fichte wohl unter diesem »Ich des Triebs« verstand, das ur-
sprünglicher ist als das erkennende Ich? Und wenn Fichte behauptete,
die Welt sei »nichts als die Anschaubarkeit des Ich«: meinte er damit das erkennende oder das triebhafte Ich oder beide zusammen? Auf
jeden Fall begannen gemäß Schopenhauers Protokoll Fichtes Erläuterungen über die »Thatsachen des Bewusstseyns« mit diesem »Ich des
Triebs«. Die Welt als Vorstellung könne erst entstehen, wenn »dem
Trieb ein Bild gegeben werde, die Wahrnehmung« (S. 70). Doch für
Fichte ist all dies »im System des niedern Bewußtseyns« und stellt das
»niedre Wissen« dar, welches »gar nicht das rechte Wissen« ist (S.
70). Den Gegensatz dazu bilde das »höhere Bewußtseyn« oder »höhere Wissen« (S. 70), dessen Entstehung Fichte ab der fünften Vorlesung im Herbst 1811 erklärte.

Das Hauptthema der besagten fünften Vorlesung war der »Übergang« vom Trieb als »Grundprincip der faktischen Anschauung«
zum höheren, trieblosen Wissen, der sich durch Wissen oder Erkenntnis ereignet. Fichtes Erklärung dazu könnte fast von Schopenhauers
Feder stammen: »Von diesem Trieb und dem ganzen System der Anschauung reißt das Wissen sich los; es reißt sich los vom Triebe als dem
bestimmenden Grund seiner Anschauung. ... Nur unter der Bedingung
daß der Trieb aufhört Gesez zu seyn, wird die ganze Anschauung leer,
und wird leer für das Höhere. Der Zustand des Uebergangs steht so:

die Anschauung, das Subjektive, reißt sich los vom Objektiven; sie reißt sich nicht los von diesem oder jenem System, sondern vom ganzen System. Die Subjektive Anschauung wird also leer, man kann nicht recht begreifen wie sie noch eine Anschauung ist« (S. 73). Ist dieses »höhere Wissen«, das entsteht, »indem sich das Ich von allen diesen Bestimmungen losreißt«, einmal erreicht, so gibt es weder Begriffe noch Mannigfaltigkeit: »mit Einem Wort die höhere Anschauung hat keine Gestalt. ... Sie ist die ursprüngliche Form des Seyns« und »das allein wahre und alle Realität ausdrückende *Gesicht*« (S. 74-5). Mit solchen Ausführungen sprach Fichte dem 23-jährigen Schopenhauer aus dem Herzen: das entsprach der Ausrichtung seines Kompasses. So unterschrieb der Student diese Vision des »höheren Bewußtseyns« begeistert mit »*Ego.* Wahr gesprochen!« (S. 74). Doch Schopenhauers Begeisterung über Fichtes Beschreibung der Momente, wo man sich »losreißt vom Trieb« und wo in der Erhebung »zum reinen Anschauen« (S. 77) die Sphäre des »höheren Bewußtseyns« erreicht wird (S. 79), erhielt einen fatalen Dämpfer, als der Professor vom Inhalt dieses höheren Bewusstseins sprach: »Das absolute Seyn nennen wir *Gott*« (S. 81). Die darauf folgenden Vorlesungen über Fichtes Wissenschaftslehre waren viel komplizierter und Schopenhauers Ausdrücke von Frustration und Kritik häuften sich.[5] Doch gab es auch da Dinge, welche Eingang in Schopenhauers Gedankengut fanden, zum Beispiel der Begriff ›empirisches Bewußtseyn‹, den Fichte manchmal statt ›faktisches Bewußtseyn‹ für das triebgebundene Erkennen verwendete (S. 84).[6]

Während Schopenhauer mit Fichtes Gedankengut rang, las er fleißig Kant und Schelling. Im Herbst 1811 borgte er drei Werke von Kant (die metaphysischen Anfangsgründe der Naturwissenschaft, der Tugendlehre und der Rechtslehre) und studierte mehr als ein Dutzend Schriften von Schelling. Seine Gedanken bei dieser Lektüre trug er fein säuberlich in Notizhefte ein. Den klarsten Ausdruck von Schellings System (HN2:325) fand er in der Schrift *Philosophie und Religion* von 1804. Fast sieben Manuskriptseiten füllte der Student mit enggeschrie-

benen Notizen und Kommentaren zu dieser Schrift. Sie illustrieren seine Hauptprobleme mit Schellings und Fichtes Systemen. Was ihn am
meisten störte war ihr Anspruch auf eine *philosophische* Konzeption des
›Absoluten‹ und ihr lieber Gott, den sie in diesem Begriff versteckten: »Ich streite gegen euer Absolutes grade wie gegen den Gott der
Deisten: sage aber keinem von Beyden, daß ihr Begriff (das Absolute
und Gott) so grundlos ist als der vom Hippokentauren: sondern daß
er ein Werk des transcendenten Verstandes ist, entstanden indem der
Mensch sein höchstes innerstes Wesen und Vermögen vom Verstande
nicht trennen will (was eben der wahre Kriticismus soll).« (S. 326)

In Schopenhauers Augen waren die Systeme der beiden Idealisten
im Grunde eine philosophisch verbrämte Theologie und keine wirkliche Philosophie. »Schelling thut mit seinem Absoluten was alle from-
men und erleuchteten Theisten mit ihrem Gott thaten—sie sagten
logische Unmöglichkeiten von ihm aus« (S. 326). Ähnliches gilt von
Fichte. Statt »aus Kant's großen Entdeckungen zu erkennen: daß die
Welt des Verstandes eine für sich bestehende und im Käfig der Sinnenwelt eingeschlossene ist« und dass es überdies »eine ganz andre Welt
giebt« welche sich unter anderem in Kants Ethik (dem kategorischen
Imperativ) zeigt, habe Fichte diese beiden heterogenen Welten zu einem Monster zusammengeschweißt. Das sei das genaue Gegenteil von
Philosophie; denn »wahre Philosophie« könne nur ein »vollkomm-
ner reiner Kriticismus« sein, das heißt eine klare Trennung der »höheren Welt«—welche »Strahlen in die Kerkernacht des Verstandes sen-
det« und so ihre Wirklichkeit bezeugt—von der Sphäre von Verstand
und Vernunft (S. 356). »Denn nur für ihn, den Verstand, philosophie-
ren wir (Plato), die andre Welt selbst bedarf keiner Philosophie, um
sich zu erkennen.« (S. 356)

Schopenhauer hatte den Einbruch dieser ›andren Welt‹ in Momenten der Ekstase in Natur und Kunst selbst erlebt und in den Werken von Plato und den Mystikern beschrieben gesehen: die Welt der
Sonne in Platos Höhlengleichnis, Böhmes Erleuchtung und später
auch Madame Guyons vollkommene Selbstlosigkeit.[7] Dies war es, was

er als »das bessre Bewußtseyn in mir« bezeichnete, das ihn in eine
Welt erhob, »wo es weder Persönlichkeit und Kausalität noch Subjekt
und Objekt mehr giebt« (HN1 #81). Genau da lag der Erlösungspol
seines Kompasses, denn der Gegenpol bedeutet nichts als Leiden: »Sobald wir ... die Dinge der Welt *objektiv betrachten, d.h. kontempliren,* ist
für den Augenblick die *Subjektivität* und somit die Quelle alles Elends
geschwunden, wir sind frei« (#86). Eine Philosophie, die ihren Namen verdiente, musste die Möglichkeit dieser zwei entgegengesetzten
Pole vernunftgemäß erklären können. Immer wenn Schopenhauer von
›voller‹ oder ›ganzer‹ Wahrheit in Schellings oder Fichtes Aussagen
schreibt, geht es um deren ›reine Schau‹ oder die ›intellektuelle Anschauung‹; und seine harscheste Kritik betrifft oft genau dasselbe. Aufgrund der eigenen Erfahrung und vor allem der Berichte von Mystikern
wie Böhme fühlte sich Schopenhauer imstande, die Richtigkeit solcher
Ausführungen von Philosophen zu beurteilen. Die Enttäuschung seiner Erwartung, eine schlüssige philosophische Erklärung davon in
Schelling und Fichte zu finden, scheint der Hauptgrund seiner immer
schärferen Kritik an beiden Philosophen zu sein. Ihr Anspruch auf philosophisches Eindringen in diese ›höhere Welt‹ erschien ihm unecht,
unphilosophisch und inkompatibel mit seinen vertrauenswürdigeren
Autoritäten: »Schelling's Intellektuale Anschauung ist doch etwas
andres als das *beßre Bewußtseyn* das ich dem Menschen zuspreche.
Denn der Leser soll sie immer gegenwärtig erhalten, und das kann man
nur [durch] einen Verstandesbegriff: was ich meyne ist außerzeitlich
und steht nicht in unsrer Willkühr nach Begriffen.« (HN2:326)

Dies ist wohl die früheste Stelle, in der Schopenhauer den Begriff
›besseres Bewusstsein‹ benützte. Es geht um die Erfahrung einer Sphäre, die weder erlernt noch absichtlich betreten werden kann. Wie ein
Sonnenstrahl bricht sie urplötzlich in »die Kerkernacht des Verstandes« ein und deshalb ist sie verschieden von Schellings intellektueller
(oder, wie Schopenhauer sie oft nennt, intellektualer) Anschauung:
»Eine solche vom empirischen Willen und der Verstandesbildung
abhängige intellektuale Anschauung leugne ich schlechthin; wiewohl

nicht (was eben Schelling leugnet) dasjenige was die Schwärmer Erleuchtung von Oben genannt haben, Plato (*Republica VII*) das Aufsteigen zur geistigen Sonne, was nicht abhängt vom empirischen Willen (obwohl es mit dem reinen Willen Eins ist) noch von der Verstandeskultur, deren Werk dagegen verbleicht und schwindet; was das innre Wesen des Genies ist.« (S. 311-2)

Für Schopenhauer handelt es sich bei dieser unmittelbaren Anschauung um gnadenhafte Momente absoluter Klarheit, die weder willentlich herbeigeführt noch unbeschränkt ausgedehnt werden können. Schleiermachers Aussage (in seiner Vorlesung über die Geschichte der Philosophie zur Zeit des Christentums von 1812), dass man die Anschauung Gottes immer habe oder nie, verwirft Schopenhauer mit Leidenschaft unter Berufung auf Jakob Böhme: »Nego ac pernego [Nein und nochmals nein!]. Den Begriff ›Anschauung Gottes‹ lasse ich entweder gar nicht zu oder er muß bedeuten das höchste von seiner sinnlichen Natur möglichst unabhängige Selbstbewußtsein des Menschen. In diesem Sinne nehme ich auch des erhabnen Jakob Böhm's Erleuchtung: von ihm wird uns gemeldet er sey in seinen Lehrjahren zum ersten Mal, in seinem 25sten Jahr zum 2ten und im 35sten zum 3ten Mal erleuchtet. Die Zwischenräume sind zwar groß:—aber Jeder der eines übersinnlichen Selbstbewußtseyns fähig ist, weiß daß es nicht immer ihm offensteht, sondern nur selten durchbricht.« (HN2:226)

Der Ziel-Pol, der auf Schopenhauers Kompass nun als ›besseres Bewusstsein‹ und ›besserer Wille‹ etikettiert ist, steht dem Ursprungs-Pol gegenüber, den Schopenhauer ab Frühling 1812 als ›empirisches Bewusstsein‹ und ›empirischen Willen‹ bezeichnete. Die Hauptrolle der echten Philosophie besteht im Kritizismus, d.h. der klaren Scheidung und rational durchgeführten Begründung dieser zwei Pole. In diesem Sinne liegt die Position des Philosophen exakt auf der Nabe der Kompassnadel. Er ist wohl magnetisch angezogen vom einen Pol und zurückgestossen vom anderen und richtet sich konsequent danach; doch dieses Faktum muss völlig rational und gelassen analysiert werden. Dies schien Schopenhauer die Position des echten Kritizismus zu sein, den er als identisch mit echter Philosophie betrachtete: »Statt dessen soll der wahrhafte d.h. der kritische Philosoph, theoretisch thun, was der tugendhafte Mensch praktisch thut. Dieser nämlich macht das ihm durch seinen sinnliche Natur anklebende Begehren nicht zum absoluten, sondern folgt dem bessern Willen in ihm, ohne ihn mit jenem Begehren, als z.B. mit einer Belohnung, in Verbindung zu sezzen und so nur relativ nicht absolut das Gute zu wollen. Eben so löst der ächte kritische Philosoph sein beßres Erkennen ab von den Bedingungen des empirischen, trägt diese nicht hinüber in jenes (wie der sinnliche Gläubige die Belohnung als eine Brücke zur Tugend) sondern läßt kalt und unerschüttert die Bedingungen seiner empirischen Erkenntniß hinter sich, zufrieden, die beßre Erkenntniß rein von jener gesondert zu haben, die Duplicität seines Seyns erkannt zu haben.« (HN2:329)

In Schellings System schien solche Gelassenheit zu fehlen; es »stellt uns mit einem Wort die ganze Welt dar als eine *Begebenheit* nach endlichen Gesezzen die aus einer *Wirkung* Gottes fließt und eine *Endabsicht* hat« (S. 329). »Schellings ganzes System ist nichts als Mythologie, vielleicht die abstrakteste zu der man gelangen kann. Doch ist dies nur eine unwesentliche Eigenschaft und sie hat mit der allersinnlichsten dieselbe Natur. Philosophie für abstrakte Mythologie zu halten ist eben sein und aller Dogmatiker Irrthum. Philosophie ist Kunst, und ihr Material der Verstand. Aus letzterem Grund ist sie durchaus Prosa« (S. 330).

Am Ende seiner Fichte-Notizen beschreibt Schopenhauer die Idealposition des Philosophen und skizziert erstmals den Verlauf seiner zukünftigen Philosophie: »So wird der wahre Kriticismus das beßre Bewußtseyn trennen von dem empirischen, wie das Gold aus dem Erz, wird es rein hinstellen ohne alle Beimengung von Sinnlichkeit oder Verstand,—wird es ganz hinstellen, Alles wodurch es sich im Bewußtseyn offenbart, sammeln, vereinen zu einer Einheit; dann wird er das empirische auch rein erhalten, nach seinen Verschiedenheiten klassifiziren: solches Werk wird in Zukunft vervollkommnet, genauer und

feiner ausgearbeitet, faßlicher und leichter gemacht,—nie aber umge-
stoßen werden können.« (S. 360)

Genau diese Arbeit der Unterscheidung, Beschreibung und Klas-
sifizierung führte Schopenhauer in seinen philosophischen Aufzeichnungen des Jahres 1812 fort. Gleich zu Anfang stellte er fest, dass das
bessere Bewusstsein nicht Gegenstand von positiver Beschreibung sein
kann: »Will es *bessres Bewußtseyn* seyn so können wir positiv von ihm
nichts weiter sagen, denn unser Sagen liegt im Gebiet der Vernunft;
wir können also nur sagen was auf diesem vorgeht, wodurch wir von
dem bessern Bewußtseyn nur negativ sprechen« (HN1 #35). Das bessere Bewusstsein liegt »jenseits aller Erfahrung also aller Vernunft«
(#35), während das ›empirische Bewusstsein‹ das Vorstellungsein bezeichnet. Vorstellungsein aber ist nichts anderes als Objektsein für ein
Subjekt—und genau deshalb wählte Schopenhauer dies als Gebiet für
seine Doktorarbeit von 1813; denn die »intellektuale Anschauung«,
in welcher Subjekt und Objekt eins seien, liege »über allem Verstand«
und eigne sich deshalb nicht für die positive, philosophische Behand-
lung (#45). Ab 1812 begann er, seine beiden Pole mit zentralen Begriffen berühmter Philosophen zu assoziieren. Zu den zwei Welten im
Höhlengleichnis des ›göttlichen Plato‹—die Welt der Schatten an der
Wand, die wir für wirklich halten und die Welt der Sonne—gesellten
sich im Jahre 1812 Kant und Schelling. Kants Erscheinung entsprach
dabei Schellings realer Seite des Absoluten und Kants Ding an sich
Schellings idealer Seite des Absoluten (#50). Wir werden in der Folge
allerhand weitere Assoziationen beobachten, bis Schopenhauers System 1816 im Rohbau fertig steht und er die Struktur seines Hauptwerkes in Tabellenform zu skizzieren vermochte (#577; siehe S. 186).

Die »aus Selbstheit entsprungne« Sphäre von »Trug und Nacht«
(#28), das empirische Bewusstsein, bejaht Zeitlichkeit und Sein und ist
grundsätzlich selbstbezogen: »Betrachte ich mich als zeitlich so ist nur
der Augenblick, die Gegenwart mein, (denn in der Zeit ist nur sie real,
Vergangenheit und Zukunft sind far nichts) sie muß ich nuzzen denn
nur in ihr bin ich real und existirend« (#72). Dagegen bejaht das besse-

re Bewusstsein das außerzeitliche Sein und verneint das zeitliche: »Sobald wir aufhören werden in Raum und Zeit zu seyn [...] so werden wir gar nicht mehr seyn: unser Seyn (das Gegentheil des Nichts) hört also auf mit dem Tode [...] Dagegen, wenn wir uns unserer bewußt werden als nicht in Zeit und Raum,—dann nennen wir eben das was in diesen ist mit Recht *Nichts* [...] Das Vermögen aber des einigen und selben Ichs, als Zeitlichen und Räumlichen oder auch als Nicht-Zeitlichen und Nicht-Räumlichen sich seiner bewußt zu werden (sich zu sezzen) ist die *Freiheit*.« (#66)

Solche Bemerkungen um den Beginn des Dissertationsjahres 1813 zeigen, dass es Schopenhauer nicht darum ging, seine Kompasseinstellung philosophisch zu justieren. Vielmehr war sie schon fest verankert und wollte lediglich verstanden und philosophisch begründet sein. So wurde zum Beispiel die Rolle der Asketik nun genauer definiert: »Die *Tugend* ist die Affirmation des Außerzeitlichen Seyns, sie ist ja der unmittelbare Ausdruck des Bewußtseyns eines solchen: reine Affirmation.—Bey der *Asketik* aber ist noch eine absichtliche Negation hinzukommen, die förmliche Verleugnung, Zurückweisung alles Zeitlichen als solchen« (#72). Die grundsätzliche Rolle der Asketik als Heilsweg jedoch hat sich seit 1811, als Schopenhauer ganz am Anfang seines Philosophiestudiums seine Philosophie der Nichte Wielands erklärte, nicht verändert und es ist sehr wohl möglich, dass Schopenhauer schon als Zwanzigjähriger mit seinem Freund Zacharias Werner darüber einig war. Durchgehend läuft das Moralische und Asketische dem Grundimpuls der Selbstsucht entgegen, die schon im ›Systemchen‹ von 1812 als Naturgesetz erschien (#34). Nur Tugend und Askese können die Tür dieses Gefängnisses öffnen; und von allen Lebewesen bietet sich diese Möglichkeit ausschließlich dem Menschen: »Wenn man das Moralische, Asketische, von allem Irdischen sich losreißende,—mit einem Wort *die Freiheit* im Menschen vergleicht mit dem Gebunden-seyn an Naturgesezze der Thiere; so liegt der Vergleich nah, daß die sämmtliche, lange, abgestufte Reihe der Thiere, den unreifen, mehr oder minder festsizzenden und Säfte saugenden Früchten des Baums gleiche, der

Mensch aber den reifen, die auf dem Punkt der höchsten Vollendung sich von selbst ablösen.«(#74)

Was beim ausgerichteten Kompass in unserer Hand der Fall ist, nämlich dass die ›verkehrte‹ Spitze der Nadel immer auf uns selber weist und die ›richtige‹ von uns weg, zeigt sich ebenso beim empirischen und besseren Bewusstsein. Unser »empirisches, sinnliches, verständiges Bewußtseyn in Raum und Zeit« bildet das Reich von »Trug und Nacht« und ist »die verkehrte Richtung, von der Tugend und Asketik die Rückkehr und ein, in Folge dieser, seeliger Tod die Ablösung ist« (#79). Die Rolle des Philosophen ist es nun, den Grund sowohl des Problems als auch seiner Lösung objektiv zu sehen und zu beschreiben; und das Letztere kann er nur, wenn er selbstlos ›kontemplirt‹: »Sobald wir aber dagegen die Dinge der Welt *objektiv betrachten*, d.h. *kontempliren*, ist für den Augenblick die *Subjektivität* und somit die Quelle alles Elends geschwunden, wir sind frei und das Bewußtsein der Sinnenwelt steht vor uns als ein fremdes uns nicht mehr Bedrängendes, auch nicht mehr in der für unser Individuum nützlichen Betrachtung des Nexus von Raum, Zeit und Kausalität, sondern wir sehn die Platonische Idee des Objekts. [...] Diese Befreiung vom Zeitlichen Bewußtseyn läßt das bessre ewige Bewußtseyn übrig.«(#86)

Schopenhauer warf Schelling die mythologische statt philosophische Ableitung von Leiden und Übel vor. Für ihn war es die zentrale Aufgabe echter Philosophie, sowohl den Ursprung des Leidens und Übels als auch jenen ihrer Aufhebung begründen können. Diese Suche beginnt spätestens in den Aufzeichnungen des Jahres 1812 mit dem ›Eigenwillen‹ und der ›Selbstheit‹ des Menschen, welche als Quelle der Gesamtheit von Trug und Nacht bezeichnet sind (#28). Ihr Gegenpol ist die Vernichtung solchen Eigenwillens (HN2:349). Ein Jahr später ist es »das blos subjektive Interesse des sinnlichen Individuums« und das exklusive, egoistische Betrachten aller Gegenstände in Hinsicht auf »das Wohl und Weh des Subjekts«, welches »die Quelle alles Uebels ist« (#86). In solchem, für das empirische Bewusstsein typischem Betrachten sehen wir in den Dingen nichts »als ihre

Beziehung auf unser Individuum und dessen Bedürfnisse« (#86). Im Frühjahr 1814 in Weimar wird »der Grundirrthum« und »alle unsere Sündhaftigkeit« darin bestehen, dass wir »die Ewigkeit durch die Zeit ausmessen wollen« und gierig das zeitliche Dasein verlängern möchten. Dadurch gerät das Lebenwollen selbst ins Fadenkreuz: »Zeitliches Daseyn wollen und immerfort wollen ist Leben« (#143). Kurz darauf wird in der Tat »das Leben selbst« als Grundirrtum erkannt (#146), weswegen die radikale Therapie im Lassen des Lebenwollens besteht (#158). Am Anfang des Dresdenaufenthalts im Sommer 1814 wird dann der Grundstein der Willensmetaphysik gelegt: »Daß wir überhaupt *wollen* ist unser Unglück« (#213). Den Erlösungspol dieser Grundkonzeption, die sich bis zu Schopenhauers Tod nicht mehr ändern wird, formt somit die »Befreiung vom Wollen ... durch die bessre Erkenntniß« (#213). Damit hat Schopenhauer seine philosophische Ausrichtung gefunden. Und genau in diesem Zusammenhang zitiert er auch erstmals sein Lieblingsbuch, das *Oupnek'hat*.

Doch damit sind wir ein gutes Jahr vorausgeeilt. 1812 und 1813 bereitete Schopenhauer nämlich erst den Boden für derartige spätere Entwicklungen und war noch mit der Klärung der Eigenschaften des empirischen und besseren Bewusstseins beschäftigt. Unter anderem assoziierte er das empirische oder zeitliche Bewusstsein mit der Befriedigung des Geschlechtstriebes, welche »die größte Affirmation des zeitlichen Bewußtseyns« sei, und bezeichnete den Gegenpol der Keuschheit als ersten Schritt zur Asketik (#88). Die moralische Dimension des ›doppelten Bewusstseins‹ gewann ebenfalls an Profil: Laster ist die »Negation des außerzeitlichen Bewußtseyns« (#88). Jenes bessere Bewusstsein zeigt sich sowohl in Liebe und Menschlichkeit (#87) als auch in Asketik (#88), was verschiedene Formen von Selbstlosigkeit sind. In diesem Zusammenhang zitierte Schopenhauer wiederum Böhme als Autorität: »Jesus sagt ›seelig sind die armen am Geist.‹ Und Jakob Böhm sagt herrlich und erhaben: ›Der also stille lieget in eigenem Willen als ein Kind im Mutterleibe, und lässet sich seinen inwendigen

Grund, daraus der Mensch entsprossen ist, leiten und führen: der ist der Edelste und Reicheste auf Erden.‹ 37stes Sendschreiben« (#87).[8]

Wie jede Kompassnadel ein magnetischer Dipol ist, so ist auch das bessere Bewusstsein mit seinem Gegenpol, dem empirischen Bewusstsein, »in die Identität *Eines* Ichs verknüpft« (#99). Das Ich des Menschen mag sich noch so sehr nach dem Erlösungspol sehnen: ursprünglich und von Natur aus haftet es am Gegenpol. »Mit dem empirischen Bewußtsein ist nicht nur Sündhaftigkeit, sondern auch alle Uebel die aus diesem Reich des Irrthums, des Zufalls, der Bosheit und Thorheit folgen, und endlich der Tod nothwendig gesetzt: der Tod ist gleichsam eine durch das Leben kontrahirte Schuld, die andern minder gewiß bestimmten Uebel eben so. ... Die Bibel und das Christenthum lassen daher mit Recht durch den Sündenfall den Tod in die Welt kommen und die Beschwerden und Noth des Lebens.« (#99)

Auch der Zusammenhang der »Duplicität unseres Bewußtseins« (#99) mit Ästhetik und Ethik beschäftigte Schopenhauer bereits; beide zielen auf Befreiung von Egozentrik. Das bessere Bewußtsein wird aktiviert in der »Kontemplation schön genannter Objekte« und vor allem durch Musik, welche gemäß Schopenhauer »am unmittelbarsten das Bessre Bewußtseyn anregt, aber auch am fernsten vom Empirischen liegt«. Wie die Betrachtung der Natur und der Architektur »entreißt sie [die Musik] uns der Subjektivität: aber sie thut mehr und wirkt positiv (was wie gesagt auch jene thun)« (#86). Während das künstlerische Genie die Selbstbefangenheit des empirischen Bewusstseins nur im Schöpfungsakt momentan ablegen kann, befreit der Heilige sich dauernd: »Im Moralischen spricht sich das *bessre Bewußtseyn* aus, das *hoch über alle Vernunft* liegt, sich im Handeln als Heiligkeit äußert, und die wahre Welterlösung ist: dasselbe äußert sich, zum Trost für die Zeitlichkeit, in der Kunst als Genie«. (#85)

In diesem Abschnitt benützte Schopenhauer erstmals die Etikette ›Erlösung‹ für die Zielseite seines Kompasses, doch sie war schon früher implizit: »In dieser Zeitlichen, Sinnlichen, Verständlichen Welt giebt es wohl Persönlichkeit und Kausalität, ja sie sind sogar nothwendig.—Das bessre Bewusstseyn in mir erhebt mich in eine Welt wo es weder Persönlichkeit und Kausalität noch Subjekt und Objekt mehr giebt. Meine Hoffnung und mein Glaube ist daß dieses bessre (übersinnliche ausserzeitliche) Bewusstseyn mein einziges werden wird: darum hoffe ich es ist kein Gott.—Will man aber den Ausdruck Gott symbolisch gebrauchen für jenes bessre Bewußtseyn selbst, oder für manches das man nicht zu sondern und zu benennen weiß; so mags seyn: doch dächte ich nicht unter Philosophen.« (#81)

Es scheint, dass Schopenhauer schon früh Momente dieses besseren Bewusstseins erlebt hat, in denen das begehrende Ich mitsamt seinen Objekten ausgelöscht waren. Doch er war kein Heiliger und als Philosoph war er herausgefordert, solche Erfahrungen zu erklären. Wie hängt dieses ›bessere Bewusstsein‹ mit dem ›empirischen Bewusstsein‹—der Sphäre von Persönlichkeit, Kausalität, Subjekt und Objekt—zusammen? Und wie soll man sich den Übergang vom empirischen zum besseren Bewusstsein vorstellen? Schopenhauer sah das im Frühjahr 1813 so: »Das *Ändern* der Richtung, der Uebergang vom Reich der Finsterniß, des Bedürfnisses, Wunsches, der Täuschung, des Werdenden und nie Seyenden,—zum Reich des Lichts, der Ruhe, Freude, Lieblichkeit, Harmonie und Friedens ist *unendlich schwer* und *unendlich leicht*. — Diese Erkenntniß hat der Dichtung zu Grunde gelegen, vom Ritter der in ein Schloß soll das eine Mauer mit einer einzigen engen Thür umgiebt, welche Mauer wirbelnd schnell sich dreht: der tapfre Ritter spornt das Roß, läßt den Zügel los, Kopf voran, Augen zu,— und sprengt die Pforte. Dies ist das Symbol der Tugend, des Wegs des Lichts; um das ungeheuer Schwere, Unmögliche zu vollenden, braucht man nur zu wollen, aber wollen muss man« (#91). Später schrieb Schopenhauer daneben an den Rand: »Wollen! grosses Wort! Zunge in der Waage des Weltgerichts! Brücke zwischen Himmel und Hölle! Vernunft ist nicht das Licht das aus dem Himmel glänzt, sondern nur ein Wegweiser den wir selbst hinstellen[,] nach dem gewählten Ziel ihn richtend, dass er die Richtung zeige wenn das Ziel selbst sich verbirgt. Aber richten kann man ihn nach der Hölle wie nach dem Himmel.« (#91)

Diese Sicht der Dinge ist noch sehr verschieden von der späteren Willensmetaphysik, wo ein solches willkürliches Drehen des Wegweisers als unmöglich erscheint und genau das völlige *Aufgeben allen Wollens* die einzige Brücke zum Heil formen wird. Als »Band zwischen zeitlichem und bessern Bewußtseyn« wurde im Frühjahr 1813 noch die Vernunft bezeichnet (#91). Schopenhauer fehlte noch die Grundidee, welche sein Duplizitätsschema in ein einheitliches philosophisches System verwandeln konnte; es fehlte eben das ›Band‹ zwischen empirischem und besserem Bewusstsein. Er war noch auf der Suche, obwohl er sich schon systemschwanger fühlte: »Unter meinen Händen und vielmehr in meinem Geiste erwächst ein Werk, eine Philosophie, die Ethik und Metaphysik in Einem seyn soll, da man sie bisher trennte so fälschlich als den Menschen in Seele und Körper. Das Werk wächst, concrescirt allmälig und langsam wie das Kind im Mutterleibe: ich weiß nicht was zuerst und was zuletzt entstanden ist, wie beym Kind im Mutterleibe« (#92). Am Rande fügte er hinzu: »Ich werde *ein* Glied, *ein* Gefäß, *einen* Theil nach dem andern gewahr d.h. ich schreibe auf, unbekümmert wie es zum Ganzen passen wird: denn ich weiß es ist alles aus einem Grund entsprungen. So entsteht ein organisches Ganzes und nur ein solches kann *leben.*« (#92)

Das Magnetfeld war schon längst stabil, die zweifache Richtung angezeigt: jetzt ging es darum, all dies besser zu verstehen. Am Ende seiner Fichte-Notizen hatte Schopenhauer geschrieben, der wahre Kritizismus müsse »das beßre Bewußtseyn trennen von dem empirischen, wie das Gold aus dem Erz«. Auf diese Weise könne man sowohl das eine wie das andere »rein hinstellen« und das empirische Bewusstsein separat »nach seinen Verschiedenheiten klassifiziren« (HN2:360). Einen Teil dieses Projektes realisierte er nun in Form seiner Dissertation *Ueber die vierfache Wurzel des Satzes vom zureichenden Grunde* (1813). Die in Jena im Herbst 1813 abgelieferte Arbeit war ein schlankes Buch, das ausschließlich das Gesetz untersucht, welches allem menschlichen Denken und Erkennen zugrundeliegt: den Satz vom Grund. Es ging also um die fundamentalen Mechanismen der Sphäre, welche Schopenhauer später »die Welt als Vorstellung« nennen sollte. »Unser Bewußtseyn, so weit es als Sinnlichkeit, Verstand, Vernunft erscheint, zerfällt in Subjekt und Objekt, und enthält, bis dahin, nichts außerdem. Objekt für das Subjekt seyn, und unsre Vorstellung seyn, ist dasselbe. Alle unsre Vorstellungen sind Objekte des Subjekts, und alle Objekte des Subjekts sind unsere Vorstellungen« (SW7:18).

Doch die gewaltsame Beschränkung auf die Grundstruktur der Vorstellungswelt, welche die vergleichsweise schnelle Redaktion der Dissertation begünstigte, hatte auch ihren Preis. An mehreren Stellen entschuldigt sich Schopenhauer fast dafür und gibt geheimnisvolle Hinweise auf eine größere Arbeit: »Was denn aber das innerste Wesen des Künstlers, das innerste Wesen des Heiligen sey, ob vielleicht eines und dasselbe—darüber mich hier auszulassen, wäre gegen meinen Vorsatz, das Ethische und Aesthetische in dieser Abhandlung nicht zu berühren. Vielleicht aber könnte mir jenes ein Mal Gegenstand einer größern Schrift werden, deren Inhalt sich zu dem der gegenwärtigen sich verhalten würde wie Wachen zum Traum.« (SW7:91)

Um seine Doktorarbeit nicht zu einem Traum zu degradieren, fügte Schopenhauer sogleich die Worte Senecas hinzu: *Somnia narrare vigilantis est* [Träume erzählen ist etwas für Wachende]. Der besagte ›Traum‹ ist die Welt als Vorstellung (und damit der Bereich von Subjekt und Objekt und vom Satz vom Grund); und der Philosoph ist derjenige, welcher fähig ist, ihn zu erzählen und zu analysieren. Doch Traum und Wachen sind zutiefst verbunden und können nicht völlig unabhängig voneinander behandelt werden. So war es unvermeidlich, dass sich doch etwas vom Inhalt der diskret angekündigten ›größern Schrift‹ hin einschlich. Zu deren Thematik gehörte zum Beispiel »das Beste im Menschen, ja dasjenige wogegen die ganze übrige Welt sich verhält wie ein Schatten im Traum zum wirklichen, soliden Körper« (S. 84). Schopenhauer erklärte, seine Dissertation sei wie das anatomische Präparat eines einzelnen Körperteiles und weise deshalb Stellen auf, »wo sie von andern Theilen des Ganzen zu dem sie nothwendig gehört, abgeschnitten und der natürliche Zusammenhang durch bloße Willkühr gewaltsam aufgehoben ist« (S. 84). Was sah er damals

als das >Ganze< an? Aufgrund der Notizen Schopenhauers ist es äußerst wahrscheinlich, dass er schon 1813 die Umrisse eines Systems in sich fühlte, in welchem das bessere Bewusstsein, das innerste Wesen des Künstlers und Heiligen sowie das Wachen nach dem Traum den Ton angab. Schopenhauer entschied jedoch, dass die Dissertation nur einen beschränkten aber grundlegenden Aspekt behandeln sollte: die Erkenntnislehre. Während vieles aus dieser Dissertation ins erste Buch von Schopenhauers Hauptwerk Eingang fand, sind es genau die Schnittstellen der Doktorarbeit, welche für die Entstehung der Willensmetaphysik von Interesse sind.

Eine dieser Stellen, die in der Systemgenese eine große Rolle spielt, betrifft Schopenhauers Sicht des Leibes: »Nur *ein* Objekt ist uns *unmittelbar* gegeben, der eigne Leib« (S. 36). Dieses >unmittelbare Objekt< taucht an verschiedenen Stellen der Dissertation auf, zum Beispiel in der Diskussion der Gefühle: »Das unmittelbare Objekt des Wollens, wie des Erkennens, der Leib, wird fast immer von ihnen [den Motiven] affiziert und körperliche Gefühle begleiten sie und vermischen sich mit ihnen« (SW7:77). Dieser Satz findet sich in der letzten Betrachtung der Dissertation, die »das unmittelbare Objekt des innern Sinnes, das Subjekt des Willens« behandelt (S. 68). Obwohl Subjektsein »weiter nichts als Erkennen« und Objektsein »nichts weiter als Erkanntwerden« bedeuten (S. 69), tut unser Ich mehr als nur Erkennen: es will auch. Und hier liegt die zweite wichtige Schnittstelle von Schopenhauers Dissertationspräparat. »Die Identität aber des Subjekts des Wollens mit dem erkennenden Subjekt, vermöge welcher (und zwar nothwendig) das Wort >Ich< beide einschließt und bezeichnet, ist schlechthin unbegreiflich. Denn nur die Verhältnisse der Objekte sind begreiflich ... Hier aber, wo vom Subjekt die Rede ist, gelten die Regeln für das Erkennen der Objekte nicht mehr und eine wirkliche Identität des Erkennenden mit dem als wollend Erkannten, also des Subjekts mit dem Objekt, ist *unmittelbar gegeben*. Wer aber das Unbegreifliche dieser Identität sich recht vergegenwärtigt, wird sie mit mir das Wunder κατ' εξοχην [schlechthin] nennen.« (S. 72-3)

Der menschliche Leib als unmittelbares Objekt und dieser unbegreifliche Zusammenfall des wollenden und erkennenden ›Ich‹ werden eine zentrale Rolle in der Konstruktion von Schopenhauers System spielen. Es sind zwei ›unmittelbare‹ Gegebenheiten, was auch heißt, dass sie je auf ihre Art aus dem Rahmen der Vorstellungswelt herausragen. Woher dieses Wollen kommt ist in diesem Rahmen mit seiner Subjekt-Objekt-Matrix nicht zu ermitteln und Schopenhauer spricht von einem ›universalen Willensakt‹: »Vielleicht bezeichne ich das Gemeinte besser, obwohl auch bildlich, wenn ich es einen außer der Zeit liegenden universalen Willensakt nenne, von dem alle in der Zeit vorkommenden Akte nur das Heraustreten, die Erscheinung sind. Kant hat dieses den *intelligiblen Karakter* genannt (vielleicht hieße es richtiger der inintelligible) und von dem Unterschied zwischen ihm und dem *empirischen*, wie auch vom ganzen Verhältniß der Freiheit zur Natur, in der Kritik der reinen Vernunft pp. 560-586, eine Auseinandersetzung gegeben, die ich für ein unvergleichliches, höchst bewundrungswerthes Meisterstück des menschlichen Tiefsinns halte. Schelling hat im ersten Bande seiner Schriften, pp. 465-473 eine sehr schätzbare erläuternde Darstellung davon gegeben.« (SW7:76-7)

Solche Schnittstellen von Schopenhauers Dissertation weisen in zwei Hauptrichtungen. Jene, welche das »innerste Wesen des Künstlers und des Heiligen« (die »vielleicht Eines und dasselbe« sind, S. 91) betreffen, weisen auf den Erlösungspol und damit auf das dritte und vierte Buch des Hauptwerkes. Schopenhauer sah ihren gemeinsamen Nenner im besseren Bewusstsein und spezifisch in der zeitweiligen oder permanenten Selbstlosigkeit. In der entgegengesetzten Richtung soll die Möglichkeit des empirischen Bewusstseins und seiner Subjekt-Objekt-Matrix begründet und der ›intelligible Charakter‹ gefunden werden. Diese Untersuchung wird später zum Inhalt des ersten und zweiten Buches von Schopenhauers Hauptwerk. Wie Schopenhauer sagt, hätte Kant vielleicht besser vom ›inintelligiblen Charakter‹ gesprochen, denn es geht hier ja genau um das, was alles Subjektsein und Objektsein erst möglich macht und deshalb jenseits des in »Subjekt

und Objekt befangenen Bewußtseyns« (S. 92) und damit jeglicher
Vorstellung liegen muss. Dieser Grund des wollend-erkennenden Ichs
ist es, den Schopenhauer in seiner Dissertation als »einen außer der
Zeit liegenden universalen Willensakt« bezeichnete (S. 76). Schon um
das Jahresende 1811 hatte er bemerkt, dass die Substanz von Schellings
Freiheitsschrift eine Umarbeitung von Böhme's *Mysterium magnum*
war (HN2:314), und sein Hinweis auf Schelling betreffs des »universalen Willensaktes« galt in Wirklichkeit auch Böhme. In seiner gemäß
Schopenhauer »sehr schätzbaren« Darstellung führte Schelling alles
auf ein »Ur- und Grundwollen« zurück: »Das Ich, sagt Fichte, ist
seine eigne That; Bewußtseyn ist Selbstsetzen—aber das Ich ist nichts
von diesem verschiedenes, sondern eben das Selbstsetzen selber. Dieses
Bewußtseyn aber, inwiefern es bloß als Selbst-Erfassen, oder Erkennen
des Ich gedacht wird, ist nicht einmal das erste, und setzt wie alles bloße
Erkennen das eigentliche Seyn schon voraus. Dieses vor dem Erkennen
vermuthete Seyn ist aber kein Seyn, wenn es gleich kein Erkennen ist;
es ist reales Selbstsetzen, es ist ein Ur- und Grundwollen, das sich selbst
zu Etwas macht und der Grund und die Basis aller Wesenheit ist.«
(Schelling 1809:467-8)

Aus dieser Perspektive sind das erkennende und wollende Ich, deren Identität Schopenhauer auf dieses Thema gebracht hatte, in Wirklichkeit nichts anderes als ein Ausdruck dieses »Ur- und Grundwollens« jenseits jeglichen Seins und Erkennens—eines Grundwollens,
das »sich selbst zu etwas macht«. Der Prozess der Objektivationen
dieses Grundwollens bildet das Hauptthema von Schellings Freiheitsschrift und auch, wie Schopenhauer bestens wusste, von Jakob Böhmes
Mysterium magnum. In Schellings Worten: »Es giebt in der letzten und
höchsten Instanz gar kein andres Seyn als Wollen. Wollen ist Urseyn
und auf dieses allein passen alle Prädikate desselben: Grundlosigkeit,
Ewigkeit, Unabhängigkeit von der Zeit, Selbstbejahung. Die ganze
Philosophie strebt nur dahin, diesen höchsten Ausdruck zu finden.«
(S. 419)

Wenn nicht die gesamte Philosophie dahin strebte, so doch mindestens jene von Schelling, Schopenhauer und ihres Mentors Böhme.
Ihre Kompasse waren nämlich erstaunlich ähnlich ausgerichtet. Abgesehen von ihren Ideen über ein ›Grundwollen‹ waren sie sich auch
ziemlich einig über den Weg zur Erlösung. Man liest zum Beispiel auf
einer der Schelling-Seiten, welche Schopenhauer lobend erwähnte,
dass der Mensch sich »in der Eigenheit und Selbstsucht ergriffen«
und deshalb eine »ursprüngliche Sünde« begangen habe (S. 471-2).
Dieses »finstre Prinzip der Selbstheit und des Eigenwillens« (S. 474),
der »Hunger der Selbstsucht« (S. 475) und der »Misbrauch des zum
Selbstseyn erhobenen Eigenwillens« (S. 476) könne aber gewendet
werden, und zwar mittels »des wirklichen Absterbens der Eigenheit,
durch welches aller menschliche Wille als ein Feuer hindurchgehen
muss, um geläutert zu werden«. (S. 463)

Trotz der absichtlichen Beschränkung auf die Strukturgesetze
des empirischen Bewusstseins muss Schopenhauers Dissertation im
Gesamtrahmen seines Kompasses betrachtet werden. Sie ist Teil seines grösseren Projektes, das Gold des besseren Bewusstseins vom Erz
des empirischen Bewusstseins zu scheiden, das letztere zu analysieren
und klassifizieren (HN2:360) und beide vernunftgemäß darzustellen.
Doch im unerklärlichen Zusammenfall des erkennenden und wollenden Subjekts zeigte sich paradigmatisch die Schwierigkeit dieser Aufgabe. Schellings und Böhmes ›Urwollen‹ und Kants ›intelligibler
Charakter‹ wiesen auf einen ›Urgrund oder vielmehr Ungrund› vor
aller Dualität (Schelling 1809:497), der aller Klassifikation widersteht.
Doch wie kann ein philosophischer Zugang zu diesem Urwollen oder
Ungrund—der Bedingung der Möglichkeit alles Denkens und Seins—
gefunden werden? Nicht im Jenseits, sondern im unmittelbarsten
Diesseits. Denn wie die Schnittstellen in Schopenhauers Dissertation
andeuten, zeigte die Nadel seines Kompasses durch das empirische Bewusstsein hindurch bereits auf jenes ganz unerklärliche Wesen, das den
Kompass in der Hand hält—das wollend-erkennende Ich—und sein
ebenso einzigartiges ›unmittelbares Objekt‹: den eigenen Leib. Doch

die Entwicklungen von 1814 waren noch durch weitere Faktoren bedingt, welchen wir uns in den folgenden Kapiteln zuwenden.

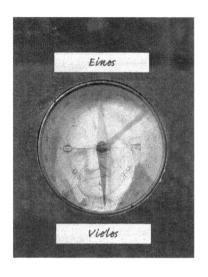

5. Vieles und Eines

Als der frischgebackene Doktor der Philosophie Arthur Schopenhauer gegen Ende 1813 nach Weimar zurückkehrte, geisterte immer noch Benedikt Spinoza (1632-1677) durch die geistigen Gassen. Die Spinozabriefe von Friedrich Heinrich Jacobi (1743-1819) hatten 1785 erneut auf den holländischen Denker aufmerksam gemacht, der die All-Einheit zu beweisen unternommen und sie ›Gott‹ genannt hatte. Alle separat erscheinenden Dinge und auch wir, die sie so wahrnehmen, seien nichts anderes als Modalitäten dieses Einen. In seinen Briefen enthüllte Jacobi, dass Gotthold Ephraim Lessing (1729-1781) an diese All-Einheitslehre glaubte. Herder verteidigte in seinen Gesprächen über Gott von 1787 Spinoza gegen die Angriffe Jacobis; und nachdem auch Goethe für Spinoza eintrat wurde Weimar zum Ausgangspunkt einer ›Spinozarenaissance‹ (Timm 1974), welche erstaunlich breite

77

Kreise zog. Der Dichterkönig Goethe bezeichnete den verrufenen Spinoza nicht nur als seinen Lieblingsphilosophen, sondern lobte ihn gar als »theissimus« und »christianissimus«. Das Eins-und-Alles (*hen kai pan*) des Lessingschen Spinozismus führte zu einem »enthusiastischen Glauben an den Einheitsgrund von Geist und Natur, Individualität und Totalität«, und eine zeitlang schwelgte Herders und Goethes Weimar im »Ensemble der Begriffe von Gott = Natur = Leben = Liebe = Schicksal = Schönheit« (S. 275). Aus Bayles und Jacobis ›Maledictus‹ Spinoza, dem sprichwörtlichen Atheisten oder Pantheisten, war wieder der ›Benedictus‹ auferstanden. Zu dieser Zeit wurde die innerlich konträre Bipolarität des Magnets zum Symbol für ein Hauptmerkmal des grassierenden Neuspinozismus: den Zusammenfall von Abstossung und Anziehung, Ausdehnung und Kontraktion, Verströmen und Einkehr, Mannigfaltigkeit und Einheit, Selbstheit und Selbstpreisgabe. Die Einheit des Konträren war natürlich ein altes Thema von Mystikern wie Nikolaus von Cusa (1401-1464) und Jakob Böhme (1575-1624). Doch nun wurde sie auch in physikalischen Phänomenen wie Elektrizität, Galvanismus und Magnetismus geortet.

Auch ein zweites Hauptmerkmal des Neuspinozismus, die Vorstellung einer Gradualität des Seins (S. 288), fand ihr Echo in Weimar, zum Beispiel in Goethes Urpflanze, welche Spinozas ›Modifikationen‹ des Einen inkarnierte. Das Thema war eminent metaphysisch, denn ging es nicht im Grunde um die Frage, warum überhaupt Seiendes ist und nicht vielmehr nichts? Wie konnte die Mannigfaltigkeit unserer Welt aus der undifferenzierten Einheit entstehen? Ist solche Vielfalt nicht nur ein Wahn, eine Illusion des Menschen, der vom sexuellen Begehren bis zur inbrünstigsten Religiosität nichts anderes will als sich vereinen, heimkehren zur Einheit? Solche Fragen stellte sich u.a. der holländische Platonist François Hemsterhuis (1721-1790), dessen *Lettre sur les désirs* (Brief über die Begehren) Herder, einer der Väter des Weimarer Neuspinozismus, übersetzte und in seinem Aufsatz über *Liebe und Selbstheit* kommentierte (Herder 1781).[9] Die Frage nach dem Begehren betraf, wie Timm bemerkt, naturgemäß auch den Ursprung des Bösen:

»Wer hat den Kosmos gespannt, ihm die zwangshafte Trennung, die widerständige Selbstheit der mannigfachen Individualitäten auferlegt? Unde malum?« (Timm 1974:292). Hemsterhuis schob alles Gott in die Schuhe: »Alles strebt seiner Natur nach zur Einheit. Eine fremde Kraft also hat die Einheit des Ganzen in Einzelheiten zerlegt, und diese Kraft ist Gott. Bis zu dem Wesen dieses unbegreiflichen Wesens hindringen zu wollen, wäre der ausschweifendste Wahnsinn.« (S. 292)

Genau derartigem Wahnsinn hatte Jakob Böhme gefrönt; und ein weiterer Blick auf Schelling wird zeigen, dass solcher ›Wahnsinn‹ nicht nur im dichterischen Milieu in Figuren wie Novalis und Zacharias Werner mannigfache Blüten trieb, sondern auch im Garten der deutschen Philosophie. In den *Bruno*-Dialogen von 1802, welche Schopenhauer 1811 in Berlin las und kommentierte, vertiefte Schelling seine Wissenschaftslehre durch die Aufnahme von Spinozas Denken in Richtung ›Absolutes‹, wobei ihm Platos *Timäus* und Giordano Bruno ein attraktives Modell für das All-Eine lieferten: die Welt als ein einziger Organismus. Auf diesem Hintergrund behandelte Schellings *Bruno* unter anderem die kapitale Frage, »wie das Endliche aus dem Unendlichen heraustritt« (Schelling 1834:65). Die höchste Einheit, aus der alles hervorgeht, wird als »heiliger Abgrund« bezeichnet (S. 66) und die Einheit des Weltorganismus inbrünstig beschworen: »Du wirst also nicht glauben, daß die einzelnen Dinge, die vielfältigen Gestalten der lebenden Wesen, oder was du sonst unterscheidest, wirklich so getrennt, als du sie erblickst, im Universum an und für sich selbst enthalten seyen« (S. 68). Für die Erkenntnis des gesamten Daseins vom Stein über das Tier zum Menschen gebe es nur eine einzige Formel: Wissen bestehe darin, die Verknüpfung von Unendlichem und Endlichem zu verstehen. Das einzige Eingangstor zum besagten Wissen sei die Spiegelung des Unendlichen im Ich.

Bruno: Das Unendliche kommt also zu dem Unendlichen, und wie denkst du nun, daß dieses zu sich selber Kommen des Unendlichen sich ausspreche, oder welcher Ausdruck dafür sei?

Lucian: Ich.

Bruno: Du hast den Begriff genannt, mit dem als einem Zauber-
schlag die Welt sich öffnet. (S. 111-2)

Dieses Ich ist der Ort, »wo das Endliche in die Einheit und gleichsam die unmittelbare Gemeinschaft mit dem Unendlichen tritt« (S.
113). In den Abschnitten von *Bruno*, wo Schopenhauer in seinen Notizen den »Kern der Schellingschen Lehre« ortete, zeigt sich, dass für
Schelling damals die Erscheinungswelt einer »relativen Ichheit« mit
»relativen Wahrheiten« und »relativem Wissen« entsprach. Dies ist
die Welt der Mannigfaltigkeit. Auf dem Gegenpol lag die »absolute
Ichheit« oder »intellektuelle Anschauung«:

Bruno: In der absoluten Ichheit aber, oder in der intellektuellen
Anschauung werden die Dinge nicht für die Erscheinung, obzwar
unendlich, sondern dem ewigen Charakter nach, oder wie sie an
sich sind, bestimmt. Es entsteht absolutes Wissen. (S. 168)

Durch das absolute Wissen der intellektuellen Anschauung wird das
wahre Wesen des Universums erkannt: die Dinge »wie sie an sich
sind« in ihrer absoluten Einheit. Im Gegensatz dazu kann das relati-
ve Wissen die Dinge nur als Erscheinung oder Vorstellung erkennen,
wo sie als Mannigfaltigkeit sich zeigen. Die Parallele zu Schopenhauers empirischem Bewusstsein (das in der Welt von Subjekt und Objekt
und folglich in Vielheit befangen ist) und dem besseren Bewusstsein
(wo sogar die Grund-Dualität von Subjekt und Objekt verschwindet)
ist offensichtlich.

In *Philosophie und Religion* von 1804, das Schopenhauer im Frühjahr 1812 auslieh und ausführlich kommentierte, führt Schelling diese
Sicht weiter aus und kombiniert geschickt Platonismus, Kant und Spinoza mit Elementen von Jakob Böhme. Wie Schopenhauers Kollegheft
zeigt, hatte Professor Schulze seinen Studenten schon Anfang 1811 erklärt, wie tief Fichte und Schelling vom Platonismus und Neuplatonismus beeinflusst sind. Schulze diskutierte zum Beispiel ihre Abhängigkeit bezüglich der Lehren von der wahren Beschaffenheit der Welt und
deren Verhältnis zur Gottheit. Schon bei den Neuplatonikern seien

solche Ansichten durch »intellektuelle Anschauung des Einen, Höchsten, Ersten Urseyns« erlangt worden. In dieser Hinsicht seien Schellings und Fichtes Ideen deshalb nicht neu, sondern so alt wie die Mystik. Weiterhin stellten Fichte und Schelling dieses Eine gemäß Schulze »als höchsten Wahrheitsgrund« auf und behaupteten, es könne ausschließlich »in der Region des innern Gefühls« erkannt werden und sei »die Quelle der höchsten Erkenntniß« (HNB2:100v-101r). Auch da sah Schulze eine Parallele zum Neuplatonismus. Während seiner Erläuterungen zur neuplatonischen Philosophie, zu Ammonius Sakkas und zu dessen Schüler Plotin verwies Schulze auf seine hauptsächliche Informationsquelle: den Band des Philosophiehistorikers Tennemann über den Neuplatonismus von 1807.[10]

Im besagten Buch beschrieb Tennemann einige der zentralen Züge dieser Bewegung, die sich ab dem dritten nachchristlichen Jahrhundert im Mittelmeerraum verbreitet hatte und Plotin und Proklos unter ihren Hauptvertretern zählt. Mit ihnen sei das »Höchste der Speculation, das Unendliche und Absolute« zum »fast einzigen Strebepunct des Philosophierens« geworden: »Man glaubte nur dann dieses Urwesen mit Wahrheit erkannt zu haben, wenn die Erkenntniß desselben aus ihm selbst geschöpft sey, der Erkenntnißact und das Object sich berührten, oder beide in ihrer Identität und Indifferenz erkannt würden. *Einheit des Erkennens und des Erkannten durch unmittelbare Anschauung gegeben*, dies war der höchste Punct auf welchen sich die Speculation nur immer schwingen ließe« (S. 386). Es ist offensichtlich, warum Fichte und Schelling sowohl bei Schulze als auch bei Tennemann den Neuplatonikern beigesellt wurden: ihre »intellektuelle Anschauung« glich der ekstatischen Vision der Neuplatoniker, ihrem »höchsten Punct«, allzusehr. Tennemann benützte dafür denselben Begriff wie Fichte und Schelling: »selbst Plotin, welcher das Absolute durch das Denken suchte, nahm doch an, daß das Absolute unmittelbar durch eine intellectuelle Anschauung sich der Seele darstelle« (S. 387). Gesucht hätten alle Neuplatoniker »dasjenige Wesen, dessen Seyn der Grund alles Seyns ist ... ein Wesen, welches zu seinem Seyn

nichts anderes voraussetzt, aber von allem, was ist, vorausgesetzt wird«
(S. 387-8). Dies konnte »nichts Zusammengesetztes seyn; man suchte
also die absolute Einheit zu allem Zusammengesetzten, welches sich
zu den Dingen verhielt, wie die Einheit zu allen möglichen Zahlen«
(S. 388). Die Plato-Forschung der neuesten Zeit hat gerade solche Aspekte des Neuplatonismus als zentrale Elemente der ›ungeschriebenen
Lehre‹ Platos herausgestellt. Sicher war die Forschung damals noch
in den Anfängen; doch Plotin wurde bereits von Goethe studiert, von
Creuzer übersetzt, von Schelling zitiert und von Tennemann erläutert.
Tennemann analysierte u.a. Unterschiede zwischen Plotin (c. 204-270)
und Proklos (412-485): Plotin habe sich damit begnügt, »diese Einheit als Urprincip aufzustellen«, doch Proklos habe ausserdem noch
»Mannigfaltigkeit und Verbindung der Einheit mit der Mannigfaltigkeit« behandelt (S. 388). Genau der Zusammenhang von Einheit und
Mannigfaltigkeit, der für Schelling so zentral war, stand im Zentrum
neuplatonischen Denkens: »Am meisten beschäftigte die Köpfe der
Versuch, aus dem absolut Einen und einfachen Urwesen alle Dinge ab-
zuleiten.« (S. 389)

Dies war auch das Kernthema von Schellings *Philosophie und Religion*. Wie die Neuplatoniker vertrat er darin eine stufenweise Objekti-
vierung des Absoluten. Der erste Schritt besteht in der »Selbstobjecti-
virung des Absoluten ... in sich selbst« (Schelling 1804:29). Doch das
»Absolute würde in dem Realen nicht wahrhaft objectiv, theilte es ihm
nicht die Macht mit, gleich ihm seine Idealität umzuwandeln und sie in
besonderen Formen zu objectiviren. Dieses zweite Produciren ist das
der Ideen« (S. 29). Als dritter Schritt dieser »fortgesetzten Subject-
Objectivirung« folgt »die ganze absolute Welt, mit allen Abstufungen
der Wesen« welche in Wahrheit »nichts wahrhaft Besonderes« sind
(S. 30). Schellings dreistufiges Schema sowie seine Sicht der All-Einheit
liegt schön auf der dominanten Linie des Neuplatonismus. Zwei Jahre
nach solcher Lektüre vertrat Schopenhauer, wie wir sehen werden, eine
frappant ähnliche Sicht mit Objektivierungen des All-Einen auf ver-

schiedenen Stufen entwickelte, in der platonische Ideen ebenfalls eine Zwischenstufe zwischen dem Einen und dem Vielen darstellen.

Alle Systeme, die wie jene der Neuplatoniker und Schelling eine grundlegende Einheit postulieren, sind eine Erklärung schuldig für das Hervorgehen der Mannigfaltigkeit aus der Einheit. Schelling teilte solche Versuche in drei Kategorien ein. Die häufigste und älteste Methode sei diejenige der *Emanation,* bei welcher »Ausflüsse der Gottheit, in allmäliger Abstufung und Entfernung von der Urquelle, die göttliche Vollkommenheit verlieren und so zuletzt in das Entgegengesetzte (die Materie, die Privation) übergehen« (S. 30-1). Dies sei eine falsche Erklärung, doch werde immerhin Gott nicht als Schöpfer des Bösen verunglimpft. Auch einige Platoniker seien durch Missverständnisse auf den Emanationsgedanken verfallen.

Die zweite Methode, das Viele aus dem Einen hervorgehen zu lassen, sei der *Dualismus,* wo—wie z.B. in der altpersischen Religion— zwei miteinander streitende Urwesen angenommen würden. Dabei sei es unvermeidbar, dass »Gott zum Urheber des Bösen gemacht« werde, was in Schellings Augen ein Fehlstart war und diese Erklärung disqualifizierte. (S. 34)

Die dritte und einzig richtige Erklärung der Verbindung des Einen mit dem Vielen sei die Lehre vom *Fall,* welche »vom Absoluten zum Wirklichen« keinen stetigen Übergang sehe, sondern »ein vollkommnes Abbrechen ... durch einen Sprung« (S. 34). »Das Absolute ist das einzige Reale, die endlichen Dinge dagegen sind nicht real«, und der Sprung von dieser Realität der Einheit in die Illusion der Vielheit kann nur »in einem *Abfall* von dem Absoluten liegen« (S. 35). Schelling betonte, diese »eben so klare und einfache, als erhabene Lehre« sei »auch die wahrhaft Platonische«; denn Plato lasse die Seele »durch den Abfall vom Urbild« von ihrer ersten Seligkeit herabsinken und so »in das zeitliche Universum gebohren werden« (S. 35). Genau auf dieser Sicht des Abfalls vom Einen gründe auch Platos »practische Lehre, welche darin bestand, daß die Seele, das gefallene Göttliche im Menschen, so viel wie möglich von der Beziehung und Gemeinschaft des Leibes abgezogen und gereiniget werden müsse, um so, indem sie dem Sinnenleben absterbe, das Absolute wieder zu gewinnen und der Anschauung des Urbildes wieder theilhaftig zu werden« (S. 36). So hatte für Schelling auch die Askese ihren platonischen Boden. Die stufenweise Entfaltung des Einen in die Vielheit, die platonischen Ideen als Zwischenstufe, die illusorische Mannigfaltigkeit der Erscheinungswelt durch den Fall und natürlich der Wiederaufstieg zum All-Einen in Askese und ekstatischer Schau: all dies verband die Neuplatoniker und ihre Erben in der christlichen Mystiktradition mit den deutschen Idealisten des jungen 19. Jahrhunderts. Wir werden in Kürze sehen, dass auch Prinz Dara, der Übersetzer des *Oupnek'hat*, sowie dessen Leser Schopenhauer mit dieser extrem weit verbreiteten Tradition verbunden sind, deren zwei Hauptarme sich vom Mittelmeer gegen Westen und Norden ins christliche Europa und gegen Osten in die islamische Welt und weiter via Persien bis nach Indien erstrecken. Obwohl die verwendeten Begriffe sehr verschieden sind (Dara nennt die All-Einheit ›Allah‹ oder ›Brahm‹ und Schopenhauer ›Wille‹, und der Fall in die illusorische Vielheit heißt bei ihnen *Maya* und *principium individuationis*) sind die Hauptelemente präsent—einschließlich einer Heilsfindung durch eine Art Erwachen zur All-Einheit und dem Verschwinden der Individualität mitsamt ihrer Illusion der Mannigfaltigkeit. Und war nicht genau dies auch der Sinn von Zacharias Werners »auf dass du werdest wieder Nichts und Alles« (Werner 1823:2.265) und seiner Erkenntnis: »Alles bist du selber, / Wenn du Alles bist, nicht Etwas« (S. 271)?

Für Schelling führte der »Fall« oder »Abfall« vom »Reiche der Realität« ins »Reich des Nichts« (Schelling 1804:42) und von der wahren Welt zu einem bloßen »Scheinbild«; denn im Abgefallenen wird »durch und für sich selbst das Nichts der sinnlichen Dinge producirt« (S. 38). Das Resultat ist das Scheinbild des sinnlichen Universums und ein »Scheinleben« (S. 40). Bezüglich des Grundes dieses »Abfalls« musste Schelling außer Plato auch Fichte und natürlich Böhme zu Hilfe ziehen. »Fichte sagt: die Ichheit ist nur *ihre eigene That*, ihr eignes Handeln, sie ist *nichts* abgesehen von diesem Handeln

... Wie rein spricht sich die uralte Lehre der ächten Philosophie in diesem zum Princip der Welt gemachten *Nichts* der Ichheit aus« (S. 43). Der Fall, welcher das Scheinbild des sinnlichen Universums und der Mannigfaltigkeit produziert, ist der Fall in die Ichheit; und ihr Ablegen—oder, in den von Madame Guyon inspirierten Worten Werners, ihre ›Kreuzigung‹ und ›Verwesung‹—ist die Heimkehr zur Einheit. In Schellings Worten: »Nur durch die Ablegung der Selbstheit und die Rückkehr in ihre ideale Einheit, gelangt sie wieder dazu, Göttliches anzuschauen, und Absolutes zu produciren« (S. 44). Die »alte, heilige Lehre«, welche gemäß Schelling alle jahrtausendealten »Zweifelsknoten« der Philosophen auf einen Schlag löst, spricht sich im platonischen Mythos aus, »daß die Seelen aus der Intellectualwelt in die Sinnenwelt herabsteigen, wo sie zur Strafe ihrer Selbstheit und einer diesem Leben (der Idee, nicht der Zeit nach) vorhergegangenen Schuld an den Leib, wie an einen Kerker sich gefesselt finden« und zurückstreben müssen zur verlorenen Einheit (S. 49). Schelling zog das Fazit in drei Punkten: 1. In seiner Naturphilosophie werde »die absolute Nicht-Realität der gesammten Erscheinung aufs klarste behauptet«; 2. sie vertrete eine vollkommene Trennung zwischen »der erscheinenden Welt« und »der schlechthin-realen« Welt; und 3. in seiner Philosophie sei »jederzeit die *Ichheit* als der eigentliche Absonderungs- und Uebergangspunct der besondern Formen aus der Einheit, als das wahre Princip der Endlichkeit aufgestellt und von ihr dargethan worden« (S. 52-3).[11]

In der Freiheitsschrift von 1809, die Schopenhauer ebenfalls im Winter 1811/12 studierte, kritisierte Schelling die All-Einheitslehre von Spinoza, weil sie einen »abstrakten Begriff der Weltwesen« habe. Zudem sei das ganze System leblos und behandle sogar »den Willen als eine Sache« (S. 417-8)—eine Kritik, die Schopenhauer übernahm. Es sei »ein einseitig-realistisches System«, dessen Grundbegriff modifiziert und vollendet werden müsse. Dies unternahm Schelling in seiner Freiheitsschrift, und zwar (wie Schopenhauer sofort bemerkte) durch Aufnahme und Umformulierung des Gedankengutes von Jakob

Böhme. Es zeigt sich exemplarisch am Ende von Schellings Spinozakritik, die mit dem schon erwähnten Paukenschlag endet: »Es giebt in der letzten und höchsten Instanz gar kein andres Seyn als Wollen. Wollen ist Urseyn und auf dieses allein passen alle Prädikate desselben: Grundlosigkeit, Ewigkeit, Unabhängigkeit von der Zeit, Selbstbejahung. Die ganze Philosophie strebt nur dahin, diesen höchsten Ausdruck zu finden«; und genau das ist der Punkt, bis zu dem die moderne Philosophie »durch den Idealismus gehoben worden« ist (Schelling 1809:419). Es wurde schon mehrmals darauf hingewiesen, dass Schellings von Böhme inspirierter Standpunkt in seiner Grundausrichtung demjenigen Schopenhauers gleicht. Diese Ähnlichkeit mag im direkten und indirekten Einfluss der Mystik (vor allem derjenigen Böhmes) und des Platonismus / Neoplatonismus auf beide Denker begründet sein; doch die Philosophien Spinozas, Giordano Brunos, Kants und Fichtes waren sicherlich ebenfalls gewichtige Faktoren.

Wie die Neuplatoniker sah Schelling eine Bewegung vom Einen zum Vielen, die er gestützt auf Böhme als ein »Ur- und Grundwollen« charakterisierte; und seine Geburt von Allem aus dem Einen hat wie in Böhmes *Mysterium magnum* ihren Ur-Grund in einer »Sehnsucht, die das ewige Eine empfindet, sich selbst zu gebären« (S. 431). Diese Sehnsucht sei »nicht das Eine selbst, aber doch mit ihm gleich ewig«: »Sie will Gott, d.h. die unergründliche Einheit gebähren, aber insofern ist in ihr selbst nicht die Einheit. Sie ist daher für sich betrachtet auch Wille« (S. 431-2). Schelling beschrieb diese Ur-Sehnsucht, welcher wir im nächsten Kapitel in ihrer islamisch-indischen Form begegnen werden, als eine Sehnsucht »welche als der noch dunkle Grund die erste Regung göttlichen Daseyns ist« und sich in Gott selbst als »eine innre reflexive Vorstellung« bildet, welche Gott sich selbst zeige (S. 433-4). In rhapsodischem Böhme-Stil und inspiriert von der johanneischen Logos-Lehre proklamiert Schelling, diese erste Vorstellung sei »das *Wort* jener Sehnsucht« und »der ewige Geist, der das Wort in sich und zugleich die unendliche Sehnsucht empfindet, von der Liebe bewogen, die er selbst ist« (S. 434). Schelling betrachtete diese Sehn-

sucht, das »Ur- und Grundwollen« (S. 468), als den letzten Grund der
Entfaltung des Einen in das Viele. »Der erste Anfang zur Schöpfung
ist die Sehnsucht des Einen, sich selbst zu gebähren, oder der Wille
des Grundes. Der zweite ist der Wille der Liebe, wodurch das Wort in
die Natur ausgesprochen wird, und durch den Gott sich erst persönlich macht. Der Wille des Grundes kann daher nicht frey seyn in dem
Sinne, in welchem es der Wille der Liebe ist« (S. 482). Das dritte ist
dann die Entfaltung oder Objektivation des Einen, welche nach Schelling stufenweise geschieht, wobei »bei jedem Grade der Scheidung der
Kräfte ein neues Wesen aus der Natur entsteht ... bis in der höchsten
Scheidung der Kräfte das allerinnerste Centrum aufgeht« (S. 430).[12]

Der ›Fall‹ oder ›Abfall‹, den Schelling als die einzig richtige Erklärung des Hervorgehens des Vielen aus dem Einen ansah, wurzelt
letztlich in demselben sehnsuchtsvollen »Willen zur Offenbarung«.
Solche Offenbarung des Einen erfordert »die Eigenheit und den Gegensatz« (S. 454), was erklärt, warum »der Wille des Grundes gleich
in der ersten Schöpfung den Eigenwillen der Kreatur mit erregt, damit, wenn nun der Geist als der Wille der Liebe aufgeht, dieser ein
Widerstrebendes finde, darin er sich verwirklichen könne« (S. 455).
Schelling sieht wie Böhme den Ursprung des Bösen in der Geburt des
Eigenwillens: »so hat der Mensch sich von Ewigkeit in der Eigenheit
und Selbstsucht ergriffen« (S. 471). Dies ist die Ur-Sünde, die Scheidung des Menschen von Gott: »Das Prinzip, sofern es aus dem Grunde
stammt, und dunkel ist, ist der Eigenwille der Kreatur« welcher »bloße Sucht oder Begierde, d.h. blinder Wille ist« (S. 430). Das Böse folgt
aus diesem »finstern oder selbstischen Princip« (S. 450), doch gleichzeitig gibt es auch eine Sehnsucht nach dem Gegenpol: der Rückkehr
des Eigenen ins All-Eine. Genau dies war auch die Lehre Zacharias
Werners, der ein Bewunderer von Böhme und Schelling war.

Wir bemerkten schon, dass Schopenhauer schon um das Ende von
1811 Böhmes *Mysterium magnum* gut genug kannte, um die Abhängigkeit von Schellings Freiheitsschrift klar zu erkennen. Für Böhme ist
Gott »das Eine gegen der Kreatur, als ein ewig Nichts; er hat weder

Grund, Anfang noch Stätte; und besitzet nichts, als nur sich selber: er ist der Wille des Ungrundes, er ist in sich selber nur eines: er bedarf keinen Raum noch Zeit« (Böhme 1843:5.7). Auch bei Böhme formt die Sehnsucht des Einen nach Offenbarung seiner selbst den Ursprungsquell der Schöpfung: »Wir erkennen, daß Gott in seinem eigenen Wesen kein Wesen ist, sondern nur bloß die Kraft oder der Verstand zum Wesen als ein ungründlicher ewiger Wille, in dem alles liegt, und der selber Alles ist, und doch nur Eines ist, und sich aber begehret zu offenbaren, und in ein geistlich Wesen einzuführen, welches durch Feuer in der Liebebegierde, in Kraft des Lichts geschieht« (S. 26). Der Motor der Schöpfung ist diese göttliche Sehnsucht nach Selbstoffenbarung: »Siehe, die Begierde des ewigen Worts, welches Gott ist, ist der Anfang der ewigen Natur, und ist die Fassung des ewigen Nichts in Etwas; sie ist die Ursache aller Wesen« (S. 28). In anderen Schriften Böhmes liest man Ähnliches, zum Beispiel am Anfang des Traktats *Von der Gnadenwahl*. Das erste Kapitel trägt die vielversprechende Überschrift »Von dem einigen Willen Gottes, und von Einführung seines Wesens seiner Offenbarung. Was der einige Gott sei« und enthält Ausführungen wie: »Denn in der unnatürlichen, unkreatürlichen Gottheit ist nichts mehr als ein einiger Wille, welcher auch der Einige Gott heißt, der will auch in sich selber nichts mehr, als nur sich selber finden und fassen, und aus sich selber ausgehen, und sich mit dem Ausgehen in eine Beschaulichkeit einführen« (Böhme 1843:4.469). Das sind Gedanken, welche außer Schelling auch F. Schlegel, Novalis, Z. Werner, K. C. F. Krause, F. Baader und Schopenhauer beeindruckt und inspiriert haben mögen.

Schopenhauer hat Jahrzehnte später am Ende seiner Preisschrift *Über die Grundlage der Moral* (1841) eine Begründung seines All-Einheitsgedankens, nämlich Kants Lehre von der Idealität des Raumes und der Zeit, als den »Triumph« des Königsberger Philosophen bezeichnet; sie sei eine der »höchst wenigen metaphysischen Lehren, die man als wirklich bewiesen« betrachten könne (Z6:308). Nur was in Raum und Zeit sei, könne mannigfaltig sein; und weil dem ›Ding an sich‹ eben Raum und Zeit fremd seien, müsse ihm notwendig auch die

Vielheit fremd sein: »folglich kann dasselbe in den zahllosen Erscheinungen dieser Sinnenwelt doch nur Eines seyn, und nur das Eine und identische Wesen sich in diesen allen manifestiren« (S. 308). Diese Lehre, dass alle Vielheit nur scheinbar ist und dass sich in Allem nur Eines und das selbe zeige, sei viel älter als Kant. »Denn zuvörderst ist sie die Haupt- und Grundlehre des ältesten Buches der Welt, der heiligen *Veden*, deren dogmatischer Theil, oder vielmehr die esoterische Lehre, uns in den *Upanischaden* vorliegt. Daselbst finden wir fast auf jeder Seite jene große Lehre: sie wird unermüdlich, in zahllosen Wendungen wiederholt und durch mannigfache Bilder und Gleichnisse erläutert« (S. 308-9). Sie liege jedoch auch der Lehre des Pythagoras zugrunde und der eleatischen Schule, Neuplatonikern wie Plotin, Skotus Erigena, der Mystik der Sufis, Giordano Bruno, den christlichen Mystikern usw., wobei natürlich auch »*Spinoza's* Name« nicht fehlen dürfe, denn er sei mit dieser All-Eins-Lehre »identificirt« (S. 309). Am Schluss dieser langen Linie von Vertretern der All-Eins-Lehre erwähnt Schopenhauer etwas abschätzig auch Schelling: »In unsern Tagen endlich, nachdem *Kant* den alten Dogmatismus vernichtet hatte und die Welt erschrokken vor den rauchenden Trümmern stand, wurde jene Erkenntniß wieder auferweckt durch die eklektische Philosophie *Schellings*, der, die Lehren des Plotinos, Spinoza's, Kants und Jakob Böhmes mit den Ergebnissen der neuen Naturwissenschaft amalgamirend, schleunig ein Ganzes zusammensetzte, dem dringenden Bedürfniß seiner Zeitgenossen einstweilen zu genügen, und es dann mit Variationen abspielte; in Folge wovon jene Erkenntniß unter den Gelehrten Deutschlands zu durchgängiger Geltung gelangt, ja, selbst unter den bloß Gebildeten fast allgemein verbreitet ist.« (Z6:309-10)

Trotz all seiner späteren Kritik an Schelling ist klar, dass Schopenhauer in seiner Jugend sehr viel von dieser ›Amalgamirung‹ gelernt und übernommen hat. Doch von der indischen Form der All-Einslehre wusste er 1813 (trotz einiger früher Hinweise von Heeren und Schulze auf Indiens alte Kultur und Religion) wohl noch nichts und vom Sufismus hatte er höchstwahrscheinlich noch gar nie gehört. Die orientalische Welt begann sich ihm erst ab Dezember 1813 allmählich zu öffnen. Dabei war fraglos seine Entdeckung der lateinischen Upanischaden im Jahre 1814 das wichtigste Ereignis—des Buches also, welches er das älteste der Welt nannte und in dem auf fast jeder Seite stehe, dass Vielheit und Geschiedenheit allein der bloßen Erscheinung angehören und dass es »Ein und das selbe Wesen« ist, welches sich in allem darstellt. Die alten Inder hätten gar ein eigenes Wort für diese Illusion der Vielheit geschaffen, nämlich »*Maja*, d.h. Schein, Täuschung, Gaukelbild« (S. 310).

Bevor wir untersuchen, was Schopenhauer da Exotisches entdeckt hatte, ist eine kurze Bestandesaufnahme bisheriger Erkenntnisse angebracht. Es zeigte sich im Unterschied zu früheren Darstellungen, dass Schopenhauers Frühphilosophie schon vor dem Beginn seines Philosophiestudiums Form angenommen hatte. Ihre Grundform ist immer zweipolig, wobei die Pole ›Selbstsucht‹ und ›Selbstlosigkeit‹ im Zentrum stehen. Sie sind mit einer wohl sehr frühen Erfahrung Schopenhauers von zwei Sichtweisen der Welt verbunden: einer alles auf sich selbst und den eigenen Vorteil beziehenden ›normalen‹ (in der Folge ›empirisch‹ genannten) Sicht und einer ›reinen‹, selbstlosen Wesensschau, die für kurze Zeit alles so zeigt, wie es wirklich ist. Schon die frühesten Aufzeichnungen des Jünglings zeigen diese zwei Pole in verschiedenen Formen; und sie sind es auch, die sich während der Studienzeit zur Konzeption eines ›empirischen‹ und eines ›besseren‹ Bewusstseins formten. Das frühe Interesse Schopenhauers an Böhme und an von ihm beeinflussten Autoren wie Wackenroder und Werner, die von Momenten der ›Weihe‹ schwärmten und deren Kompasse ähnlich ausgerichtet waren, ist ebenso bezeichnend wie Schopenhauers leidenschaftliche Konzentration auf Schellings / Fichtes ›intellektuelle Anschauung‹ und seine frühe Ansicht, Kant habe ›Kontemplation‹ nicht gekannt. In dieselbe Richtung weist auch Schopenhauers Verehrung des »göttlichen« Plato, der gemäß Tennemann das »Ding an sich« von aller »Erscheinung« unterschied—eine Idee, die schon ganz zu

Beginn des Philosophiestudiums im Geist des Studenten die zweipoligen Sichtweisen von Plato und Kant mit seiner eigenen kurzschloss.[13]

Schopenhauers Notizen und sein früher Lesestoff zeigen, dass er eine Erklärung für diese zwei Pole suchte und nicht nur in Schelling, Plato und Kant fündig wurde, sondern auch in Jakob Böhme. Die Erklärungen von Mystikern über eine völlig selbstlose Daseins- und Sichtweise faszinierten Schopenhauer Zeit seines Lebens. Ihr Einfluss setzte spätestens um 1808 im Umgang mit Zacharias Werner ein. Doch weder Böhme noch Schelling, Fichte, Plato und Kant lieferten dem Doktorand der Philosophie eine schlüssige Erklärung für den Grund der »Bewußtseynsduplizität«, welche ihn so beschäftigte und deren Auswirkungen er tagtäglich an sich und anderen erfuhr. Es war diese Duplizität, für die er eine Erklärung suchte, die den Grund sowohl des Leidens als auch der Erlösung davon erhellen sollte. Im Laufe seines Studiums realisierte er dann, dass Philosophie höchstens das Erz des empirischen Bewusstseins vom Gold des besseren zu scheiden vermag, wobei sie das erstere »nach seinen Verschiedenheiten klassifizieren« und das letztere »rein hinstellen« soll (HN2:360). So machte er sich zuerst an die Analyse des Erzes und publizierte sie in Form seiner Dissertation. Doch er fühlte schon das Wachsen eines Ansatzes, der beide Pole in einem einheitlichen Rahmen umfassen sollte. Doch 1813 fehlte ihm noch die zündende Idee, die alles vereinte. Aber bevor wir uns ins Weimar des Jahres 1814 begeben, wo Schopenhauer diese Schlüsselidee entdeckte, führt unsere Reise in die exotischen Gefilde, aus denen sie stammte.

6. Ishq und Fanā

Das achtzehnte Jahrhundert war das Jahrhundert der ersten universalen Philosophiegeschichten. Einen Anstoß gab Thomas Stanleys *History of Philosophy*, deren 1662 publizierter Asienteil einen asiatischen Ursprung der griechischen Philosophie proklamierte (1701:1). Die lateinische Übersetzung dieses Teiles durch Jean le Clerc erschien 1690 in Amsterdam und erregte viel Aufsehen. Doch zum einflussreichsten Werk wurde Bruckers *Historia critica philosophiae* (1741-4), welche vielfältige Information über Asiens Philosophien und Religionen enthielt.[14] Auch in der berühmten *Encyclopédie* der französischen Aufklärung fand sich schon im ersten Band von 1751 ein vielbeachteter Artikel von Denis Diderot über asiatische Philosophie.[15] 1757 fasste Adrien-François Pluquet (1716-1790) die wichtigsten bis dahin gewonnenen Daten über die All-Einheitslehre zusammen. Er nannte diese Lehre »fatalisme« und verstand darunter »alle Systeme, die eine einzige Substanz in der Welt annehmen« (1757:2.i) und behaupten, »dass alles notwendig existiert«, wobei sie »die ganze Natur einer Kraft ohne Freiheit« zuschreiben (1757:1.1). Für Pluquet gipfelte dieses sogenannte »orientalische System« in der Philosophie von Spinoza, deren Präsentation und Kritik einen ganzen Band erforderte. Hätte Pluquet hundert Jahre später geschrieben, so wäre sicherlich ein weiterer Band über Schopenhauer dazugekommen, dessen Willensmetaphysik Pluquets Definition des ›fatalisme‹ wohl noch genauer entsprach. Pluquet glaubte—wie später Anquetil-Duperron, Friedrich Majer, Friedrich Schlegel, Schopenhauer und viele andere—dass diese in Ost und West verbreitete Lehre ihre Wurzeln im alten Indien hatte.[16]

Als Friedrich Schlegel nach seinem kurzem Sanskritstudium in Paris im Jahre 1804 nach Deutschland zurückkehrte und vor wenigen Hörern in Heidelberg Privatvorlesungen hielt (1804-6), nannte er dieses System »speculativen Mysticismus« (Schlegel 1836:1.209). Wie Pluquet betrachtete er es als das älteste philosophische System der Welt, das sich von Indien aus in alle Himmelsrichtungen verbreitet und in der Folge bei Aegyptern, Persern und sogar Hebräern wie Philo und Josephus geherrscht habe (S. 204-5). Mit einigen Abänderungen sei dieses System »in der Schule des Pythagoras aufgenommen« worden und habe auch Platos Lehre beeinflusst, »bis es zuletzt durch die alexandrinischen und neuplatonischen Philosophen seine vorzüglichste Ausbildung und Vollendung erhielt« (S. 205). Doch auch die Gnostiker und berühmte frühe Christen wie Origenes und Klemens von Alexandrien seien im Banne dieser Philosophie indischen Ursprungs gestanden, die gemäß Schlegel folgendes lehrte: 1. den Hervorgang aller Dinge aus Gott durch Emanation; 2. die übersinnliche Anschauung oder Offenbarung; 3. die Seelenwanderung oder Metempsychose; 4. den Pessimismus, d.h. die Sicht der Welt als großes Übel; und 5. das höchste Ziel der Wiedervereinigung der Einzelwesen mit der Gottheit (S. 207-8). Schlegel sah diese enorm verbreitete Ur-Lehre als »mißverstandene Offenbarung« an und wollte sie mittels Bibel und Böhme

»berichtigen«—ein Vorgang, welcher mit seiner Konversion zum katholischen Glauben endete.

Ein Produkt dieses Prozesses war Schlegels Indienbuch von 1808, welches sofort in aller Munde war und Schelling zum Verfassen seiner Freiheitsschrift provozierte.[17] Durch Schlegels Buch erweiterte sich das deutsche Blickfeld erheblich, denn der bekannte Literaturkritiker, Romanautor (*Lucinde*) und deutsche Sanskritpionier behauptete, dass Indien schon lange vor Griechenland wirkliche philosophische Systeme besessen habe, wovon das besagte orientalische Emanationssystem das älteste sei. Es dürfe nicht mit dem Pantheismus verwechselt werden, denn der Pantheismus (zum Beispiel jener von Spinoza) sei grundlegend optimistisch: »Der Pantheismus lehrt, daß alles gut sey, denn alles sey nur eines, und jeder Anschein von dem, was wir Unrecht oder Schlecht nennen, nur eine leere Täuschung« (Schlegel 1808:97). Im Gegensatz dazu halte das System der Emanation »alles Dasein für unseelig, und die Welt für im Innersten verderbt und böse« (S. 98). Diese »älteste Denkart des menschlichen Geistes, die wir historisch kennen« habe auf »die ganze nachfolgende Entwickelung und Geschichte einen unübersehlichen Einfluß gehabt« (S. 99). Es sei die Wurzel nicht nur des Pessimismus sondern auch des Polytheismus (S. 123, 159), des Fatalismus (S. 114), des orientalischen Materialismus (S. 117) und der Verehrung der Naturkraft (S. 119); und zudem sei es die Grundlage der Seelenwanderungslehre der Pythagoreer, Platoniker, Ägypter und sogar der »celtischen Druiden« (S. 111-2). So erschien auch die vermeintlich reine Quelle aller Philosophie in Griechenland als spätes Derivat eines orientalischen Systems, welches die gemeinsame Wurzel von zahllosen westlichen und östlichen Zweigen formte, vom chinesischen Buch der Wandlungen (S. 143), dem Buddhismus (S. 147) und der pantheistischen Vedanta-Lehre (S. 147-8) bis zu den Gedankentürmen der modernen »Vernünftler« wie Schelling, welche »diese große Entdeckung gemacht ... daß Alles Eins sei« und sich einbilden, alles was andere wissen und glauben sei »nur Irrthum, Täuschung und Verstandesschwäche, so wie alle Veränderung und alles Leben ein leerer Schein«! (S. 142)

Information über dieses uralte »indische« System hatte Europa u.a. in zwei Schriften erreicht, welche schon ein halbes Jahrhundert vor Schlegel in Pluquets Buch, der *Encyclopédie* und vielen anderen Schriften einschließlich Bruckers Philosophiegeschichte zitiert wurden: dem Indienbrief des Jesuitenpaters Jean François Pons (1688-1752) von 1740[18] und den Nachrichten von François Bernier und Jean Chardin aus dem späten 17. Jahrhundert.[19] In Pluquets Buch wurden diese berühmten Berichte im Kapitel über den Ursprung des Fatalismus ausgeschlachtet. Pater Pons berichtete von den Brahmanen der Vedantaschule, dass sie alles Wahrgenommene für eine »konstante Illusion« halten und den Grund für diesen Irrtum im »*Maja* des Ich« sehen (Pluquet 1757:1.216). »Dieses *Maja* oder Prinzip der Illusion lässt uns Dinge ausserhalb unser selbst erkennen« und ist mit dem Egoismus assoziiert; und die Auflösung dieser Illusion ist dann erreicht, wenn man sagen kann: »Ich bin das höchste Sein« (S. 217). Gemäß Pons gibt es auch Inder, welche eine Weltseele annehmen und das Ich als illusorisch sehen; für sie sind »alle Seelen ... nur Modifikationen oder Ansichten der Weltseele, die sich mit Materie vereinigen und so erkannt werden können, jedoch weder in sich noch in der Materie existieren« (S. 219). Das Ich sei aus dieser Sicht nichts Wirkliches und existiere nicht (S. 220). In diesem einflussreichen Brief, welcher die wichtigsten indischen Philosophiesysteme im Westen erstmals bekanntmachte, erklärte Pater Pons das Ziel aller indischen Philosophen wie folgt: Was die Inder höchste Weisheit nennen ist eine Einswerdung (*union*). »Diese Einswerdung beginnt mit der Meditation und der Kontemplation des höchsten Wesens und endet in einer Art von Identität, wo jegliches Gefühl (*sentiment*) und jeglicher Wille (*volonté*) verschwunden sind. Nur bis zu diesem Punkt herrschen die Prozesse der Seelenwanderungen (*Métempsicoses*)« (Pons 1781:83).

Einer der wenigen frühen Persienkenner, Jean Chardin (1643-1713), der zweimal während mehrerer Jahre Persien und Indien berei-

ste, berichtete im Kapitel »Über die Philosophie« seines vielbändigen
Persienberichtes, dass es im Orient eine voll entwickelte Philosophie
nach griechischem Muster gebe (Chardin 1811:4.445-7). Die »große und universelle Philosophie der Inder und aller Bilderanbeter des
Orients« stamme von Pythagoras ab; sie werde auch von Mohammedanern gelehrt, »ganz besonders von jenen, die man Sufis nennt« (S.
449). Diese glauben an eine große Weltseele und ihre Hauptlehrer sagen von sich »ich bin was ist, d.h. das wahre Sein; was ihr seht ist wie
ein Kleid, welches das ewige und unendliche Wesen verdeckt, das man
Gott nennt« (S. 455). Konservative Mohammedaner hätten die Sufis
deswegen als Atheisten verurteilt und einen Zweizeiler kursieren lassen,
welchen sie »das Geheimnis der Sufis« nannten: »Es gibt ein einziges
Wesen, doch tausend Formen oder Figuren. / Die Form keines einzigen
Dinges hat die geringste Konsistenz oder Wirklichkeit« (S. 456). Dies
wies gemäß Chardin auf die Sufilehre, dass alles Seiende nur verschiedene Erscheinungsformen eines einzigen, unveränderlichen Wesens
darstellt (S. 456). Die Sufis suchen diese All-Einheit zu erfahren, indem
sie sich auf verschiedene Weisen in Ekstase versetzen und sich »mit
Gott einen« (S. 458-9). Chardin hielt es für sehr wahrscheinlich, dass
diese »mystische Theologie der Sufis« sich via Nordafrika und Spani-
en auch im Westen verbreitet habe (S. 464).

Der zweite Persienexperte, François Bernier (1625-1688), hatte
durch die vielbändige Darstellung der Philosophie seines Lehrers Gassendi schon Ruhm erworben,[20] bevor er nach Asien reiste. Als Beam-
ter eines reichen Inders übersetzte Bernier während sechs Jahren die
Schriften von Gassendi und Descartes auf Persisch und erläuterte sie
seinem Herrn (Bernier 1699:2.134). Bernier berichtete ebenfalls von
einer Emanationslehre indischen Ursprungs, welche sowohl bei den indischen Gelehrten als auch bei den Sufis und Gelehrten Persiens herrsche. Sie glaubten, dass Gott nicht nur die Seelen aus seiner eigenen
Substanz gezogen habe, sondern auch alles Materielle und Körperliche im Universum. Sie wüssten nichts von einer Schöpfung aus dem
Nichts und nähmen stattdessen eine Emanation aus Gott an, welche

einer Spinne vergleichbar sei, die aus sich heraus ein Netz spinne und es auch jederzeit wieder einziehen könne.[21] Die Schöpfung sei für diese Gelehrten deshalb »nichts anderes als ein Herausziehen oder eine Verlängerung, die Gott von seinem eigenen Wesen macht« (S. 164). Aus diesem Grund »gibt es in all dem, was wir zu sehen, hören, riechen, schmecken und zu berühren glauben, überhaupt nichts Reales und Wirkliches: diese ganze Welt ist nur eine Art Traum und eine reine Illusion, weil alle Vielfältigkeit und Unterschiedlichkeit der uns erscheinenden Dinge nur ein Eines und Einziges sind, nämlich Gott selbst« (S. 165). Die mannigfaltigen Dinge seien wie verschiedene Zahlen, die allesamt dieselbe Eins multiplizieren. Man könne Gott auch mit dem Licht vergleichen, das im gesamten Universum gleicher Natur sei und dennoch je nach dem Gegenstand, der beleuchtet werde, auf hundert verschiedene Arten erscheinen könne (S. 165).

Bernier, der zur Zeit seines Berichtes Spinoza noch nicht kennen konnte, fand solche Lehren völlig absurd, fertigte sie schulmeisterhaft ab und brachte sie später mit dem Quietismus westlicher Mystiker wie Molinos und Madame Guyon in Zusammenhang (Bernier 1688). Bernier erklärte, sein Hauptinformant, einer der berühmtesten Gelehrten Indiens, sei auf seinen Wunsch hin am Hof seines Gebieters angestellt worden und so habe der französische Arzt mehr als drei Jahre in seiner Gesellschaft verbracht. Früher sei dieser große Gelehrte am Hof von Kronprinz Dara (1615-1659) – dem ältesten Sohn des fünften Mughal-Kaisers Shah Jahan (1592-1666) – gestanden (Bernier 1699:2.133).

Dieser Kronprinz spielt eine zentrale Rolle in unserem Buch. Er war der älteste Sohn von Kaiser Shah Jahan und seiner Frau Mumtaz Mahal (1593-1631), deren Mausoleum der weltberühmte Taj Mahal in Agra ist. Bernier hatte Prinz Dara persönlich kennengelernt, als er kurz nach seiner Ankunft in Indien eine Frau Daras ärztlich behandelte und der Prinz ihn anstellen wollte; doch damals war der Prinz schon im Nachfolgekampf seinem jüngeren Bruder Aurangzeb unterlegen und mit einem Rumpfgefolge von kaum 500 Reitern auf der Flucht.

Berniers Begegnung mit Dara fand zwischen der Upanischadenübersetzung (1656) und Daras Hinrichtung durch seinen Bruder Aurangzeb (1659) statt.

Der Hauptvorwand für dieses Verbrechen Aurangzebs an seinem ältesten Bruder und designierten Thronfolger war Daras Konzeption der göttlichen All-Einheit, *Tauḥīd*, welche er in mehreren Schriften einschließlich seiner persischen Upanischadenübersetzung *Sirr-i akbar* (Das große Geheimnis) dargelegt hatte. Dieses »Große Geheimnis« war das Buch, dessen lateinische Übersetzung Anquetil-Duperron 1801-2 unter dem Titel *Oupnek'hat* publizierte: Schopenhauers Lieblingsbuch.

Berniers »berühmter Gelehrter«, welcher ihm von der All-Einheitslehre der Sufis und Inder erzählt hatte, war ein Mitglied des Übersetzungsteams gewesen, und was er Bernier erklärte, stimmte genau mit dem Denken seines ermordeten Herren überein. Prinz Dara schrieb in seinem Vorwort zur Upanischadenübersetzung von sich in der bescheidenen dritten Person: »Da ein Verlangen entstanden war, die Wissenden aller Religionsgemeinschaften zu sehen und ihre erhabenen Worte über den *Tauḥīd* zu hören, und da er [schon] viele Bücher über den Sufismus gelesen und Traktate [darüber] geschrieben hatte, wurde das Verlangen nach dem *Tauḥīd*, der ein Meer ohne Grenzen ist, von Mal zu Mal stärker« (Göbel-Gross 1962:14). Er habe den Koran intensiv studiert und dazu auch »die Thora, das Evangelium, die Psalmen und andere Schriften«; doch sei in allen diesen heiligen Schriften die All-Einheit »nur gerafft und allegorisch« dargestellt gewesen. Am Ende habe er sich in die ältesten heiligen Schriften Indiens, die Vedas, vertieft und gefunden, dass in deren Quintessenz, den Upanischaden, »alle Geheimnisse der Askese und Meditationsweisen des *Tauḥīd* enthalten sind« (S. 15-6). Weiter führte Dara in seinem Vorwort aus: »Und da in diesen Tagen die Stadt Benares, das Zentrum des Wissens dieses Volkes, in Abhängigkeit von diesem Wahrheitssucher war, versammelte er Paṇḍits und Saṃnyāsīs, die die gelehrtesten dieser Zeit sind und den Veda und die Upaniṣaden kennen. Er selbst übersetzte diese Quintes-

senz des *Tauḥīd*, die die Upaniṣaden darstellen, d.h.: die zu verbergen-
den Geheimnisse, und die der Endpunkt des Strebens aller Heiligen
sind, im Jahre 1067 d.H. (1656-57 A.D.) ohne irgendwelche weltliche
Motive« (S. 16).

Seit seiner Jugend war Prinz Dara (1615-1659) dieser All-Einheit
auf der Spur gewesen. Unter der Leitung von Sufi-Meistern und mit
Hilfe von allerhand Atem- und Meditationstechniken hatte er ver-
sucht, sie nicht nur intellektuell zu meistern, sondern existenziell einzusehen. Mit vierzig hatte der Prinz schon sechs Werke verfasst. Wie
sein *Kompass der Wahrheit* (*Risala-i-Haq Numa*), den er im Alter von
32 Jahren verfasst hatte, handeln sie alle von Sufi-Meistern und ihren
Lehren (Hasrat 1982:9-10). Ähnlich wie Schopenhauers Heiligen-
beschreibungen im vierten Buch seines Hauptwerkes zeigen sie die
Grundausrichtung seines Kompasses an. Alles dreht sich um die Überwindung der illusorischen Mannigfaltigkeit und das Erwachen zur
All-Einheit. Dies kann nur durch Vernichtung der Grundillusion der
Selbstheit geschehen, welche die Sufis *fanā* nennen: Selbst-Entwerden
(Schimmel 1992:42). Nur so könne der Mensch erfahren, dass alles
eins sei. Berniers Informant sagte, Individuen seien wie mit Wasser
gefüllte Glasfläschchen oder Blasen, welche auf der Oberfläche des
Meeres schwimmen: erst wenn sie zerbrechen stellt sich heraus, dass
ihr ganzer Inhalt nichts anderes ist als derjenige des Meeres. Alles sinn-
lich Wahrgenommene sei »nichts als eine Art Traum und eine reine
Illusion, weil all diese Mannigfaltigkeit und Unterschiedlichkeit der
Erscheinungswelt ein Einziges, Einzigartiges und Selbes seien, nämlich
Gott« (Bernier 1696:2.165-6). So zeigte die richtunggebende Hälfte
von Daras Kompassnadel auf Selbstaufgabe, Tod des Ich, *fanā*; denn
nur via Selbst-Entwerdung konnte das Ziel, die Realisation der All-
Einheit, erreicht werden.

In seinem vierten Lebensjahrzehnt befasste sich Dara, der Mitglied des Qadiriyya-Sufiordens war, immer intensiver mit dem Studium von Schriften über die Einheit des Seins (*Wahdat al-Wujud*) (Rizvi
1983:2.134 ff.). Solche Sufi-Lehren haben eine lange und komplexe

Geschichte, die hier nicht aufgerollt werden kann; genüge es zu sagen, dass darin vor-islamische Bewegungen wie Gnostik und Christentum und vor allem auch der Neuplatonismus eine Rolle spielten. Schriften von Neuplatonikern wie Plotin und Proklos wurden unter anderen Namen in arabischen Übersetzungen verbreitet und übten einen entscheidenden Einfluss sowohl auf die arabische wie auf die jüdische und persische Philosophie aus. Wichtig waren dabei vor allem die sogenannte *Theologie des Aristoteles*, eine Paraphrase von Plotins vierter, fünfter und sechster Enneade, und das *Liber de causis* mit Auszügen von Proklos' Theologie (Zimmermann 1986; Hyman 1992). Weiterhin ist auch der Einfluss von neuplatonisch inspirierter christlicher Mystik belegt. Zur Brückenfigur zwischen dem Mittelmeerraum und Indien und Übervater des Sufismus wurde ein spanischer Mystiker, Ibn Arabi (1165-1240), dessen Schriften Dara natürlich studierte (Rizvi 1983:2.112). In den sehr zahl- und umfangreichen Schriften Ibn Arabis ging es ebenfalls um das Absolut-Eine und dessen Bezug zur Mannigfaltigkeit der Erscheinungswelt. Der perfekte Mensch »vernichtet seine Eigenschaften in den Eigenschaften des Absoluten«, »vernichtet sein Wesen im Wesen des Absoluten« und »vernichtet seine Handlungen in den Handlungen des Absoluten«; und so »ist in seinem voll erleuchteten Bewusstsein keine Spur mehr von seinem alten persönlichen Ich: er ist der vollkommene Mensch« (S. 49). Diese Art von Vernichtung ist nicht eine »mystische Union«, sondern vielmehr ein Erwachen zur All-Einheit. Dara beschrieb dies in den Worten seines ersten Sufi-Meisters Miyan Mir: »Zu Beginn des Sufi-Weges ist der Anfänger ein Wassertropfen im Ozean und fühlt, dass er in eine Perle verwandelt wurde. Wenn er vollkommen wird und Vernichtung des Ich (*fanā*) erreicht, dann verliert er diese Perlen-Identität und kehrt zu seinem anfänglichen Zustand als Wassertropfen zurück, der im Meer (des Seins) aufgeht« (S. 111). Diese Vernichtung oder Selbst-Entwerdung ist endgültig und entspricht dem Schmelzen eines Eisklumpens im Meer: »Geschmolzenes Eis kann unmöglich wiederhergestellt werden. Die letzte Stufe der Sufi-Vollkommenheit ist genau ein solcher Zustand, wo die individuelle Existenz des Sufis ausradiert ist und er nichts als Ozean ist« (S. 111–2). Es ging Prinz Dara und seinen Lehrern darum, diese All-Einheit konkret zu leben. In den Worten eines von Dara zitierten Sufimeisters: »Durch Aufsagen der Formeln von Gottes Einheit kannst du kein Monotheist werden—die Zunge kann Zucker nicht schmecken, indem sie das Wort ausspricht« (Hasrat 1982:109). Der *Kompass der Wahrheit* des Prinzen wies den Weg von der Welt des normalen Wachbewusstseins via Meditationspraktiken seines Sufiordens zu diesem ›Schmecken‹ der All-Einheit.

Im Vorwort seiner Upanischadenübertragung schrieb der Prinz auch, der Sufimeister Mulla-Shah, Nachfolger von Miyan Mir, habe ihn »zum Studium außerislamischen Schrifttums angeregt«, worauf er das Alte und Neue Testament studiert und sich schließlich den heiligen Schriften Indiens zugewandt habe (Göbel-Gross 1962:18). Mulla-Shah unterschied drei Arten von Glauben: erstens den gemeinen Glauben an Gott, den Propheten, Engel, offenbarte Bücher, ein Leben nach dem Tod und Himmel und Hölle; zweitens den Gehorsam gegenüber göttlichen Eingebungen; und drittens die höchste Glaubensform, in welcher »der Schleier des Ichs gehoben und der Geist erleuchtet wird vom Licht der göttlichen Erscheinungen« (Hasrat 1982:89). Im Laufe der Jahre umgab sich der Prinz zunehmend mit Leuten verschiedener Religionen, die diesen »Schleier des Ichs« gehoben zu haben schienen. In seinem Gefolge war zum Beispiel ein Mann armenisch-jüdischer Abstammung namens Sarmad, der nicht nur in verschiedenen Religionen und Sprachen bewandert war, sondern auch als mystischer Dichter einen enormen Ruf genoss. Dieser Asket war unter anderem dafür bekannt, dass er nicht einmal in Gegenwart des Kaisers das geringste Kleidungsstück anzog. In einem tiefsinnigen Gedicht rechtfertigte er dies wie folgt: »Der dich zum Herrscher des Universums bestimmt / schenkt' uns das Schicksal aller Bedürftigen. / Die Ungestalten bedeckte Er mit Kleidern; / Doch Unbefleckten gab Er das Gewand der Nacktheit« (S. 102). Kronprinz Dara sprach diesen Mann in einem Brief als seinen »Führer und Lehrer« an und teilte offensicht-

lich seine religionsübergreifende mystische Perspektive. Auch die von
Dara zitierten und geschriebenen Gedichte kommen immer wieder
auf dieselben Bilder zurück: Wassertropfen und Wellen als Symbole
der Einbildung von Ichheit und Mannigfaltigkeit, und der Ozean als
Sinnbild von All-Einheit und Selbstlosigkeit. Der Prinz schrieb zum
Beispiel: »Was immer du ausser Ihm siehst ist Gegenstand deiner Einbildung; / Dinge ausser Ihm existieren wie eine Luftspiegelung. / Die
Existenz Gottes ist wie ein grenzenloser Ozean— / Und Menschen
sind wie Formen und Wogen im Wasser« (S. 139). Sobald das Ich und
die Fessel des Egoismus abgelegt seien, werde der Mensch völlig eins
mit dem Erstrebten: »Du bist Mohammed und auch Gott« (S. 143).
Wenn jede Spur von Zweiheit verschwunden sei, gebe es nicht einmal
mehr ein Bekenntnis der Einheit Gottes: »Wenn du sagst: (Gott ist)
Eins, ist Zweiheit klar bekräftigt« (S. 147). Gleichermaßen könne es
keine Suche nach ihm oder einer mystischen Vereinigung mit ihm geben: »O Du, der Du Gott überall suchst, / Bist in Wahrheit Gott und
nicht von Ihm getrennt. / Du bist bereits inmitten des grenzenlosen
Ozeans / Und deine Suche gleicht der Suche eines Tropfens nach dem
Meer« (S. 148). Und immer wieder beschwört Dara die Einheit von
allem: »Einheit wird nicht mannigfaltig durch das Zahlreiche / Gleich
wie Wellen den Ozean nicht in Teile aufsplittern« (S. 150).

Daras Auffassung des Erwachens zur All-Einheit (*Tauḥīd*) formt
das Herz seiner Lehre. Er erklärte: »Ich verrate dir das Geheimnis von
Tauḥīd, dass du es richtig verstehst: / Nirgends existiert irgendetwas
ausser Gott / Alles was du ausser Ihm siehst und kennst / Trägt nur ei-
nen anderen Namen, doch ist's im Wesen eins mit Gott« (S. 152). Für
Dara war dies die einzig richtige und orthodoxe Auffassung von *Tauḥīd*.
Doch sein Upanischaden-Vorwort zeigt, dass er von konventionellen
Vertretern des Islam kritisiert wurde, die er als »Unwissende« und
»Wegelagerer« abkanzelt: »Andererseits gibt es die Unwissenden der
Gegenwart, die sich selbst als Gelehrte aufspielen und die, indem sie
in eitle Diskussion, Belästigung und Verketzerung der [wahren] Got-
teskenner und *Muwaḥḥid* verfallen sind, allen Worten des *Tauḥīd*, der

aus dem preiswürdigem Qur'ān und beglaubigten prophetischen Ue-
berlieferungen klar erkenntlich ist, Widerstand entgegensetzen und zu
Wegelagerern auf dem Wege Gottes werden« (Göbel-Gross 1962:15).
Daras Suche als *Muwaḥḥid* (Bekenner der göttlichen All-Einheit)
nach Bestätigung seiner Auffassung in den heiligen Schriften anderer
Religionen konzentrierte sich zusehends auf indische Texte, weil er seine Sicht der All-Einheit in der uralten indischen Religion zu erkennen
glaubte. Im Upanischaden-Vorwort schrieb er von sich: »Er fragte sich,
warum in Indien die Auseinandersetzung mit dem *Tauḥīd* so häufig ist
und warum die alten Priester und Mystiker gegenüber dem *Tauḥīd* keine Ablehnung und gegen die *Muwaḥḥid* keinen Tadel kennen, vielmehr
[dies] die Grundlage [ihres] Glaubens ist« (S. 15). Schon Daras *Kompass der Wahrheit* zeigt klare Spuren von Bekanntheit mit indischen
Yoga-Praktiken und mit persischen Übersetzungen indischer Texte. In
seinem vierzigsten Altersjahr verfasste Prinz Dara dann ein Werk, welches erstmals die Parallelen zwischen dem Sufismus und der indischen
Religion thematisierte und so seine letzte Arbeitsphase eröffnete: den
Zusammenfluss der Ozeane (*Majma-ul-Bahrain*). Darin stellte sich
Dara die Aufgabe, eine Bresche in den künstlichen Damm zwischen
den ›Ozeanen‹ der indischen und islamischen Religion zu schlagen
und beide als ein ursprünglich einziges Meer zu zeigen.

In der Einleitung zu diesem Buch stellte Dara fest, es gebe zwischen dem Sufismus und dem indischen Monotheismus nur begriffli-
che Unterschiede. Er schlug eine Menge von Begriffsentsprechungen
vor, wovon im Rahmen unserer Thematik vor allem eine wichtig ist:
ishq = maya. Wie wir gesehen haben war im Neuplatonismus die Frage
zentral, warum das Eine überhaupt das Viele hervorgebracht hat. Dies
war eine Kernfrage von Plotin (zum Beispiel in Enneade V 1.6). Die
Emanationslehre war eine Antwort darauf und eröffnete als Hypostasenlehre ebenfalls die Möglichkeit, das Böse durch zunehmende Entfernung vom Einen und absolut Guten zu erklären (Hyman 1992:115-
6). Für den Sufismus war das Denken von Ibn Arabi bestimmend,
der auf dem Gedankengut der Neuplatoniker und dessen islamischen

Adaptationen aufbauend eine Schöpfungstheorie vertrat, die in Sufi-kreisen sehr einflussreich wurde und die auch Prinz Dara übernahm. Diese Theorie der göttlichen Manifestation in der Schöpfung fußte auf einem berühmten Satz aus der Tradition des Propheten, in welchem Gott sagt: »Ich war ein verborgener Schatz und ich begehrte [*aḥbabtu*, liebte], erkannt zu werden. So schuf ich die Geschöpfe und offenbar-te mich ihnen. Und sie lernten mich kennen« (Izutsu 1984:136). Der Ursprung der Mannigfaltigkeit der Schöpfung liegt nach Ibn Arabi im Begehren des Einen, erkannt zu werden; und dieses Eine, das sich selbst als Welt manifestiert, erkennt sich im Spiegel seiner Geschöpfe. Henri Corbin übersetzt in diesem Sinn: »Ich war ein verborgener Schatz und sehnte mich danach, erkannt zu werden. Dann schuf ich Geschöpfe, um in ihnen Gegenstand meines eigenen Wissens zu werden« (Corbin 1969:114).

Leser, die Ibn Arabis ›Gott‹ durch Schopenhauers ›Wille‹ erset-zen, mögen schon hier die frappante Ähnlichkeit mit Schopenhauers ›einem Gedanken‹ bemerken, wie ihn Rudolf Malter formulierte: »Die Welt ist die Selbsterkenntnis des Willens« (Malter 1988:26). Ibn Arabi führte die Welt als Selbstoffenbarung des Absoluten (Corbin 1969:118) auf ein Ur-Begehren des Absoluten zurück, das er oft als Liebe bezeichnete: »Die grundlegendste und erste Bewegung war die Bewegung der Welt vom Zustand der Nichtexistenz (d.h. dem arche-typischen Zustand), in welchem es ruhte, zum Zustand der Existenz. [...] Und diese Bewegung des Werdens der Welt ist eine Bewegung der Liebe. Dies ist klar, wenn der Apostel (Gottes eigene Worte wiederge-bend) sagt: ›Ich war ein verborgener Schatz und ich *liebte* es, erkannt zu werden.‹ Ohne diese Liebe wäre die Welt nie erschienen in dieser konkreten Existenz. In diesem Sinne ist die Bewegung der Welt zur Exi-stenz hin eine Bewegung der Liebe, welche sie geschaffen hat« (S. 136-7). So erscheint »das Absolute sich selbst in den Formen der Welt« (S. 137). Nach Ibn Arabi begehrte Gott, sich im Spiegel der Welt zu sehen; und folglich offenbart der Makrokosmos oder »Große Mensch« das Geheimnis (*sirr*) des Absoluten (S. 220). Doch das Universum ist ein trüber, unpolierter Spiegel; und genau deswegen war gemäß Ibn Arabi die Schöpfung des Menschen vonnöten: »Das Zweite, was Gott schuf, um sich selber darin widerzuspiegeln, war der Mensch«—der »Kleine Mensch« oder Mikrokosmos—, und diese Schöpfung des Menschen ist nichts anderes als »das Polieren des Spiegels des Universums« (S. 221).

Während das Absolute bei Ibn Arabi unter neuplatonischem Einfluss in den Archteypen und durch sie in konkreten Dingen zu erscheinen sucht, sieht der Mensch alles nur als Vorstellung und ›Schatten‹ des Absoluten. Deshalb lehrte Ibn Arabi: »Wenn das, was ich euch gerade erklärte, wahr ist, dann ist die Welt eine Illusion, welche keine wirkliche Existenz an sich hat. Und das ist es, was Vorstellung heißt. Mit anderen Worten, die Welt erscheint wie etwas Unabhängiges und Selbständiges außerhalb des Absoluten« (S. 93). Üblicherweise sieht man nur diese »Schattenwelt«; doch ein perfekter Mensch, dessen Ich völlig zunichte geworden sei (*fanā*) und der die »Kontinuität nach der Selbstnichtung« (*baqā*) erlangt habe, besitze die vollkommene Sicht, in der das Eine als Vieles und das Viele als Eines offenbar seien (S. 94). Nur ein solcher Mensch sei ein vollkommen polierter Spiegel des Absoluten, und nur dies sei die vollständige »Entschleierung«, durch welche sich endlich alles so zeige, wie es an sich ist: »Wenn ein Mensch völlig (in der mystischen Selbst-Entwerdung) vernichtet ist und seinen Namen und seine persönliche Identität so völlig verliert, dass in ihm keine Spur von Ichheit und Eigenwesen übrig ist, dann ist es möglich, dass er Einsicht erlangt in die Wirklichkeit durch die Wirklichkeit, insofern als er selbst die Wirklichkeit ist« (S. 181-2).

Auf diesem Hintergrund wird verständlich, warum Prinz Dara sowohl im *Zusammenfluss der Ozeane* als auch in seiner Upanischadenübersetzung den indischen Begriff *maya* durch *ishq* (Liebe) übersetzte. Üblicherweise steht *maya* für ›kosmische Illusion‹ oder die Kraft, welche die Illusion einer Welt der Vielfältigkeit erzeugt. Im vollentwickelten Vedanta ist *maya* keineswegs ein liebevoller Akt; vielmehr ist sie gleichsam die Erbsünde, welche nur durch die Erkenntnis der All-

Einheit getilgt werden kann. Doch Dara interpretierte diesen Begriff auf Grundlage von Ibn Arabis Schöpfungsgedanken und führte als Beleg der Identität von *ishq* und *maya* ebenfalls den mehrfach zitierten Satz aus der Prophetentradition an: »Ich war ein verborgener Schatz und begehrte, erkannt zu werden; so brachte ich die Schöpfung hervor« (Mahfuz-ul-Haq 1990:39). Für Dara ist die Schöpfung ein Akt des Begehrens und der Liebe (*ishq*) des Absoluten und gleichzeitig eine Verschleierung (*maya*) des Absoluten durch die Illusion von Verschiedenheit und Vielfalt. Die Schöpfung wird gleichzeitig offenbart und verhüllt; denn solange ein ›Ich‹ die Welt erblickt, bleibt das Eine im Vielen verborgen. Prinz Dara stellt deshalb den aus Liebe offenbarten Schatz als unter dem Schleier der Maya verborgen dar: »Wisse darum und sei eingedenk, dass vor der Schöpfung diese Welt in Seinem Selbst verborgen war und dass nun Sein Heiliges Selbst in der Welt verborgen ist« (S. 43). Enthüllt werden kann das Absolute nur durch »Vernichtung und das Verschwinden von Bestimmungen«, wodurch »alles in dieser Welt als eins« erkannt werden kann. Nur so zeigt sich das Eine im Vielen: »Er ist offenbar in Allem; und alles kam aus Ihm. Er ist der erste und der letzte und nichts existiert ausser Ihm« (S. 37).

Die »Vernichtung und das Verschwinden von Bestimmungen« bedeutet das Ende der Seelenwanderung, deren Sinn im Hinduismus Dara zu verstehen suchte. In einem dokumentierten Treffen vom Jahre 1653 befragte er den Hindu-Heiligen Baba Lal zu diesem Thema: »In den persischen Büchern heisst es, dass der Mystiker (*narad*) ohne Geburt sei.« Baba Lal antwortete: »So wird es in den Büchern ausgedrückt. In Wirklichkeit haben die Mystiker überhaupt keine Existenz mehr; denn aus Furcht, dass sie eine Existenz wieder in die Bande der Verschiedenheit führe, haben sie sie gänzlich abgeschnitten und sich davon befreit: deswegen haben sie überhaupt keine Geburt mehr« (Huart 1926:326-7). Auf des Prinzen Frage nach dem Verhältnis der persischen zur indischen Auffassung betonte Baba Lal, dass es in beiden um dasselbe gehe: »Die Autoren der persischen Bücher waren meist Leute, welche Vollkommenheit erlangt haben; sie hatten deshalb ihr Herz von fleischlichem Begehren gereinigt und hatten sich vernichtet, bevor sie starben. Bezüglich eines Menschen, der diese Vollkommenheit erreicht hat, ist das Wort ›Geburt‹ nicht angemessen, ob es nun im persischen oder indischen Sinn gemeint ist, denn ein solcher Mensch hat einen einzigartigen Zustand erreicht, aus dem er nicht mehr in die Existenz zurückkehrt. Die Inder nennen diesen Zustand *mukti*« (S. 327). Im *Zusammenfluss der zwei Ozeane* schrieb Dara zwei Jahre später: »*Mukt* [Erlösung] bedeutet die Vernichtung und das Verschwinden von Bestimmungen« und erklärte, dass *jiwan mukt* oder »Erlösung in diesem Leben« das Sehen und Erkennen der Einheit alles Seienden dieser Welt bedeute (Mahfuz-ul-Haq 1990:67-8).

In seinen letzten Lebensjahren ließ Dara, wenn er an älteren Übersetzungen indischer Texte etwas auszusetzen hatte, kurzerhand neue anfertigen. Dies ordnete er im Jahre 1655 beim *Yoga vasistha* an, einem berühmten Text des indischen Idealismus.[22] 1656 wollte er auch eine bessere persische Übersetzung des *Bhagavad Gita* haben—des Textes, welcher Schopenhauers erster Kontakt mit der indischen All-Einheitslehre war[23]—und im selben Jahr entstand die persische Upanischadenübersetzung des Prinzen. Dies war nicht nur Daras letztes Werk, sondern auch das umfangreichste und in den Augen vieler sein größtes. Im Vorwort schrieb der Prinz vom Ende seiner langen Suche: »Und er fand alle Schwierigkeiten und alle sublimen Probleme, die er ersehnt und durchdacht hatte, die er gesucht und nicht gefunden hatte, aus dieser Quintessenz des alten Buches, das ohne Zweifel das erste der himmlischen Bücher und die Quelle für die Erkenntnis des *Tauḥīd* darstellt, und das mit dem Qur'ān in Uebereinstimmung ist, ja, vielmehr dessen Kommentar ist!« (Göbel-Gross 1962:17). Prinz Dara betrachtete die Upanischaden als älteste göttliche Offenbarung und beschloss sein Vorwort mit den Worten: »Glücklich, wer die Vorurteile niederer Selbstsucht aufgegeben hat und nur zu Gott gerichtet diese Uebersetzung, die *Sirr-i akbar* heißt, liest und versteht, sie als eine Uebersetzung einer göttlichen Rede ansieht und alle Voreingenommenheit fahren

läßt! Dieser wird unsterblich, furchtlos, ohne Sorgen, frei und ewig!«
(S. 17-18)

Es ist nicht völlig klar, wieviel der Prinz selber zu dieser Übersetzung beigetragen hat. Er erklärte wohl unmissverständlich im Vorwort, er habe die Übersetzung mit Hilfe von ausgezeichneten Gelehrten selbst angefertigt; doch die moderne Forschung ist sich nicht einig, ob er das dazu nötige indologische Rüstzeug wirklich besaß.[24] Auf jeden Fall ließen Mitglieder des Übersetzungsteams allerhand Interpretationen mit einfließen und es ist gut möglich, dass die Gelehrten jeweils einen Übersetzungsentwurf vorlegten, der anschließend mit dem Prinzen diskutiert und von ihm redigiert wurde. Im Vorwort schrieb der Prinz über seine Motivation, sein Sprachinteresse und den Inhalt der Übersetzung folgendes: »Da dieser Wahrheitssucher ein Interesse an der Grundlage der Einheit des [höchsten] Wesens hatte, nicht aber an der arabischen, syrischen, hebräischen und Sanskritsprache, wollte er diese Upaniṣaden, die eine Fundgrube des *Tauḥīd* sind und deren Kenner auch unter diesem Volke gering [an Zahl] geblieben sind, ins Persische übersetzen, ohne Kürzungen und Zusätze, ohne geistige Voreingenommenheit, mit vollständiger Erklärung, Wort für Wort.«
(Göbel-Gross 1962:16).

Was weder Anquetil-Duperron noch Schopenhauer wissen konnten ist, dass der Ausdruck »Wort für Wort« sich nur auf die Übersetzung des Upanischadentextes selbst bezog und dass Dara dieses Buch keineswegs als reine Übersetzungsarbeit darstellt. Im Gegenteil: schon im Vorwort beteuert Dara ja, dass sein Buch außer dem Text von fünfzig Upanischaden auch deren »vollständige Erklärung« einschließt. Die Fallstudien von Göbel-Gross und Piantelli haben gezeigt, dass ein Teil dieser Erklärungen wahrscheinlich vom Gelehrtenteam stammte, welches verschiedene Upanischadenkommentare zu Hilfe zog und oft jene von Shankara zitierte. Derartige Kommentare wurden, wo die Lesbarkeit es erforderte, bisweilen in den Übersetzungstext integriert. Doch Daras Buch enthält auch viele Erklärungen, die offensichtlich vom Prinzen stammen und ebenfalls in den Übersetzungstext eingeflochten sind. Wo zum Beispiel in einem Abschnitt des Sanskrittextes immer nur von »Maya« die Rede ist, steht in Daras persischer Übersetzung durchgehend »Maya, das heißt die Liebe« (Piantelli 1986:177)—was genau die Identifikation von Liebe (*ishq*) und *maya* ist, welche Dara schon in seinem *Zusammenfluss der Ozeane* propagiert hatte.

Ein Beispiel für im Vorwort erwähnte »vollständige Erklärungen« ist der Anfang der Eischavasieh (Iśa) Upanischade. In Deussens Übersetzung (1921:523-8), die sich auf den Sanskrit-Text stützt, ist der Titel dieser Upanischade nicht erklärt. Im lateinischen *Oupnek'hat* hingegen werden am Anfang der Upanischade erst einmal die Elemente des Titels *Eischavasieh* analysiert:

Eisch, cum significatione, dominus omnis (rei) est; et vas, cum significatione, opertum: id est, omnis mundus in domino mundi absconditus et coopertus est. (UP1:395)

Eisch bedeutet: er ist Herr von allen (Dingen); und vas bedeutet das Verhüllte; d.h. die gesamte Welt ist im Herrn der Welt verborgen und verhüllt.

Dies ist, wie wir schon erfahren haben, ein zentrales Thema des Prinzen, ging es ihm doch genau um die in der illusorischen Mannigfaltigkeit der Welt verborgene göttliche All-Einheit. Seine im Vorwort geäusserte Absicht, dies gegenüber den »Unwissenden« und »Wegelagerern« in der islamischen Gegnerschaft durch die Übersetzung der ältesten heiligen Schriften der Welt zu belegen, mag hier und im folgenden die Ausführlichkeit seiner Kommentare erklären. Anquetil dachte natürlich, dies sei Teil des indischen Textes und ließ diese Erklärung wohl größer drucken, weil er sie wichtig fand. Auch Schopenhauer hielt dies für bemerkenswert und markierte es mittels zwei Randstrichen. Dies ist nur eine von vielen Stellen, wo statt des wörtlich übersetzten Upanischadentextes die Kommentare Daras die Aufmerksamkeit sowohl des Übersetzers Anquetil als auch des Lesers Schopenhauer auf sich zogen.

Bei Deussen beginnt diese Upanischade mit einem Sanskritvers, den er als einfache Aufforderung übersetzte: »In Gott versenke dies Weltall / Und alles, was auf Erden lebt!« Im *Oupnek'hat* (Band 1, S. 395) stehen stattdessen umfangreiche Erklärungen mit Daras Markenzeichen:

ILLE dominus mundi apparens (*manifestus*) est; et mundus in eo absconditus: quid? (*nam*) nomen et figuram habet, et è domino mundi ut supervenit (*exiit*), in domino mundi manet, et in dominum mundi deorsùm it (*descendit, in eo annihilatur*). (UP1:395)

Jener Herr der Welt ist offenbar; und die Welt ist in ihm verborgen. Wie das? (Denn) sie hat Namen und Gestalt, und da sie aus dem Herrn der Welt hervorging, verbleibt sie im Herrn der Welt und geht in ihn ein (versenkt, wird in ihm vernichtet).

Nun folgt Daras Kommentar zu diesem Kommentar, der die mannigfachen Namen und Gestalten der Erscheinungswelt, in der das All-Eine verborgen ist, als Täuschung und Unwahrheit bezeichnet und indische Begriffe sowohl für dieses Unwissen (*aoudia*, Skt. *avidya* = Ignoranz, Täuschung) als auch für das Absolute (*atma*) liefert. Schopenhauer hob diese Erklärung wiederum mit doppelten Randstrichen hervor:

Ostensum originale mundi, quod *âtma* est, rectum et verum est: et nomen et figura, quod *aoudia* [est], mendacium et vanum (*falsum*) est. (UP1:395)

Das ursprünglich Geoffenbarte der Welt, welches *âtma* ist, ist das Richtige und das Wahre; und Name-und-Gestalt, welches *aoudia* [ist], ist lügenhaft und nichtig (falsch).

111

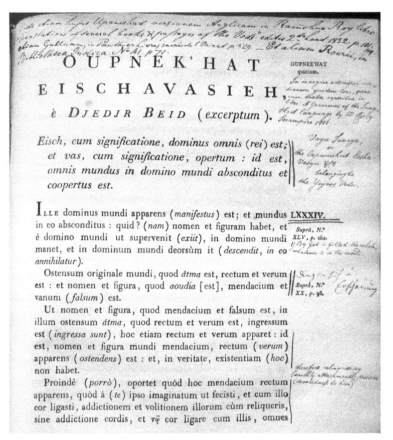

Oupnek'hat Band 1, S. 395; mit Schopenhauers Einträgen

In diesem Satz Daras sah Schopenhauer, wie seine Bleistiftnotiz am Rand des mit »Ostensum« beginnenden Abschnittes zeigt, einen uralten indischen Ausdruck der Unterscheidung von »Ding an sich u. Erscheinung«. Daras Kommentar fährt mit der Erklärung dieser Täuschung fort. Es geht um Name-und-Gestalt, das heisst die Unterschiedenheit und Mannigfaltigkeit der Erscheinungswelt, welche Wirklichkeit vorgaukelt aber nichts als Täuschung ist—eine Täuschung, die in der Folge auch als *maya* bezeichnet wird:

Ut nomen et figura, quod mendacium et falsum est, in illum ostensum *âtma*, quod rectum et verum est, ingressum est (*ingressa sunt*), hoc etiam rectum et verum apparet: id est, nomen et figura mundi mendacium, rectum (*verum*) apparens (*ostendens*) est: et, in veritate, existentiam (hoc) non habet. (UP1:395)

Wenn Name-und-Gestalt, welches Täuschung und Unwahrheit ist, in jenen geoffenbarten *âtma* eingetreten ist, welcher das Richtige und Wahre ist, so erscheint es auch als richtig und wahr; d.h. obgleich Name-und-Gestalt der Welt eine Täuschung sind, erscheinen sie doch als das Wirkliche (Wahre); und doch hat (dies) in Wahrheit keine Existenz.

So wurde aus den wenigen Sanskritworten am Anfang dieser Upanischade, die Deussen durch die fünf Worte »In Gott versenke dies Weltall« wiedergab, eine richtige kleine Abhandlung, die Schopenhauer offensichtlich interessierte. Hiermit kommt Prinz Dara endlich zur zweiten Hälfte des kurzen Verses, der Deussens »versenke alles, was auf Erden lebt« entspricht. Dara verwandelte dies in einen verschachtelten Satz, der nach dem Hervorgang des scheinbar Mannigfaltigen aus dem Einen nun die Rückkehr dieser Mannigfaltigkeit ins Eine erklärt:

Proindè (*porrò*), oportet quòd hoc mendacium rectum apparens, quòd à (*te*) ipso imaginatum ut fecisti, et cum illo cor ligasti, addictionem et volitionem illorum cùm relinqueris, sine addictione cordis, et τῷ cor ligare cum illis, omnes actiones, et omnes voluptates, et omnes gustus, quae vis (*volueris*), fac (*exequaris*), et in corde addictionem et desiderium horum non habens sis (*fias*). (UP1:395)

Es ist daher notwendig, dass du deine Abhängigkeit und dein Wollen dieser als Wahrheit erscheinenden Täuschung, die du dir eingebildet und an die du dein Herz gebunden hast, aufgibst und ohne dein Herz daran zu hängen dich lossagst von allen Handlungen, Wollüsten und Genüssen, welche du willst (wolltest) und es dahin bringst, dass du in deinem Herzen all dem entsagst und das Begehren danach nicht mehr hast.

Während umstritten ist, wie gut Dara die Sanskritsprache beherrschte, zeigt schon diese kleine Kostprobe, dass der Prinz wohl nicht allzusehr übertrieben hat, wenn er diese Upanischadenübersetzung als sein Werk bezeichnete. Göbel-Gross hat bemerkt, dass Dara öfters Passagen mit Bezug auf Riten ausgelassen hat; doch erforschenswerter als solche Auslassungen scheinen mir die Zusätze und Kommentare zu sein, welche sowohl Daras *Sirr-i akbar* als auch dessen lateinische Übersetzung, Anquetil-Duperrons *Oupnek'hat*, zu so speziellen Werken machen. Sie sind ein wahrer Tummelplatz der Philosophien und Religionen von Ost und West.

Da sind natürlich die interessanten indischen Texte, welche im Laufe von vielen Jahrhunderten als ›Upanischaden‹ redigiert, gesammelt und überliefert wurden. Dazu kommen die zum Teil in die Übersetzung eingeflochtenen Kommentare von Shankara und anderen indischen Philosophen, die zum Teil der Vedanta-Schule angehören und vom buddhistischen Idealismus der Yogācāra-Schule beeinflusst waren. Gerade im Begriff *maya*, wie er von Shankara verwendet wurde, zeigt sich dieser Einfluss des Buddhismus auf den frühen Vedanta, denn er umfasst sowohl eine ›günstige Maya‹—die Schöpferkraft Gottes, v.a. Wischnus—als auch eine ›ungünstige Maya‹, welche im Illusionismus des Mahāyāna-Buddhismus wurzelte (Hacker 1950:269). So hat Prinz Daras Interpretation von Maya nicht nur Wurzeln in der esoterischen All-Einheitslehre des Islam, sondern auch in der Vedanta-Lehre Shankaras und dem darauf aufbauenden, buddhistisch beeinflussten illusionistischen Monismus der Brahmanen. In der Tat studierte Dara nicht nur Sufi-Literatur und praktizierte mit Sufi-Meistern, sondern er befragte außer den indischen Schriftgelehrten in seinem Dienst auch Meister verschiedener Schulen, zum Beispiel Baba Lal von der Kabir-Tradition (Huart 1926). Er war mit klassischer indischer Religionsliteratur bekannt und scheint auch die monotheistische Siddha-Literatur von Südindien und Kaschmir, welche auch christliche Missionare wie Roberto de Nobili und Bartholomäus Ziegenbalg beeindruckte, geschätzt zu haben. Das Gedankengut Daras war zudem stark von persischen Denkern wie Suhrawardi beeinflusst, die ihrerseits entscheidende Anstösse vom Neuplatonismus des Mittelmeerraumes und altpersischen Religionen erhalten hatten (Walbridge 2000). Die Väter des Neuplatonismus, Ammonius Sakkas und sein Schüler Plotin, waren ihrerseits mindestens an indischer Philosophie interessiert, wenn auch indische Einflüsse nicht konkret belegt sind. Verschiedene Sufi-Bewegungen, vor allem die seit etwa dem 13. Jahrhundert entstandenen Orden, deren ältester derjenige von Dara war, nahmen nicht nur christliche Modelle zum Vorbild sondern absorbierten von Afghanistan, Kaschmir, Tibet und Zentralasien her auch allerhand buddhistische Praktiken und Ideen. Der Sufismus bildete deshalb nicht nur eine Brücke zwischen Europa, der arabischen Welt, Persien und Indien, sondern formte einen wahren Schmelztiegel von Ideen und Praktiken aus vielen Zeitaltern und Regionen zwischen Spanien und Zentral- und Südasien. Die Person von Prinz Dara zeigt dies schön: ein nordindischer Kronprinz von ursprünglich mongolischer Abstammung und persischer Muttersprache, der sich lange Jahre mit islamischer Mystik und indischer Religion befasste und außer einem Großteil der arabischen, persischen und indischen Sufiliteratur auch das Alte Testament, die Evangelien, Shankaras Vedantalehre und die Upanischaden studierte und sich bei Sufimeistern und Yogis Rat über Atemtechnik und Meditation holte. So erscheint das Denken dieses Prinzen als Teil eines gigantischen Zusammenflusses und Austausches von Philosophien und Religionen, der seit dem Altertum unablässig stattfand; und sein letztes Werk und Testament, die Upanischadenübersetzung, ist die reifste Frucht dieses langen und komplexen Prozesses. Das Manuskript überlebte glücklicherweise die Ermordung des Prinzen im Jahre 1659. Ein gutes Jahrhundert später, im Jahre 1775, sandte der französische Handelsattaché Le Gentil eine Kopie des persischen Manuskriptes aus dem nordindischen Oudh (Awadh) an seinen alten Freund Anquetil-Duperron in Paris. Dies war der Auftakt zu weiteren, erstaunlichen Kapiteln dieses faszinierenden philosophischen und religiösen Austausches zwischen Ost und West.

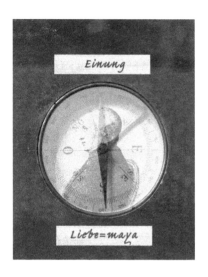

7. Liebe und Einung

Nachdem Abraham Hyacinthe Anquetil-Duperron (1731-1805) im Dezember 1775 das Manuskript mit Daras persischer Upanischadenübersetzung erhalten hatte, machte er sich sogleich an dessen Übersetzung ins Französische. Schon das Vorwort des Prinzen deutete an, dass Anquetil endlich am Ziel seiner langen Suche angelangt war. Da stand nämlich klipp und klar, dass die Upanischaden die Quintessenz der vier Veden darstellen, welche Gott dem ersten aller Propheten geoffenbart habe: Adam![25] Seit seiner Jugend war der Franzose nämlich auf der Spur von Gottes Uroffenbarung. Schon Spinoza, la Peyrère und andere hatten ab der zweiten Hälfte des 17. Jahrhunderts die Authentizität des alttestamentlichen Schöpfungsberichtes im Moses zugeschriebenen Pentateuch angezweifelt: war da nicht sogar der Bericht über den Tod von Moses enthalten? Gerade als Anquetil Theologie

117

studierte erschien ein Buch von Jean Astruc, das nach den Quellen von Moses fragte (1753). Von ähnlichen Interessen zeugt ein Manuskript des Studenten, das heute in der Bibliothèque Nationale in Paris aufbewahrt wird (NAF 8858). Es trägt den Titel *Le Parfait Theologien* (Der perfekte Theologe), wobei Anquetil das Wort »Parfait« nachträglich doppelt durchstrich. Darin diskutiert er seine Zweifel bezüglich des Alten Testamentes und fordert, dass ein perfekter Theologe nicht nur die Bibel und ihr gesamtes kulturelles und linguistisches Umfeld kennen müsse, sondern auch die konkurrierenden Offenbarungen anderer Völker, die ebenfalls Gott zugeschrieben werden. Solche alte Offenbarungen schienen alle aus Asien zu stammen.

Guillaume Postel hatte sich schon in der Mitte des 16. Jahrhunderts gefragt, ob nicht vielleicht vorsintflutliche Bücher bis nach Indien gelangt seien und bei den Brahmanen, die Nachkommen des Abraham seien, aufbewahrt würden (Postel 1553:72). Postel dachte dabei vor allem an das sagenhafte *Buch von Henoch*, des Patriarchen der 7. Generation nach Adam, der nach der traditionellen Zeitrechnung Adam noch 308 Jahre lang gekannt haben und 669 Jahre vor der Sintflut zum Himmel aufgefahren sein soll (Boulduc 1630:148-9). Im 17. Jahrhundert gesellte sich das chinesische *Buch der Wandlungen* zu den Kandidaten für den Titel des ältesten Buches der Welt, doch im 18. Jahrhundert konzentrierte sich das Interesse immer mehr auf die ältesten heiligen Schriften Indiens. Erste Beschreibungen durch Missionare fanden bereits am Anfang des 17. Jahrhunderts ihren Weg in verschiedene europäische Werke und verbreiteten die frohe Kunde, dass das erste Veda den Schöpfer, die erste Materie, die Engel, den Sündenfall usw. beschreibe (Caland 1918). Die sensationellen Missionsberichte von Bartholomäus Ziegenbalg aus Südindien vom frühen 18. Jahrhundert verfestigten den Eindruck, dass in Indien vor langer Zeit ein reiner Urmonotheismus geherrscht habe (App 2010c). Ab der Mitte des 18. Jahrhunderts posaunte dann Voltaire in verschiedenen Ausgaben seines *Essai sur les moeurs* und weiteren Schriften immer lauter in die Welt hinaus, dass alles in Indien begonnen habe und behauptete gar, die Juden hätten ihre Schöpfungsgeschichte von den Indern abgekupfert.[26] So erstaunt es nicht, dass das Hauptmotiv für Anquetils Reise nach Indien (1755-1761) das Studium der Sanskritsprache und der Kauf der Veden war. Er wollte nämlich die Grundlage »der religiösen Institutionen von ganz Asien« erforschen und war überzeugt, dass diese in den uralten indischen Veden niedergelegt war (Anquetil 1762:418). Beides gelang ihm nicht; doch stattdessen erwarb und übersetzte er zoroastrische Texte und publizierte sie 1771 unter dem Titel *Zend Avesta*. Dieses mehrbändige Werk, das auch viel Information über Anquetils Indienreise enthielt, wurde schon im Jahre seines Erscheinens von keinem Geringeren als William Jones in einer anonymen Streitschrift als wertlose Zeitverschwendung an gefälschten Texten verhöhnt (Jones 1771; App 2009) und Anquetils Werk enttäuschte auch Leser wie Voltaire, welche gehofft hatten, aus Persien ein älteres und besseres Altes Testament zu erhalten.

So fiel das persische Manuskript von Daras Upanischadentext wie ein Geschenk vom Himmel in Anquetils Hände: die Essenz der vier Veden, und dazu noch auf Persisch! Er begann sofort mit der französischen Übersetzung, die er 1778 in seinem Buch über orientalische Gesetzgebung erstmals ankündigte (Anquetil 1778:244). Dieses Werk, »bisher von keinem Reisenden erwähnt«, vermittle in 51 Abschnitten »das komplette System der indischen Theologie«, welches Anquetil in folgenden drei Punkten zusammenfasste: 1. die Einheit des ersten Wesens; 2. die Darstellung seiner Vollkommenheit und seines Wirkens in Form von indischen Gottheiten; 3. die Wiedervereinigung (réunion) der gesamten Natur mit dieser ersten wirkenden Kraft« (S. 21).

Es scheint, dass Anquetil von Anfang an allerhand falsche Vorstellungen über Prinz Dara hatte. Daras Behauptung im Vorwort seiner französischen Upanischadenübertragung, er habe diese Upanischaden selber übersetzt, verstand Anquetil damals noch nicht (Anquetil 1787b:5). Deshalb wurde die Übersetzung in dieser ersten Ankündigung noch den indischen Gelehrten zugeschrieben, die Dara um sich versammelt hatte (Anquetil 1778:21).[27] Anquetil behauptete, Dara habe »öffentlich seine Gleichgültigkeit gegenüber dem islamischen Glauben bezeigt« und im Jahre 1656 in Delhi »durch Brahmanen von Benares das Sanskritwerk *Oupnekat*, d.h. *Wort, das nicht ausgesprochen werden soll* (nicht zu enthüllendes Geheimnis) übersetzen lassen« (S. 21). Anquetil wusste offensichtlich nicht, dass der Prinz ein Sufi war und dass die Kritik am konventionellen Islam in Sufikreisen keineswegs ein Kampf gegen den Islam war, sondern ein Kampf für die (ihrer Ansicht nach) einzig richtige Auffassung des Monotheismus als All-Einheit. Die Passage in Daras Vorwort, wo der Prinz von sich schreibt, dass er »viele Bücher über den Sufismus gelesen und Traktate darüber geschrieben hatte« (Göbel-Gross 1962:14)—eine Stelle, die auch Anquetils Kritiker Alexander Hamilton richtig wiedergab (»had perused various treatises of the Sufi philosophers, and even composed some himself«; Hamilton 1803:417)—übersetzte Anquetil so: »Eine große Menge von Büchern mystischer Theologie wurden ihm vorgelegt und auch Werke, die er selbst verfasst hatte« (Anquetil 1787a:2).[28] Obwohl Anquetil später durch seinen jungen Freund Sylvestre de Sacy allerhand Informationen über den Sufismus erhielt und natürlich mit Berniers und Chardins Nachrichten bekannt war, glaubte er bis zum Ende, dass sein Upanischadentext (abgesehen von einigen islamischen Begriffselementen) die reine, uralte indische Weisheit darstelle und dass diese Uroffenbarung in ganz Asien und darüber hinaus verbreitet sei. Im Vorwort der lateinischen Übersetzung drückte Anquetil seine Überzeugung folgendermaßen aus: »Ich prüfte die Bücher von Salomon, die uralten chinesischen *Kims* (Klassiker), die heiligen *Beids* (Veden) der Inder und das *Zend-Avesta* der Perser und fand darin dieselbe Lehre von einem Erzeuger des Universums und einem einzigen spirituellen Prinzip« (UP1:viij). In einer Notiz, die Anquetil in sein französisches Upanischadenmanuskript klebte, bezog er auch die Neuplatoniker mit ein: »Die Zendbücher und das Oupnekhat präsentieren dieselben Wahrheiten wie die Werke der Platoniker; und möglicherweise haben diese Philosophen sie vom Orient übernommen. Es ist darum keineswegs ein Angriff auf die [christliche] Religion, sondern ein nützlicher Dienst für sie, die Texte dieser zwei großen Nationen zu veröffentlichen, welche die Existenz, die Eigenschaften und das Wirken des höchsten Wesens sowie die Pflichten und Bestimmung des Menschen bezeugen« (Anquetil 1787a:230a). Anquetil war seit seiner Jugend der göttlichen Uroffenbarung und der Urreligion der Menschheit auf der Spur gewesen und glaubte nun, in den persischen Upanischaden deren reinsten und ältesten Ausdruck gefunden zu haben.

Heute wissen wir, dass die Upanischaden aus ganz verschiedenen Zeitaltern und religiösen Hintergründen stammen und dass es viele verschiedene Sammlungen gibt, die zum Teil nicht nur fünfzig wie das *Oupnek'hat*, sondern über hundert Upanischaden vereinen. Paul Deussen teilte solche Texte grob in vier Gruppen ein: 1. die ältesten Upanischaden, die meist in altertümlicher Sanskrit-Prosa verfasst sind und oft das Opferwesen philosophisch interpretieren. 2. Die mittleren Vers-Upanischaden, die schon einen überwiegend philosophischen Charakter haben und mehr oder weniger vom Ritualwesen gelöst sind. 3. Die mittleren Prosa-Upanischaden, welche oft die alten Upanischaden zitieren und deuten. 4. Die jüngeren Upanischaden der Spätzeit, die oft Grundtexte von Sekten waren und sind. Die ältesten Upanischaden stammen meist aus vorbuddhistischer Zeit, d.h. aus dem siebten und sechsten Jahrhundert vor unserer Zeitrechnung. Die Vers-Upanischaden sind mehrheitlich aus den vier vorchristlichen Jahrhunderten und haben oft eine stark theistische Tendenz. Doch es gibt auch zahlreiche Upanischaden, die noch später entstanden sind, und heute lässt sich anhand der Texte aus verschiedenen Zeitaltern der Übergang von altem vedischen Ritualismus zu neueren religiösen Formen, Institutionen und philosophischen Konzeptionen nachzeichnen. Dies sind jedoch alles Erkenntnisse der modernen Forschung und Prinz Dara hatte von alldem keine Ahnung. Er hielt seine Sammlung von fünfzig Upanischaden für Auszüge aus dem uralten Veda und sein Übersetzer Anquetil folgte ihm in dieser Ansicht. Die erste Darstellung dieser indischen Urtheologie präsentierte Anquetil dem europäischen Lesepublikum in einem Geographiewerk, das 1787 erschien. Wohl weil er das skeptische europäische Publikum vom Urmonotheismus der Inder überzeugen wollte, wählte Anquetil für diese erste Kostprobe vier Upanischaden aus, die wir heute als relativ späte, theistische Texte identifizieren.

Die erste in Europa veröffentlichte Upanischade ist die Narayana-Upanischade, welche den Gott Vishnu alias Narayana als Ursprung von allem beschreibt. Deussen übersetzte den ersten Satz dieser Upanischade wie folgt aus dem Sanskrit: »Om! Es begab sich aber, daß der Purusha Nârâyaṇa begehrte, die Geschöpfe zu schaffen« (1921:747). In Anquetils französischer Übersetzung des Dara-Textes beginnt die Upanischade jedoch im typischen Stil des Prinzen und wir gehen wohl nicht fehl in der Annahme, dass genau dies ein Hauptgrund für Anquetils Wahl war: »*Naraïn*, das heißt das Sein, welches in der Seele von allem Lebendigen ist; und die Seele von allem, was Leben hat, ist in ihm. Dieses Sein, das eins ist, hatte diese Sehnsucht (*désir*): Ich will, indem ich zum Vielen werde, mich selbst (gegen aussen) erscheinen lassen, das heißt, von der Einheit in die Mannigfaltigkeit treten« (Anquetil 1787b:297-8). Es erstaunt nicht, dass Schopenhauer diesen Anfang der siebten Upanishade in der lateinischen Version (UP2:1) mittels Randstrich hervorhob.

Anquetil empfahl den Lesern seiner Übersetzungen die Lektüre des Briefes von Pons und der Sufi-Passagen von Bernier (Anquetil 1787b:297); doch er schrieb auch, die übersetzten Upanischadentexte sollten für sich selber sprechen. Er konnte natürlich nicht wissen, dass die eben zitierte Einleitung der siebten Upanischade kein uralter indischer Text ist sondern eine Interpolation von Prinz Dara aus dem Jahre 1656. Zur Erklärung setzte Anquetil sein Verständnis der indischen Urtheologie in einer langen Anmerkung auseinander, die für Anquetils Sicht der Upanischaden typisch ist und zeigt, wie getreu er Daras Sicht übernahm.[29] Es geht um den Begriff *maya*, über den Anquetil-Duperron schreibt: »Ich habe verglichen was über Maya in den Oupnekhats 6, 8, 13, 26, 41 und 50 gesagt ist. Dieses Prinzip ist die *Ur-Liebe* (amour original), das *Begehren* von *Brahm*, von *Atma*, das verschieden und wie getrennt ist von der *Erkenntnis*. Vermischt mit Erkenntnis, dieser *Quelle von Licht*, hat dies [Begehren] alles, was ist, erschaffen; das heißt, dass es alles Seiende getrennt erscheinen ließ und ständig erscheinen lässt; aus diesem Grund ist es nur *Erscheinung*. Der Mensch glaubt, es seien existierende Substanzen: darin besteht die Unwissenheit, die von der *Maya* kommt. In Wirklichkeit gibt es nur eine einzige und identische Substanz welche, durch *Maya*, sich ewig in Form dieser Mannigfaltigkeit von Gestalten zeigt, welche das konkrete Universum konstituieren« (Anquetil 1787b:305).

Wie wir im vorigen Kapitel sahen, entspricht diese Auffassung genau Prinz Daras Sufi-Interpretation von Maya: Maya als Gottes Ur-Sehnsucht und Ur-Liebe, welche den gesamten Schöpfungsprozess in Gang setzt. Alles ist in Gott und Gott in allem; doch diese All-Einheit ist vom Schleier der Maya verdeckt, durch den allerhand Einzelnes vorgegaukelt wird. So fasst Anquetil Maya nicht nur als Gottes Schöpfungstriebkraft auf, sondern auch als jene des Menschen: »Die *Maya* ist in einzelnen Dingen; das heißt in diesen *Erscheinungen* und diesen *Gestalten* ist sie—gleich wie im *Brahm*—das Begehren nach Schöpfung, Liebe, Neigung, die Freude am Einzelwesen. Der Fehler des Menschen besteht darin, dass er glaubt—weil er schafft und hervorbringt und dies Hervorbringen, Geburt und Anfang beobachtet—dass es in der Natur Anderes gibt als *Brahm* und Verschiedenes von *Brahm*. Mit seinen Augen erblickt er ausschließlich *Formen*; und aufgrund von *Maya* betrachtet er sie als verschiedene Substanzen. Doch er sollte in allem die *universelle Substanz* sehen, die *alleinige, wahre Substanz*; und doch benennt er nur Einzelwesen oder vielmehr *Erscheinungen ohne Wirklichkeit*. Dies ist der Mensch, der am Boden ein Seil sieht und es für eine Schlange hält, oder der am Boden eine Schlange sieht und denkt, sie sei ein Seil« (S. 305-6).

Ibn Arabis Konzept von der Schöpfersehnsucht (*ishq*) hatte den neuplatonischen Emanationsgedanken mit der alttestamentlich-islamischen Schöpfungskonzeption vermählt; und Prinz Dara hatte das Resultat—die göttliche Liebe als schöpferische Grundkraft des

Hervorgangs vom Vielen aus dem Einen—mit der indischen Maya-Auffassung verknüpft, wie sie vornehmlich von Shankara und anderen Vertretern des Vedanta propagiert wurde. So formte Daras Formel von Liebe = maya eine Brücke zwischen dem Neuplatonismus, dem esoterischen Islam und dem Gedankengut der Upanischaden aus dem Blickwinkel des Vedanta. Das Beispiel von der Schlange und vom Seil ist ein Standardgleichnis der indischen Philosophie und spielt im buddhistischen Idealismus (Yogācāra) und dem davon beeinflussten Vedanta eine wichtige Rolle. Im entwickelten Vedanta ist Maya nicht als »Ur-Liebe« (amour original) oder Ur-Sehnsucht aufgefasst, sondern als Ur-Fehler. Doch Dara hatte eine interessante Lösung gefunden, indem er die Schöpferliebe mit der illusorischen Vielfalt verband, welche die Geschöpfe wahrzunehmen glauben. Für Anquetil war dies »der *Fehler (erreur)* welcher, in dieser niedrigen und vergänglichen Welt, den Menschen an die Geschöpfe fesselt und ihn *in den Fesseln der Sünde gefangenhält.*« (S. 305)

Prinz Dara identifizierte die Selbst-Entwerdung des Sufismus (*fanā*) und die Realisation der All-Einheit (*Tauḥīd*) mit dem Lüften des Schleiers der Maya und mit der Erlösung durch die All-Einheitserkenntnis der Upanischaden. Sein Übersetzer Anquetil verstand dies so: »Die *Erlösung, das höchste Glück* schon in diesem Leben besteht darin, sich durch das *Wissen (Science)*, durch die *Erkenntnis (Connoissance)* von den Eindrücken zu befreien, welche die äusseren Gegenstände auf uns machen: *durch das Gefangenhalten der Sinne und die Erkenntnis, dass in allem was existiert nur ein einziges und identisches Sein ist*, mit welchem man sich in Gedanken wie auch in Wirklichkeit wesenhaft vereint und sich nur der Erscheinung nach von ihm unterscheidet« (S. 306). Gemäß Anquetil sind die vier Veden den Menschen nur offenbart worden, um ihnen den Weg zu diesem Ziel zu weisen (S. 306). Die Veden und deren Quintessenz, die Upanischaden, sind der Urkompass für diese Reise. Am Ende seiner kurzen Darstellung ihres ›Systems‹ präsentiert Anquetil das Ziel in Kurzform: Für jene, die wirklich zur Erkenntnis ihrer selbst gelangt sind und sich als *Atma* und *Brahm* erfahren, fällt der Schleier der Maya endgültig, denn »das eigene Wesen zeigt sich ihnen als bloße Erscheinung, als eine Gestalt, als eine der Figuren von *Atma*«—womit auch jeglicher Bedarf an Hilfe von aussen wegfällt, denn man ist ja selbst *Atma* (S. 306).

Von der Publikation dieser speziell ausgewählten vier Upanischaden hatte sich Anquetil sicherlich ein positives Echo erhofft. Doch sie hatten ein dreifaches Handicap: erstens erschienen sie im zweiten Band eines teuren Werkes über die Geographie und Geschichte Indiens; zweitens kam dieser Band auf französisch in Berlin heraus; und drittens geschah dies genau im Jahr, als die preußische Armee in Holland einmarschierte und die Unruhen begannen, die zur französischen Revolution führten. Doch es gab noch einen weiteren Grund, den Anquetil ganz am Ende des Bandes in einem Zusatz erwähnte: 1785 war die erste Übersetzung eines indischen Textes aus dem Sanskrit erschienen. Die Übertragung der *Bhagavad Gita* von Charles Wilkins läutete ein neues Zeitalter ein, in dem die Europäer ihr Wissen über das alte Indien nicht mehr aus persischen Übersetzungen oder Hörensagen, sondern direkt aus den von Engländern übersetzten Sanskrittexten beziehen konnten. Die Gründung der Asiatic Society of Bengal im Jahre 1784 durch Anquetils Kritiker William Jones war nur der erste Schritt. Auf das Werk von Wilkins folgten bald die ersten Bände der *Asiatic Researches* (ab 1788), welche allmählich auch nach Frankreich durchsickerten und eine orientalistische Revolution hervorriefen, deren erste Phase 1815 mit der Einrichtung der ersten europäischen Uni-Lehrstühle für Indologie und Sinologie in Paris endete.[30]

Anquetil schloss seine französische Übersetzung von Daras fünfzig Upanischaden am 18. März 1787 mit einem fünffachen »Oum« ab. Die Revision mit Hilfe des zweiten persischen Manuskriptes war am 16. August desselben Jahres vollendet (Anquetil 1787a:862-3). Während der Wirren der französischen Revolution übersetzte er dann den gesamten Text neu ins Lateinische, weil er dessen Flexibilität in der Wortfolge und größere Kongruenz mit dem Persischen schätzte und wohl auch, weil er die Upanischaden als *secretum tegendum* betrachtete: ein zu bewahrendes Geheimnis eben, das nur Berufenen und entsprechend Vorbereiteten enthüllt werden soll. Das Vorwort zur lateinischen Übersetzung trägt das Datum 30. September 1797 (UP1:cx). Doch die lateinische Version enthielt nicht nur die neue Übersetzung, die an vielen Stellen von der ursprünglichen französischen Übertragung abweicht, sondern auch einen überaus reichen Anmerkungsapparat, der etwa die Hälfte des gesamten Textvolumens der zwei dicken, großformatigen Bände von 1801 und 1802 ausmacht. Im Vorwort (UP1:cviij) bestätigte Anquetil, dass dieses Werk die Urform der berühmten *doctrina orientalis* darstellt, welche ab der zweiten Hälfte des 17. Jahrhunderts von Autoren wie Bernier, Burnet, Brucker, Mosheim, Diderot und Pluquet als Grundlage nicht nur vieler orientalischer Religionen betrachtet wurde, sondern auch als Basis von Gnostik, Neuplatonismus, Kabbala, Sufismus und natürlich auch den durch Pater Pons bekannten indischen Philosophiesystemen galt.

In der fast hundertseitigen *Dissertatio* am Anfang des ersten *Oupnek'hat*-Bandes sucht Anquetil, einige Hauptlehren der Upanischaden und damit der *doctrina orientalis* durch Parallelen aus der europäischen Theologie zu belegen. Es geht um vier Themen: 1. das Gottesbild, 2. den Emanations- und Schöpfungsbegriff, 3. die übernatürliche Welt und 4. den Zusammenhang zwischen Makro- und Mikrokosmos. Es fällt auf, wie stark in dieser ganzen Abhandlung neuplatonische Einflüsse vertreten sind. Zum Gottesbild werden seitenweise Bischof Synesius und der neuplatonisch-christliche Mystiker Pseudo-Dionysius zitiert; und zur Erklärung der Emanation dienen neben Pseudo-Dionysius auch Origenes und Thomas Burnets Ausführungen über die Kabbala. Auch andere Kommentatoren der *doctrina orientalis* werden herangezogen, zum Beispiel der Cambridge-Platoniker Cudworth und der Religionshistoriker Beausobre, der in seiner Geschichte des Manichäismus eine Verteidigung des Emanationismus anführt, welcher Anquetil beizustimmen scheint: solange man im Emanationssystem den Unterschied zwischen Schöpfer und Geschöpf nicht vergesse, sei die Emanationslehre akzeptabel und man laufe nicht Gefahr, dem Spinozismus zu verfallen (UP1:xlviij-xlix).

Der französische Senator Lanjuinais, der schon 1803 eine umfangreiche Übersicht über den schwerverständlichen Inhalt von Anquetils lateinischen Upanischadenbänden veröffentlichte,[31] sah in der darin vertretenen *doctrina orientalis* »ein wahrhaftes Mischmasch aus Spinozismus oder Pantheismus, Theosophismus oder Illuminismus, Quietismus, und sogar eines Idealismus im Stile von Berkeley« (Lanjuinais 1823:2.226-7). Er bezeichnete den Pantheismus des *Oupnek'hat* als »sehr klar gezeichnet«, die Einung mit Gott einen »Illuminismus höchsten Grades«, und den glücklichen Zustand ohne Denken und ohne Gut und Böse einen »sehr gefährlichen Quietismus«. Der Idealismus des *Oupnek'hat* hingegen, in welchem »unsere Welt nicht mehr ist als eine einfache Erscheinung« und »eine Serie von Modifikationen unseres Geistes«, sei ein »raffinierterer Spiritualismus als jener von Berkeley« (S. 226). Lanjuinais dachte, dieses System stelle »die Urtraditionen des Menschengeschlechtes« dar, welche mit einigen »Zusätzen und Änderungen« dank Anquetil bis zu uns gelangt seien. Solche Zusätze vermutete Lanjuinais zum Beispiel beim Quietismus des *Oupnek'hat*, der »in die verderblichsten Exzesse« ausgeartet sei und sogar weiter gehe als der Quietismus von Madame Guyon und von den Sufis (Lanjuinais 1823:3.82). Trotzdem verdiene dieses Werk große Aufmerksamkeit, denn sein philosophisches System sei erstens über 4000 Jahre alt und zweitens immens verbreitet, denn es herrsche von Persien über Indien und Tibet bis nach China, Japan und Sibirien (S. 85-6). Es forme unter anderem »die Grundlage der Religion der Brahmanen und jener der Schüler des Buddha«; kurz, dieser »*indianisme*« herrsche in fast ganz Asien und sei sublimer als die Konzeptionen der Griechen und Römer sowie radikaler in seinem Idealismus als Collier und Berkeley (S. 86). Das Ziel dieser asiatischen Urlehre sei die Realisation der All-Einheit durch »Abtötung seiner selbst (*abnégation de soi-même*) und der eigenen individuellen Existenz durch eine Art philosophischen oder religiösen Tod, welcher darin besteht, dass man sich selber ausschließlich im riesigen Ozean des einzigen spirituellen Wesens fühlt und sieht« (S. 87).

Wegen seines unmöglichen lateinischen Stils mit griechischen Partikeln und zahllosen persischen Wörtern wurde das *Oupnek'hat* oft als unlesbar bezeichnet. Max Müller schrieb zum Beispiel, das Werk sei »so total unverständlich, dass es des lynxgleichen Scharfsinnes eines unerschrockenen Philosophen wie Schopenhauer bedurfte, um einen Faden durch dieses Labyrinth zu finden« (Müller 1962:1.lviii-liv). Auch Senator Lanjuinais beklagte diesen fatalen Schönheitsfehler. Doch seine umfangreiche Besprechung zeigt, dass nicht nur Schopenhauer fähig war, in dieses Buch einzudringen. Wie später Schopenhauer, so erfuhr auch der Senator darin, wie der Mensch zum Ziel des »philosophischen oder religiösen Todes« und damit zur Realisation der All-Einheit gelangen kann. In seinem mit »Theorie der Einigung« überschriebenen Abschnitt zitiert Lanjuinais zahlreiche Aussagen des *Oupnek'hat* zum einzigen Weg, der zu dieser Einung führt: »Wenn das Herz allem Begehren und allem Handeln entsagt hat, geht es dadurch in sein Prinzip ein, welches die Weltseele (*âme universelle*) ist, und wer in sein Prinzip eingeht, hat außer jenem des wahren Wesens überhaupt keinen Willen mehr« (Lanjuinais 1823:2.281). Weiterhin übersetzte Lanjuinais aus dem *Oupnek'hat*: »Das unreine Herz ist jenes, das Willen hat; das reine Herz ist jenes, das absolut keinen mehr hat«, und »(In diesem Zustand) begehrt man nichts, weil alle Wünsche erfüllt sind, weil man voll vom Sein ist, das alles ist und weil man wahrlich alles besitzt« (S. 282). Der Senator hätte zu diesem Thema noch viel mehr übersetzen können, geht es doch hier um ein Hauptthema Daras und seiner Upanischaden: *fanā* oder, wie Lanjuinais dies richtig auffasste, »eine Art philosophischen oder religiösen Todes«, in welchem die im Eigenwahn befangene Seele (*djiw âtma*) sich plötzlich als Universalseele (*pram âtma*) enthüllt. Gleich nach der von Lanjuinais zitierten Stelle konnte ein aufmerksamer Leser wie Schopenhauer Folgendes erfahren:

Quemadmodùm cum collectione (*junctione*) lampadis (*vasis*) et olei, et funiculi igniarii, lampas lumen manet; tempore quo oleum è medio exivit, haec utensilia collecta *Brahm* comedit: ipso hoc modo, volitio, quae com loco (*vice*) olei lampadis corporis est, et cum causâ (*operâ*) hujus volitionis, corpus et mundus, *djiw âtma* et *pram âtma* separata apparent: tempore quo haec volitio è medio ivit, corpus et mundus, et *djiw âtma* et *pram âtma* unum fiunt; differentia, quam in mundo parvo et mundo magno dat (*producit*), è latere fit (*removetur*) (UP1:358)

Wie durch die Vereinigung von Lampe (Gefäß), Öl und Docht die Lampe Licht ausstrahlt und nach dem Versiegen des Öls *Brahm* dies alles verzehrt: genau so werden, sobald der Wille—das Öl in der Lampe des Körpers, durch dessen Wirken der Körper und die Welt, *djiw âtma* und *pram âtma*, als getrennt erscheinen—erlöscht, der Körper und die Welt, *djiw âtma* und *pram âtma* eins; und die Verschiedenheit, welche er [der Wille] in der kleinen und großen Welt hervorruft, verschwindet.

Oupnek'hat Band 1, S. 358 mit Eintragungen Schopenhauers. Auffallend sind u.a. zahlreiche Unterstreichungen des Wortes »volitio« (Wille).

Dass Schopenhauer solche Erklärungen über das Erlöschen des Willens mit voller Aufmerksamkeit las, ist durch die vielen Unterstreichungen dieser Abschnitte in seinem Handexemplar des *Oupnek'hat* sowie seinem handschriftlichen Eintrag am Rand bezeugt: »Unterschied des Makrokosmos u. Mikrokosmos aufgehoben«.

Manchmal wird behauptet, diese zwei Bände des *Oupnek'hat* seien unbeachtet geblieben oder schnell vergessen worden und hätten außer auf Schopenhauer kaum Einfluss ausgeübt. Dem ist aber keineswegs so. Während in Frankreich u.a. die Besprechung von Lanjuinais französische Leser neugierig machte, wurde das Buch in Deutschland schnell zu einem Geheimtipp derjenigen, die sich für Ursprünge interessierten. Für Herder, der frühere Arbeiten von Anquetil sehr schätzte und deren deutsche Übersetzung empfahl, kam das Buch wohl zu spät, denn er starb im Jahre 1803. Doch für seine Schüler wie Friedrich Majer und Bewunderer wie Arnold Kanne und Joseph Görres war es ein Lichtstrahl ins Dunkel der ältesten Menschheitsgeschichte: ein Text, der anscheinend viel älter war als Herders »älteste Urkunde« (das Alte Testament) und der zudem eng mit der Region verbunden schien, in welcher Herder die Wiege der Menschheit vermutet hatte: Kaschmir!

In einer Erklärung in den Heidelberger Jahrbüchern von 1811 kritisierte Joseph Görres (1776-1848) die in Friedrich Schlegels Indienbuch von 1808 vertretene Ansicht der Abfolge von Emanationslehre, Dualismus und Pantheismus mit einem auf seinem *Oupnek'hat*-Studium gründenden Argument: »Der Pantheismus und die Emanationslehre sind in keiner Religion als Gegensätze betrachtet worden, schon die Idee der Allgegenwart vernichtet eine solche Entgegensetzung. Man hat vielmehr die Emanation, den Dualism und die andern Formen als inbegriffen im ursprünglichen Pantheism allerwärts anerkannt. Die Unseligkeit des Daseyns ist daher gekommen, daß es durch seine Besonderheit ausschließt von sich die Allgemeinheit, die es zur göttlichen Idee ergänzen würde; das Streben nach dieser Allgemeinheit ist der innere Trieb zur verlornen Seligkeit und Heiligkeit« (Görres 1935:5.308). In seiner Besprechung des *Oupnek'hat* in den Jahrbüchern

von 1809 hatte er schon Prinz Daras »Unificationslehre« und seinen
uralten »Auszug aus den heiligen Vedams durch die Munis der früh-
sten Zeit« gelobt und »die Beschuldigung des Präsidenten Jones«, der
Uebersetzer habe »den Text mit willkührlich eingeschobenen Glossen
verfälscht«, als ungerechtfertigt abgewiesen (S. 311). Er, Görres, habe
nur drei oder vier Stellen gefunden, wo »indische Dewetas in muham-
medanische Engel übersetzt« worden seien, und was an Erwähnungen
des Korans im *Oupnek'hat* enthalten sei, erkenne man auf den ersten
Blick als »Glosse« (S. 312). Sein Vergleich der von Jones aus dem
Sanskrit übersetzten Iśa-Upanischade mit der Version von Anquetil—
ein Vergleich, den später auch Schopenhauer durchführte—brachte
Görres zum Schluss: »Wir können also mit Gewißheit uns versichert
halten, daß wir in diesem Werke bey der gewissenhaften Treue beyder
Uebersetzer eine zuverlässige Uebertragung des samscritischen Origi-
nals in das europäische gelehrte Idiom besitzen« (S. 312). Zum Alter
des *Oupnek'hat* schrieb Görres: »So viel ist gewiß, daß das Werk sich
immer und überall als reinen Auszug des Vedams gibt deren Ursprung
eine andere, alle Probabilitäten verglichen, mehr als wahrscheinliche
Tradition 4900 Jahre hinter die gegenwärtige Zeit versetzt« (S. 314).
So kam er zum Resultat, »daß wir im Upnek'hat wirklich das System
der alten Vedams besitzen, daß auf ihm die ganze asiatische Mythe
ruht, und in diesem gemeinsamen Muttersystem allein begriffen werden kann, daß das Buch selbst also für die religiöse und philosophische
Geschichte des Orients von unendlicher Wichtigkeit ist, so lange bis
uns die Vedams selbst, von denen es ausgegangen, aufgeschlossen sind«
(S. 325).

Görres nahm für seine *Mythengeschichte der asiatischen Welt* von
1810 das *Oupnek'hat* »als festen Punkt«, den er seinen »Untersuchungen zum Grund gelegt, als Basis auf die das ganze Gewölbe des
Baues ursprünglich gegründet ist« und schrieb: »Ich habe das System
der Veda's aus diesem Buch dargestellt, unter welchen Schwierigkeiten,
wird der beurtheilen, der schon einmal seine Geduld an diesem Werk
geprüft« (S. 6). So wurde Daras und Anquetils *Oupnek'hat* im Jahre

1810, vier Jahre bevor Schopenhauer ihm begegnete, zur »Urmythe« von Görres und damit zum Urquell aller großen Religionen des Altertums. Wie Görres auf einer Karte zeigte, welche er für sein Buch stechen ließ, verbreitete sich diese »alte Urmythe« von Kaschmir aus und bildete »Alte Gesetze« im Süden, Osten, Westen und Norden, welche sich in der Folge zu großen Religionen wie Brahmanismus, Buddhismus, Konfuzianismus, Taoismus, Zoroastrianismus, Judentum, Schamanismus usw. entwickelten.

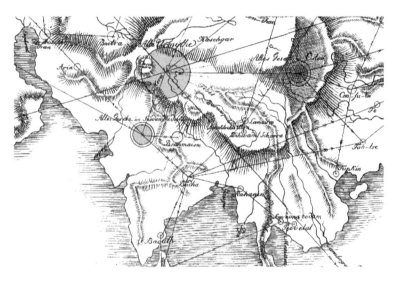

Joseph Görres: Ausschnitt aus der *Mythentafel der alten Welt* (1810). Der große dunklere Kreis ist die Alte Urmythe beim Berg Meru, die zwei kleineren das Alte Gesetz im Süden (Indien) und jenes im Osten (China).

Auch Daras Formel von Liebe = maya fand den Weg in die *Mythengeschichte* von Görres, der sie folgendermaßen verstand: »Tiefer [als die chinesische Lehre] haben die Veda's die Schwierigkeit gefaßt, und feiner, und in höherer Anschauung durch die *Maia* sie gelöst. Als einen Schleier hat die Gottheit diese Maia nach eigenem Wohlgefallen um sich her gebreitet, mit einem süßen Liebesrausche hat sie sich umwebt, mit lieblichem Taumel und freudigem Selbstvergessen hat sie sich umfangen, denn es ist der Affect des Schaffens, der in dieser Maia wirkt, im Affecte aber ist die Liebe, der Liebe aber Schönheit und Schein und Täuschung sonder Schmerz und Reue, Scherz und Spiel ist alles Bilden im Affecte, bedeutend nur im Kunstgebilde, das sich damit gestaltet« (S. 290). So sei in dieser Lehre »Liebe, der Eros der Griechen und Phönizier« nichts anderes als »die Wurzel der Welt«, denn in ihr hat sich »Gott in ein Liebendes geschieden und ein Geliebtes, aus der Liebe ist die Frucht hervorgegangen, über allen aber ist das erste Sein, das selbst jene Liebe in sich aufgenommen und die Spaltung, und in ihm ist allein der wesenhafte Urbestand der Dinge, die Liebe aber hat in bloßem Schein ein Conterfay gewebt; und ein erfreulich Bild es vor das Wesen hingesetzt«. (S. 291)

Doch Görres und Schopenhauer waren keineswegs die einzigen Deutschen, die sich die Mühe machten, das *Oupnek'hat* trotz aller Schwierigkeiten genauestens zu studieren. Obwohl es auch in neueren orientalistischen Fachstudien durch Abwesenheit glänzt,[32] diente dieses Werk u.a. auch als Grundlage für die Theorien von Georg Friedrich Creuzer, dem Autor der berühmten vielbändigen *Symbolik und Mythologie der alten Völker*. Creuzer schrieb im Jahre 1819: »Vergleichen wir aber das, was diese Upnekhata, wodurch uns also die ältesten Indischen Quellen vermittelt worden sind, enthält, mit dem, was uns die Englischen Forscher bis jetzt aus den Veda's gegeben haben, so können wir wohl sagen: es ist in den Veda's das älteste Religionssystem auf Erden enthalten, und es möchte nicht leicht ein Volk seyn, das ältere Religionsurkunden aufzuweisen hätte« (Creuzer 1819:1.551). Gemäß Creuzer hatten die Griechen »den ganzen Vorrath ihres mythischen Glaubens und Wissens aus dem Orient« übernommen (1818:93). Er war davon überzeugt, dass der indische Urmonotheismus, wie er sich in »den Veda's« zeigt, die eigentliche »Urtradition des Menschengeschlechtes« darstellt (S. 100-1). So kam es, dass Daras Gleichung Lie-

be = Maya Creuzer half, Hesiod und die alten Griechen zu erklären:
»In den Veda's tritt unter den ersten Actionen des Ewigen hervor der
Schöpfungstrieb. Er heißt *Maja*, d.h. *Täuschung, Schein*, weil alles, was
aus dem Wesen des Ewigen in die Wirklichkeit tritt, eitel, Täuschung
und *Schein* ist, nämlich mit dem Ewigen verglichen. Dieser Maja Toch-
ter ist *Cama*, die Liebe. Jene ist der Affect des Schaffens, und im Affect
ist Liebe. Diese ist die Weltmutter; aber was sie geboren, ist im blosen
Schein gebohren. Ein Scheinbild ist diese Welt, aber daß sie ist, ist der
Liebe Werk« (S. 169). Auf dieser Grundlage wird gemäß Creuzer die
wahre Bedeutung von »*Täuschung und Liebe und Streit*« in der he-
siodischen Urkunde und jene von »Sehnen, Schmachten und Sucht«
in der Samothrakischen Lehre erst verständlich (S. 169-70).

Arnold Kannes *Chronus* von 1813 stützte sich ebenfalls auf das
Oupnek'hat und dessen »Maja, die ewige Liebe Gottes, auch die Qua-
lität von Brams Verlangen, sein ewiges, göttliches Wollen, genannt«
(Kanne 1813:75). Gleich am Anfang seiner einführenden Liste von
Sanskritbegriffen im *Oupnek'hat* hatte Prinz Dara nämlich das indische
heilige Wort OUM mit Allah gleichgesetzt und Anquetil hatte diese
Gleichung mit »OUM = Deus« wiedergegeben. Kanne kombinierte
dies mit Daras Identifikation von Liebe mit Maya und folgerte, durch
Maya habe sich das OUM erst »ausgesprochen in die Welt« und Maya
sei nichts anderes »sein göttliches Wollen selbst«. Es zeige sich »*als*
sein Wille« und sei »das Verlangen Gottes, aus sich hervorzugehen,
d.i. Gottes Sehnsucht und Liebe zur Welt und Creatur« (S. 76). Gemäß Kanne ist durch die Maya »das Oum zum Leben des Besondern
ausgebreitet«, denn sie ist »die Sehnsucht Gottes, Creatur und Wesen außer sich zu stellen, um sie zu lieben« (S. 79-80). Dieser »Her-
abwanderung« entspreche die »Rück- und Hinaufwanderung in das
höchste und ursprüngliche Leben«: »aller Selbstheit ist der Geist hier
abgestorben, hier sind nicht Geister, sondern nur Ein Geist«: »das
All ohne Etwas« (S. 84). Bezüglich des Zieles dieser Rückkehr zitierte Kanne das *Oupnek'hat*: »*Laout*, oder *Lahut*, ist den Oupnekhat die
letzte göttliche Welt, in welcher keiner ist, der *Ich* sagt, — die große

Demersion, wo der Mensch sich reine Freude weiß; wo er frei wird von der Maja der drei andern Welten, wo Ruhe, keine Welt und keine Zweiheit ist« (S. 84). Den Weg zu solcher Freude wies ihm Daras Buch: »Gedanken und Wollen ablegen, Brahm allein betrachten. Allen Willen außen und innen muß er in sich ziehen und fesseln, außer den nach Gott; denn rein ist das Herz, in dem kein Wollen ist. So dann wird er von allem Partialen, von der Vielheit und, woraus diese entsprang, von der Zweiheit befreit, mithin von der Zeit, Endlichkeit und Tode« (S. 95-6). Dies sei das »Oumadketet« des *Oupnek'hat:* »das *Seyn-Wissen,* — der höchste Zustand, in welchem, weil alle Intelligenz als partiale Ichheit aufgehört hat, aller Dualismus des Schauens und Seyns aufgehoben ist« (S. 96).

Wir werden in Kürze sehen, dass Schopenhauer das *Oupnek'hat* ganz ähnlich verstand. Dies kann man auch von Richard Wagners Lieblingsonkel Adolph Wagner sagen, der dem Werk seines Freundes Kanne eine »Übersicht des mythischen Systems« beifügte. Darin finden sich neben langen Zitaten von Jakob Böhme über den »Willen des Ungrundes« und das, was »Alles in Allem« ist, obwohl es »der Selbheit eigenen Wollens« als »ein Nichts« erscheint (S. 573), auch klare Spuren einer eingehenden Beschäftigung mit dem *Oupnek'hat.* Wagner lässt aus Böhmes »heiligem Urgrund«—dem »heilig stillen Abgrund« der Einheit Gottes—»das schaffende Wort« aufsteigen und schreibt vom heiligen »Liebesdrang und Zug (Maïa), sich selbst zu offenbaren und bewußt zu werden, sich zu fassen« (S. 575). Während in der Einheit »Zeit- und Raumlosigkeit« herrscht, »beginnt alle Schöpfung mit freiem Entzweien und Scheiden, wie die reinsten und unendlichen Formen der Anschauung, Zeit und Raum, schon zeigen« (S. 575). Wagner schrieb dies 1813, im Geburtsjahr seines Enkels Richard. Ein gutes Jahr später fasste Schopenhauer, wie wir sehen werden, Prinz Daras Maya ganz ähnlich auf. Wagner schrieb vom »Willen des Ungrundes« im Sinne Böhmes und vom *principium individuationis,* welches Distanz und Abfolge, also Raum und Zeit vorspiegelt, obwohl dieses »Geschiedene« nichts anderes sein kann »als das Eine«

(S. 575). Doch wie kann »aus einem Verselbsteten ein Entselbstetes, sich in seine Einheit Zurückschlingendes, ein Nichts und darum der ewig stille Geist, der schweigende Gott (*Abakt* der Oupnek.)« werden? Im Februar 1813, ein Jahr vor Schopenhauers Begegnung mit dem *Oupnek'hat*, kam Wagner (der wie der junge Schopenhauer ein Bewunderer von Jakob Böhme und ein eifriger Leser Kants, Giordano Brunos und anderer großer Philosophen war) zu einem Schluss, der—wenn man den lieben Gott aus dem Spiel lässt—in etwas konfuser Grammatik beinahe die Schlusspassage von Schopenhauers Hauptwerk vorausnimmt und mit einem Zitat aus dem *Oupnek'hat* endet: »Ists nun, daß das eigen selber-Bilden und Wollen stille steht, so geht das göttliche Bilden und Wollen auf: dann was willenlos ist, das ist mit dem Nichts Ein Ding und ist unser aller Natur, welcher Ungrund ist Gott selber. Und die Oupnekh.: ein reines Herz ist willenlos« (S. 581). »Ein reines Herz ist willenlos«: könnte dies nicht fast das Motto von Schopenhauers Heilslehre sein, deren Genese wir uns nun wieder zuwenden?

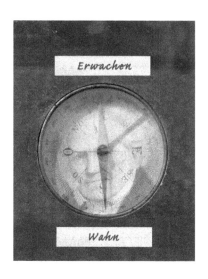

8. WAHN UND ERWACHEN

Schopenhauer kehrte im Winter 1813/14 für ein halbes Jahr nach Weimar zurück und Goethe, der seine Dissertation mit Interesse gelesen hatte, beschrieb ihn nach einem Treffen als »einen merkwürdigen und interessanten Mann«, der »mit einem gewissen scharfsinnigen Eigensinn« vorhabe, »ein Paroli und Sixleva in das Kartenspiel unserer neuen Philosophie zu bringen« (Steiger 1988:5.756). Goethe lud ihn zum gemeinsamem Studium von Farbphänomenen ein und so trafen sie sich insgesamt siebenmal,[33] wobei sie manchmal den ganzen Abend miteinander verbrachten und zweifellos auch über Philosophie diskutierten. Goethe hatte sich vor der Jahrhundertwende für die Berufung des jungen Schelling an die Universität Jena eingesetzt und war mit dessen Naturphilosophie bestens vertraut. Neben seinem Lieblingsphilosophen Spinoza schätzte Goethe den Italiener Giordano Bruno. Dessen Werk »Von der Ursache, dem Prinzip und dem Einen« hatte er vor langem durch Auszüge in Jacobis Briefen an Mendelsohn über die Lehre des Spinoza (1789) kennengelernt. Darin ging es um die »Kraft der Weltseele, welche sich als die allgemeine Form des Weltalls zu erkennen giebt« (Jacobi 1789:263-4) und um den Gedanken, »*daß der Substanz nach alles Eins sey*« (S. 288). Nach Bruno vermag und wirkt diese Weltseele alles und ist alles in allem; und die Erkenntnis dieser Einheit ist »der Zweck aller Philosophie und Erforschung der Natur« (S. 292). Bruno betrachtete das Universum als einen einzigen Organismus, der sich pausenlos verändert und dennoch immer sich gleich bleibt: »Was erst Samen war, wird Gras, hierauf Aehre, alsdenn Brodt – Nahrungssaft – Blut – thierischer Samen – ein Embrio – Mensch – Leichnam; denn wieder Erde, Stein, oder andre Masse, und so fort. Hier erkennen wir also Etwas, welches sich in alle diese Dinge verwandelt, und an sich immer eins und dasselbe bleibt« (S. 280-1). Es ist »auf gleiche Weise das Gesammte und ein Jedes, Alles und Eins; also Grenze und dennoch keine Grenze; Form und dennoch keine Form; Materie und dennoch keine Materie; Seele und dennoch keine Seele« (S. 295-6). Jacobi hob hervor, dies sei »genau dieselbe Vorstellungsart, welche sich im Spinoza findet« (S. 297). Ein Gedicht Goethes vom Jahr seiner Studientreffen mit Schopenhauer zeugt von einer Weltanschauung, der sicherlich sowohl Spinoza als auch Bruno und Prinz Dara zugestimmt hätten:

> Was wär' ein Gott, der nur von außen stieße,
> Im Kreis das All am Finger laufen ließe!
> Ihm ziemt's, die Welt im Innern zu bewegen,
> Natur in Sich, Sich in Natur zu hegen,
> So daß, was in Ihm lebt und webt und ist,
> Nie Seine Kraft, nie Seinen Geist vermißt.[34]

Einige Buchausleihen Schopenhauers aus diesen Weimarer Monaten und der anschließenden frühen Dresdner Zeit sind vielleicht Hinweisen Goethes zu verdanken; so fallen neben den eben erwähnten Spinozabriefen Jacobis und den darin zitierten Werken von Hemsterhuis und Bruno[35] mehrere Bücher von Lorenz Oken und Henrich Steffens auf, welche Goethe schätzte, weil sie die Welt als Gesamtorganismus beschreiben.[36]

Goethe war bekanntermaßen auch an Orientalischem interessiert (Polaschegg 2005). Die Bibliotheken von Weimar und Jena, denen er zeitweise vorstand, enthielten u.a. dank der Sammelwut des polyglotten Christian Wilhelm Büttner (1716-1801) eine schöne Anzahl von orientalischen Werken. Nach Büttners Tod musste sich Goethe um die Eingliederung des riesigen Nachlasses kümmern, wobei ihm für die chinesischen Bücher der blutjunge Julius Klaproth (1783-1835) behilflich war.[37] Der sprachbegabte Sohn von Schopenhauers Berliner Chemieprofessor Martin Heinrich Klaproth hatte damals in Weimar auch einen Verleger für die von ihm gegründete Zeitschrift *Asiatisches Magazin* gefunden, von welcher allerdings nur zwei Jahrgänge (1802 und 1803) erschienen. Am zahlreichsten waren darin die Beiträge des jungen Herausgebers und des indienbegeisterten Herder-Schülers Friedrich Majer, der schon 1796 in Göttingen Privatvorlesungen über das Land seiner Träume gehalten hatte (Majer 1818:v) und sich in der Folge jahrelang in Weimar aufgehalten hatte.

Im Spätherbst 1813 waren sowohl Klaproth als auch Majer wieder in Weimar. Einer von beiden hat wohl Schopenhauer auf das *Asiatische Magazin* hingewiesen; jedenfalls holte er dessen zwei Bände am 4. Dezember 1813 aus der Bibliothek und behielt sie fast vier Monate lang. Dies war die erste asienbezogene Ausleihe Schopenhauers; die zweite war das *Oupnek'hat* und die dritte Poliers *Mythologie des Indous* (beide am 26. März 1814). In diese Zeit fällt die »Einführung in das Indische Alterthum« durch Friedrich Majer, welche Schopenhauer vier Jahrzehnte später wie folgt beschrieb: »1813 bereitete ich mich zur Promotion in Berlin vor, wurde aber durch den Krieg verdrängt, befand mich im Herbst in Thüringen, konnte nicht zurück und sah mich genöthigt mit meiner Abhandlung über den Satz vom Grunde in Jena zu promoviren. Darauf brachte ich den Winter in Weimar zu, wo ich Göthe's nähern Umgang genoß, der so vertraut wurde, wie es ein Altersunterschied von 39 Jahren irgend zuließ, und wohlthätig auf mich gewirkt hat. Zugleich führte, unaufgefordert, der Orientalist Friedrich Majer mich in das Indische Alterthum ein, welches von wesentlichem Einfluß auf mich gewesen ist.« (Briefe 261)

Woraus Majers »Einführung« genau bestand ist unklar und ebenso, was Schopenhauer am *Asiatischen Magazin* interessierte. Es enthielt unter anderem einen Artikel über den chinesischen Buddhismus, den Klaproth von de Guignes übersetzt hatte und der die früheste europäische Übersetzung eines buddhistischen Sutras enthielt.[38] Unter Majers Beiträgen fallen vor allem sein Artikel über die Inkarnationen Wischnus[39] und seine deutsche Übertragung der *Bhagavad Gita* von Wilkins auf.[40] Majers Einleitung zu dieser Übersetzung enthielt einen Satz, der mit Sicherheit die Aufmerksamkeit des jungen Philosophen erregte: »Keinem aufmerksamen Leser wird es entgehen, wie diese wenigstens viertausend Jahre alten Ideen und Träume der aus einer höchsteigenthümlichen Verbindung seltsamer Fabeln und Einbildungen, und der abstractesten Speculation bestehenden Weisheit des fernen Orients—in einem wunderbaren Zusammenhange mit dem stehen, was in ganz andern Zeiten und Himmelsstrichen ein Plato, Spinoza oder Jacob Böhm über die interessantesten Gegenstände des Nachdenkens glaubten und dachten, wenn auch in andern Formen sagten und vortrugen« (Majer 1802:406-7). Einige lose Blätter in Schopenhauers Nachlass enthalten Notizen zum *Bhagavad Gita*, die wahrscheinlich aus diesem Winter stammen (App 2006c:59-75); doch hier interessiert uns vornehmlich der besser dokumentierte Einfluss des *Oupnek'hat* auf die Genese der Schopenhauerschen Willensmetaphysik. War es Majers »Einführung ins indische Alterthum«, die Schopenhauer auf dieses Buch neugierig machte?

Wir sind im vorigen Kapitel schon vier Deutschen begegnet, die viel Zeit und Mühe in das Studium des *Oupnek'hat* investierten. Auch Friedrich Majer, Schopenhauers »Indien-Lehrer« (Merkel 1945/48) schätzte den »lobwürdigen Indienschiffer« Anquetil und sein Werk, welches »gleichsam das Mark der vier Theile des Veda enthalte«. Er war überzeugt, dass »der unermüdete Fürst« Dara Sanskrit studiert und eigenhändig »alle Abschnitte des genannten Werks in das Persische« übertragen hatte (Majer 1818:7-8) und erklärte: »Er vollführte es mit Beirath und Zuziehung gelehrter Brahmanen aus Benares und zwar auf das treueste, von Wort zu Wort, ohne Abkürzung oder Zusatz, ohne vorgefaßte Meinung oder Gunst« (S. 8). Die Arbeit Anquetils sei ebenfalls »mit der größten Aengstlichkeit und Genauigkeit und mit Zuziehung mehrerer indischer Wörterbücher« erfolgt und der Franzose habe Daras Text »von Wort zu Wort und mit Beibehaltung der persischen Construction, ins Lateinische« übertragen (S. 9). Die lateinische Version sei »nicht wenig barbarisch ausgefallen und fast durchgehends holprig und stolprig«, weswegen man deren Studium »nicht etwa nur nicht anziehend und nicht leicht« nennen müsse, sondern »sogar abstoßend und schwer« (S. 10). »Demungeachtet ist sie aber nicht so gar unverständlich, wie man behauptet hat, ja man findet sich im Gegentheil für die zur Durchlesung derselben erforderliche Standhaftigkeit und Ausdauer sehr reichlich belohnt« (S. 10). Denn allen Mängeln der lateinischen Übersetzung zum Trotz sei dieses Werk »eine reiche Sammlung ächter Veda-Upanischaden«, welcher »unter allen für die indische Religionsgeschichte und Alterthumskunde wichtigen Werken« so lange der erste Platz gebühre, bis die Sanskrit-Originale selbst erhältlich seien (S. 13).

Schopenhauers einzige Anstreichungen in diesem Buch Majers, das einige Jahre nach dieser Einführung erschien, finden sich genau dort, wo es um die Bedeutung von Maya geht. Auf der Grundlage von Anquetils Übersetzung übernahm auch Majer Daras Gleichung von Liebe = Maya getreulich und verstand Maya als »das ewige göttliche Wollen«—ein Wollen, das ein Ende findet, wenn die Erkenntnis kommt. Daras Interpretation fiel in Deutschland offensichtlich auf fruchtbaren, durch die Lektüre von Jakob Böhme, Madame Guyon, Plotin und Schelling vorbereiteten Boden.

> Dritter Abschnitt.
> Vom Ursprung der Dinge.
>
> ———
>
> I.
>
> Nach den Vedas.
>
> Brahm, das reine Wesen, ist ohne Ende; auch Name und Gestalt der Welt ist ohne Ende, aber nur Brahm ist wahrhaft bestehend, nicht Name, nicht Gestalt. Der Grund ihres scheinbaren Daseyns liegt in Maja (Mascha). Allem Lebendigen Luft gebend, ist sie die Eigenschaft des Verlangens von Brahm, das ewige göttliche Wollen. Ewige Liebe auch heißt sie, weil die Liebe keinen Anfang hat, wohl aber ein Ende, wenn kommt die Erkenntniß. (Sajusch = und Athar= Veda.)

Friedrich Majers *Brahma* (1818:36); Schopenhauers Hervorhebungen

Majers Lobeshymnen auf das *Oupnek'hat* machen es wahrscheinlich, dass er es war, der dieses Werk dem jungen Doktor der Philosophie im Frühjahr 1814 zum eingehenden Studium empfahl. Auf jeden Fall holte Schopenhauer die beiden großformatigen Bände von Anquetils Werk zusammen mit Poliers *Mythologie des Indous* am 26. März 1814 aus der Weimarer Bibliothek. Die Rückgabe erfolgte vor der Wegfahrt nach Dresden am 18. Mai 1814. Zwei Wochen später, am 8. Juni, sind die beiden *Oupnek'hat*-Bände als allererste Ausleihen in Dresden aufgeführt[41] und die Rückgabe erfolgte am 21. Juli, worauf Schopenhauer das Werk kaufte. Wir können deshalb Schopenhauers *Oupnek'hat*-Studium des Jahres 1814 in drei Phasen einteilen: 1. die letzten sieben Weimarer Wochen (Ende März bis Mai 1814); 2. die ersten sechs Wochen in Dresden (Juni bis Juli 1814); und 3. die Zeit nach dem Erwerb des Buches (wohl ab Sommer 1814), wo die handschriftlichen Einträge Schopenhauers in seinem erhaltenen *Oupnek'hat* beginnen.[42] Jede dieser drei Phasen hinterließ in Schopenhauers Notizbüchern Spuren, denen wir uns nun zuwenden, um die Rolle von Schopenhauers Lieblingsbuch in der Systemgenese erstmals näher zu bestimmen. Die letzten Weimarer Monate und das erste Dresdner Halbjahr sind nämlich exakt die Zeit, in welcher der Kern von Schopenhauers System entstand. Rudolf Malter schrieb richtig, das Jahr 1814 stelle eine »entscheidende Zäsur« dar, welche »von tastenden Versuchen bis hin zur vollentfalteten Systematik der *Welt als Wille und Vorstellung*« geführt habe (Malter 1988:4). Doch was in diesem Zeitraum passierte, ist trotz zahlreicher Studien noch immer weitgehend ungeklärt.[43] Die wenigen Autoren, welche dem *Oupnek'hat* eine Rolle in dieser Zäsur zuschreiben, haben mit Ausnahme von Piantelli offensichtlich noch nie einen Blick ins *Oupnek'hat* geworfen und zitieren stattdessen ständig Übersetzungen aus dem Sanskrit, die zu jener Zeit noch gar nicht existierten.[44]

Vor unserem Ausflug in die Entstehungsgeschichte von Schopenhauers Lieblingsbuch, der unter anderem den sehr speziellen Charakter dieses Werkes aufwies, sahen wir, dass Schopenhauer in seiner Dissertation sozusagen eine Strukturanalyse des empirischen Bewusstseins durchführte. Als Diagnose des Leidens war dies jedoch unbefriedigend, denn genau die Frage nach einer letzten Ursache musste ausgeklammert bleiben. Die von Kant aufgezeigten Grenzen der Vernunft verbauten den Weg in die metaphysischen Tiefen und Böhmes / Schellings ›Ur-Sehnsucht‹ oder ›Ur- und Grundwollen‹ entzogen sich dem vernunftmäßigen Zugriff. Doch das Leiden und die Augenblicke der Erlösung, die Schopenhauer seit langem aus eigener Erfahrung kannte und als ›empirisches‹ und ›besseres‹ Bewusstsein philosophisch zu fassen suchte, mussten doch einen Grund haben! Schopenhauers Strukturanalyse des empirischen Bewusstseins, die sich großteils im Fahrwasser der kantischen Transzendentalphilosophie bewegte, tönte an entscheidenden Stellen eine tiefere Dimension an, verglichen mit welcher die Dissertation wie ein Traum erscheinen werde. Gesucht war ein Verständnis des Leidens, das ihm nicht nur auf den Grund geht, sondern gleichzeitig die Möglichkeit der temporären und endgültigen Erlösung erklärt. Den Schlüssel zu dieser Tiefendiagnose—und damit den Eingang zu seiner Willensmetaphysik—fand Schopenhauer in Anquetils lateinischer Übersetzung von Prinz Daras *Oupnek'hat*. Der Rest dieses Kapitels wird auseinandersetzen, was dabei geschah.

Im Januar 1814, etwa zwei Monate vor seiner Begegnung mit seinem Lieblingsbuch, beschrieb Schopenhauer drei Diagnosen, welche die Dogmatik bisher zum »Hauptproblem der Philosophie« angeboten habe:

1) Wir Geister die keine Ruhe ... haben, können auch eben nimmermehr Ruhe finden (Spinoza, Schelling in der Weltseele und den Ideen zur Naturphilosophie) —

2) Wir Geister die keine Ruhe haben, haben sie nur *verloren*, können sie wiederfinden (Alle Emanationssysteme; Schelling in Philosophie und Religion) —

3) Wir Geister die keine Ruhe haben, haben sie noch nie gehabt, sind geworden, werden zu ihr gelangen (Alle Schöpfungstheorien, rationaler Theismus, Schelling über die menschliche Freiheit). (HN1 #126)

In allen drei Diagnosen geht es um Leiden (hier im Aspekt der Ruhelosigkeit) und Erlösung. Dass Schelling alle drei Ansätze vertritt, zeigt einmal mehr die Ähnlichkeit seiner Grundproblematik und derjenigen Schopenhauers. Auch bezüglich der »Quelle aller wahren Seeligkeit« und des »sicheren und nicht auf losem Sande sondern unerschütterlichem Boden gebauten Trostes«—des besseren Bewusstseins, welches »für unser empirisches Bewußtseyn gänzlicher Untergang, Tod und Vernichtung« bedeutet—waren sich die beiden Böhme-Leser einig: »um jenem bessern Bewußtseyn treu zu seyn« muss man »diesem empirischen entsagen« und sich »von ihm losreißen«, was nichts anderes bedeutet als »Selbsttödtung« (#128) im Sinne Böhmes und Guy-

ons. Auch in Bezug auf die »Sündhaftigkeit« und den »Grundirrthum, *die Ewigkeit durch die Zeit ausmessen zu wollen*« hätte Schelling
dem jüngeren Schopenhauer wohl zugestimmt, denn beide waren von
einem besseren Bewusstsein angezogen, das nur »mit Einem Schlage
ergriffen werden kann, durch das Uebertreten aus der Zeit in die Ewigkeit, aus dem empirischen ins bessre Bewußtseyn« (# 143).

Doch Schopenhauers Diagnose des »Grundirrtums« hatte die
Gier nach zeitlicher Verlängerung des Daseins im Individuum (»Gier,
Habsucht, Feindseligkeit«) oder in der Spezies (»Geschlechtstrieb«)
nicht wirklich erklärt, sondern sie einfach dem Wesen des Lebens zuge-
ordnet: »Zeitliches Daseyn wollen und immerfort wollen ist Leben«
(#143). Die Frage nach dem Ursprung dieses Wollens blieb hier noch
offen. Die Polarität wurde von Schopenhauer auch in christliche Begriffe gefasst. »Adams Sündenfall«, der »die endliche, thierische, sündige Natur des Menschen ausspricht«, hat seinen Gegenpol in »Jesu
Opfertod«, welcher »die ewige übernatürliche Seite, die Freiheit, die
Erlösung des Menschen« bezeugt (#145). Die Erbsünde bestehe aus
nichts anderem als dem »Leben selbst«; wohingegen »Seeligkeit-
wollen das Gegentheil von Leben-wollen« sei (#146). Kurz vor Schopenhauers Begegnung mit dem *Oupnek'hat* waren gleichsam der Süd-
und Nordpol seines Kompasses mit ›Leben-wollen‹ und ›Lassen von
Leben-wollen‹ markiert. Doch der sich selbst zerfleischende, blinde
Wille—in unserer Metapher die grundlegende bipolare Magnetkraft,
welche erst die Bewegungen der Kompassnadel erklärt—stand noch
keineswegs im Fadenkreuz von Schopenhauers Denken. Seine bessere
Erkenntnis war damals noch mit einem »besseren Willen« gepaart,
doch das Ziel und der Weg dahin waren bereits vorgezeichnet: »Zum
Lichte, zur Tugend, zum heiligen Geiste, zum bessern Bewußtseyn—
müssen wir Alle: das ist der Einklang, der ewige Grundton der Schöpfung. Nur sind der Wege zwei. Entweder von Innen erhebt sich frei und
von selbst der bessre Wille, freiwillig lassen wir vom Lebenwollen, stoßen gern die Welt von uns, zerstöhren aus eigner Kraft die Täuschung,
überwinden als freie Helden und sind erlöst. Oder wir folgen der Fin-

sterniß, dem grimmigen Drange des Lebenwollens, gehn tiefer und tiefer in Laster und Sünde in Tod und Nichtigkeit - bis nach und nach der Grimm des Lebens sich gegen sich selbst kehrt, wir inne werden welches der Weg sei den wir gewählt, welche Welt es sey die wir gewollt, bis durch Quaal, Entsetzen und Grausen wir zu uns kommen, in uns gehn und aus dem Schmerz bessre Erkenntnis geboren wird.« (#158)

Schopenhauer näherte sich unablässig dem Herzen seiner Philosophie. Er fragte sich unter anderem, wie der Zusammenfall von Wille und Erkenntnis im Ich (das »Wunder schlechthin« der Dissertation) begründet werden könne. Besteht Wahnsinn darin, dass der Wille die Kontrolle über das Erkennen verlor (#148)? Ist das Erkennen des Menschen »das Sichtbarwerden des *intelligiblen Karakters*«: der Spiegel dessen, was der Mensch »seyn will, gewollt hat, also will und darum ist« (#159)? Kann der Mensch mehr erkennen als bloße Bilder in einem Spiegel oder Schatten an der Wand, wie Plato in seinem Höhlengleichnis behauptete? »Wir erkennen keine Dinge an sich, sagte Kant: d.h. was erkannt wird ist eben darum Vorstellung: was aber vorstellt kann nicht Vorstellung seyn, also auch nicht erkannt werden. Dinge an sich, die da wären *ohne vorgestellt zu werden*, die folglich etwas andres als Vorstellungen wären—solche Dinge uns *vorzustellen* ist der größtmögliche Widerspruch« (#171). Auch der Zugang vom Subjekt her schien verbaut, denn »wer sich selbst erklären will, der muß sich selbst, (das Subjekt) als Grund und Folge setzen« und macht sich so selber zur Vorstellung: »Was immer nur erkannt und folglich erklärt werden kann ist ja eben deshalb nur Vorstellung. Welcher Unsinn sich selbst erklären, sich selbst erkennen zu wollen! sich selbst zur Vorstellung machen zu wollen und dann nichts übrig zu lassen das eben alle diese erklärten (verbundenen) Vorstellungen hat! Ist das nicht die Erde vom Atlas, den Atlas vom Elephanten, diesen von einer Schildkröte und diese von Nichts tragen lassen?« (#171)

Schopenhauer schrieb im Frühling 1814 von einer »Täuschung« (#158) und vom »Schleier der Natur«, in welchem nur für das Genie ein Loch klaffe: »ein übermenschliches Stückchen im Menschen«

(#176). In Notiz 189 wird der *Oupnek'hat*-Einfluss dann erstmals greifbar: da wird aus dem »Schleier« ein »Wahn«, dessen Ausdruck das Leben ist. Im 6. Kapitel begegneten wir bereits einer von Schopenhauer hervorgehobenen Erklärung des *Oupnek'hat*, wo Dara von einer Täuschung oder einem Wahn (*mendacium*) schrieb: »Obgleich Name-und-Gestalt der Welt ein Wahn sind, so erscheinen sie doch als das Wirkliche (Wahre); dennoch hat (dies) in Wahrheit keine Existenz« (UP1:395). Im *Oupnek'hat* wird dieser Wahn als *maïa* bezeichnet. Die wichtigste Stelle, welche Schopenhauer nicht nur in einer der zentralen frühen Notizen (#213) anführte, sondern später auch als Motto des vierten Buches seines Hauptwerks wählte und immer wieder zitierte, findet sich in der *Atma*-Upanischade.

Et *maïa*, quòd amor aeternus est, ex illo dicunt, quòd amor initium non habet, et fines habet: quid? (*nam*) tempore quo cognitio simul advenit, amor è medio supersurrexit (surgit).

Und *Maya*, welches die ewige Begierde ist, wird so genannt, weil die Begierde keinen Anfang aber ein Ende hat. Denn sobald die Erkenntnis sich einstellt, ist die Begierde aufgehoben.

Et è τῷ *maïa*, rectum (verum) mendacium apparet; et mendacium, rectum (*verum*): quemadmodùm, funis, quòd mendacium (*falsum*) est, coluber apparet; et coluber, quòd rectum (verum) est, funis apparet.

Und wegen *Maya* erscheint das Richtige (Wahre) als Wahn und der Wahn als Richtiges (Wahres), gleich wie ein Seil fälschlich eine Schlange zu sein scheint und eine Schlange, die wirklich (wahr) ist, als Seil erscheint.

Et *maïa*, quòd non rectum (*non verum*) potest dixit (*possunt dicere*), et non mendacium (non falsum): quid?

Und *Maya* kann man sowohl das Unrichtige (Nichtwahre) nennen als auch das Nichtfalsche. Weshalb?

(*nam*) ostensum sine est (*si-ne existentiâ*) mundum est (*existentem*) ostendit; et est (*existentem*) existentiam universalem non est (*non existentem*) ostendit. *Tò* non est, existit; et *τò* existit, non est, ostendit: ens verum, quòd apparens est, non ostendit; et mundum, quòd existens non est, ostendit. (UP2:215-6)

Dem ist so, weil sie [Maya] die Welt, die unwirklich (ohne Existenz) ist, als wirklich erscheinen lässt und umgekehrt das in allem Existierende als unwirklich (nicht existent). Das Nichtseiende gaukelt sie als seiend vor und das Seiende als nichtseiend; das wahre Sein, das offenbar ist, zeigt sie nicht, aber die Welt, welche nicht existiert, zeigt sie.

Dieser Kommentar zur Atma-Upanischade gibt Prinz Daras Sicht der göttlichen All-Einheit getreu wieder. Der Maya-Begriff hat hier seine typische doppelte Bedeutung. Einerseits bedeutet er für Dara *ishq*, die Sehnsucht des noch verborgenen Gottes nach Selbstoffenbarung in der Schöpfung als Akt der Liebe. Anderseits hat Maya auch die im Vedanta gängige Bedeutung von *Trug* oder *Wahn*: der *Schleier der Maya*, welcher die All-Einheit verhüllt und eine mannigfaltige Welt vorgaukelt. Diese doppelte Bedeutung ist auch der Grund für viel Kopfzerbrechen bei den Übersetzern: soll man Anquetils » amor « durch Liebe wiedergeben oder durch Begierde? Die Aussage, dass » amor « aufhört, sobald Erkenntnis sich einstellt, deutet klar auf die letztere Bedeutung; doch im ersten Band des *Oupnek'hat* gibt es auch eine Stelle (UP1:405), wo Anquetil als Textvariante derselben Aussage ein » nicht « einfügt, was den » amor « bei Eintreten der Erkenntnis *nicht* aufhören lässt. Schopenhauer hat sich—gleich seinem » Indienlehrer « Majer—klar für die erste Variante entschieden, in der das Erreichen der Erkenntnis das Ende der anfanglosen Begierde bedeutet. Er zitierte deshalb immer die entsprechende Stelle aus dem zweiten Band. Diese Interpretation war auch durch die Definition von Maya in Daras Sanskrit-Wörtertafel am Anfang des ersten Bandes gestützt. Da steht nämlich: » *Maïa*: ewiger Wille; was der Grund des Erscheinens dessen ist, das ohne Wirklichkeit (Existenz) ist.«

II, *32*,*520 Anahed :* vox universalis (*principalis*, *absoluta*).
(*I*,*321* *Maïa :* voluntas æterna ; quod causa ostensi sine fuit (*existentiâ*) est. *II*, *p. 17*.
Prahrat : justa temperatio trium (3) qualitatum (*tres qualitates simul, equâ lance, in homine existentes*).
Petr loh : mundus spirituum (*animarum*) patrum.

Oupnek'hat Band 1, S. 10: Ausschnitt aus dem Sanskrit-Vokabular mit Schopenhauers handschriftlichen Einträgen und Unterstreichungen[45]

Schopenhauer fasste Daras *maya* und Anquetils *amor* klar als Begierde und Wollen (Anquetils *voluntas aeterna*) auf. Sowohl für Prinz Dara als auch für Anquetil war diese schöpferische Begierde die Sehnsucht Gottes, seinen »verborgenen Schatz« zu offenbaren. Doch Schopenhauer las das *Oupnek'hat* natürlich als überzeugter Atheist.[46] Dies zeigt sich schön in seinem Handexemplar des *Oupnek'hat*, wo er Worte wie *Deus* und *creator* konsequent durchstrich.

(Explicatio præcipuorum verborum samskreticorum, quæ in Oupnek'hat *adhibentur.)*

O u m : ~~Deus~~ . *Brahm* . *Omitto* . *p. 15, not 2.* II.
et *Pranou* etiam nomen ipsum hoc est, id est, obsignata (*clausa*, *finita*) faciens secreta. *II, p. 20. 12.*
Brahm : ~~creator.~~

Oupnek'hat Band 1, S. 7: Anfang der Sanskrit-Wörterliste Prinz Daras

Eines von zahlreichen Beispielen findet sich am Anfang von Daras Liste von Sanskritbegriffen, wo das heilige indische Wort OUM als »Allah« definiert ist. Anquetil übersetzte es als »Deus«, doch Schopenhauer strich dieses Wort doppelt durch und ersetzte es durch »Brahm. Omitto«.[47] Doch Brahm war für ihn ebenfalls nichts Göttliches und vor allem kein Schöpfergott, weswegen Schopenhauer das Wort »creator«, das für Dara und Anquetil der Sinn von Brahm ist, ersatzlos strich. Schopenhauer verstand unter Brahm textgetreu, wenn auch unter Abzug der göttlichen Dimension, die schöpferische Kraft, die im *Oupnekhat* ständig mit Begriffen wie »maïa«, »amor«, »desiderium« (Begierde) und »voluntas« (Wille) assoziiert ist. Gleichzeitig war da auch, wie wir eben gesehen haben, die Rede vom »Ende« dieser Begierde durch Erkenntnis. Daras Kommentare insistieren bei jeder Gelegenheit auf diesem ursprünglichen Wollen, das die All-Einheit in der illusorischen Vielheit der Welt offenbart und gleichzeitig versteckt. Erst wenn der Mensch sich von seiner Gefesseltheit im Wollen befreit habe, erscheine die Welt wie sie wirklich sei: als All-Einheit.

> Quisquis unificationem et cognitionem acquisivit, *makt et liberatus* (*beatus*) est.
>
> Et cum verificatione (*certitudine*), hoc omne, expositio statuum personæ est, quæ cum volitione capta est (*quæ τοῖς velle detinetur*).
>
> Post ab hoc, persona quæ à volitione et desiderio immunis facta, status ejus scito.
>
> Et illa persona, quæ volitionem non habet, *akam* est, id est, sine volitione.
>
> Et causa τῦ sine volitione, illud (*est*), quòd desiderium è corde ejus deletum redditum.

Oupnek'hat Band 1, S. 255 mit Schopenhauers Hervorhebungen

Eine von Schopenhauer für aussergewöhnlich wichtig erachte-
te Stelle im *Oupnek'hat* über die Befreiung vom Wollen liest sich wie
folgt: »Wer immer die All-Einheit und das Erkennen erlangt hat, ist
makt und befreit (glückselig). Sicher, alles [oben Gesagte] bezieht sich
auf die Erklärung der Zustände einer im Wollen gefangenen Person.
Nun wisse, was der Zustand einer Person ist, die vom Wollen und Begehren frei ist. Eine solche Person, die keinen Willen hat, ist *akam*, das
heißt ohne Wollen. Und der Grund dieses Nichtwollens ist, dass das
Begehren aus ihrem Herzen ausgemerzt wurde.« (UP1:255).

Im Abschnitt 189 der Notizhefte vom Frühling 1814 beginnen
also die eindeutigen Spuren von Lehren des *Oupnek'hat*, und schon
drei Abschnitte später werden erstmals die »weisern Indier« und ihre
Methode, vom Subjekt auszugehen, in einer Weise erwähnt, die bereits
eingehendes Studium von Anquetils Übersetzung verrät (#192). Zuerst
ist die Rede von der »sündigen Neigung«, welche im menschlichen
Leib verkörpert ist, sowie vom Leib Jesu, der folglich ein »Scheinleib«
sein müsse (#188). Schon im folgenden Abschnitt wird diese sündige
Neigung in enger Anlehnung an die Beschreibung des Maya-Begriffes
im *Oupnek'hat* als Wahn bezeichnet: »Denn sofern als er lebt, sofern
als er Mensch ist, ist er nicht bloß der *Sünde* und dem *Tode* anheim
gefallen, sondern auch dem *Wahn*, und dieser *Wahn* ist so real als das
Leben, als die Sinnenwelt selbst, ja er ist mit diesen Eines (das Maja der
Indier): auf ihn gründen sich alle unsre Wünsche und Suchten, die wieder nur der Ausdruck des Lebens sind wie das Leben nur der Ausdruck
des Wahns ist: sofern wir leben, leben wollen, Menschen sind, ist der
Wahn Wahrheit, nur in Bezug auf das bessre Bewußtseyn ist er Wahn.
Soll Ruhe, Seeligkeit, Friede gefunden werden, so muß der Wahn aufgegeben werden, und soll dieser, so muß das Leben aufgegeben werden.« (#189).[48]

Alles Leben und Lebenwollen und deshalb auch alles normale
Menschsein sei notwendig Wahn, »denn wie mit dem Leben unaus-
bleiblich der Wahn gesetzt ist, so ist auch mit dem Wahn das Leben
gesetzt«. Nicht einmal der Tod sei notwendig das Ende dieses Wahns,

denn »wer beharrt auf dem Lebenwollen, wird leben, wenn auch dieser Leib stirbt«. Durch diesen Wahnbegriff vertiefte sich Schopenhauers Auffassung des empirischen Bewusstseins erheblich und auch der Gegenpol dieses Wahns wurde in diesem Sinne neu formuliert. Schopenhauer bezeichnete ihn als »Frieden Gottes« und »Hervortreten des *bessern Bewußtseyns*«. Das Erreichen dieses Zieles erfordere, »daß der Mensch, dies hinfällige, endliche, nichtige Wesen, etwas ganz andres sey, gar nicht mehr Mensch« (#189). Nun war also nicht mehr nur das Bewusstsein impliziert, sondern das Menschsein in seinen grundlegendsten Dimensionen: Lebenwollen und Leiblichkeit. Denn auch der Leib des Menschen sei nichts anderes als Erscheinung des Wahns (#189).

Paul Deussen erklärte, der Grundgedanke der Upanischaden bestehe in der Identität von Brahman und Âtman. *Brahman* sei »die Kraft, welche in allen Wesen verkörpert vor uns steht, welche alle Welten schafft, trägt, erhält und wieder in sich zurücknimmt«. Diese ewige Kraft sei »identisch mit dem *Âtman*, mit demjenigen, was wir, nach Abzug alles Äußerlichen, als unser innerstes und wahres Wesen, als unser eigentliches Selbst, als die Seele in uns finden« (Deussen 1922:1/2.36-7). Der Grundgedanke der Upanischadlehre sei deshalb *tat tvam asi*, »dieses bist du« und *aham brahma asmi* »ich bin Brahman«; und diese Einheit des Brahman und des Âtman sei auch das Fundamentaldogma des Vedantasystems (S. 37). In der ersten Upanischade des *Oupnek'hat*, wo das »große Wort« *tatoumes* (*tat tvam asi*) erklärt wird, wird der menschliche Leib als *Brahmpour* (Stadt des Brahm) bezeichnet (UP1:79). Er gilt als Aufenthaltsort des unsterblichen âtma, denn der verkörperte Âtma oder *djiw âtma* erlaube das Erkennen von Brahm im eigenen Inneren (UP1:93-5). Gerade auch im Schleier des eigenen Leibes sei der ewige Wille verborgen (S. 154); und die wahre Selbsterkenntnis bestehe in der meditativen Erfahrung, dass »ich selbst all diese Kreaturen in der Gesamtheit bin, dass außer mir kein anderes Wesen ist und dass ich alles geschaffen habe« (S. 122). So »erscheint dieses universale Wesen als gebunden« im Wollen des

Menschen, wo es »in die Fessel des ›ich‹ und ›mein‹« geraten ist (S. 306). Die Befreiung aus dieser Fessel des Wollens wird im *Oupnek'hat*, wie wir schon sahen, als Erkenntnis bezeichnet, durch die jegliche Begierde (und damit natürlich auch Schopenhauers »Lebenwollen«) erlischt. Dies entspricht dem *Oupnek'hat*-Motto des vierten Buches von Schopenhauers Hauptwerk: »Tempore quo cognitio simul advenit, amor e medio supersurrexit« [Sobald die Erkenntnis kommt, ist die Begierde aufgehoben] (Schopenhauer 1819:385; UP2:216).

Die beiden Pole des *Oupnek'hat*, amor/Wollen und Erkenntnis, drückten ab April 1814 Schopenhauers Kompass gewaltig ihren Stempel auf. Auf der einen Seite war Brahm/Maya als Urwille des zeitlosen All-Einen und schöpferischer Quell der illusorischen Vielfalt und auf der anderen die mit dem Nichtwollen verbundene reine Erkenntnis, wodurch alles Begehren ein Ende hat. In den frühesten, klar durch das *Oupnek'hat* inspirierten Notizen vom Frühling 1814 (#189-193) bahnt sich schon an, was Hans Zint als Grundgerüst der Schopenhauerischen Metaphysik in Abschnitt 213 bezeichnete: der Wandel von der psychologischen *Duplizität des Bewusstseins* in eine metaphysische *Duplizität des Willens* (Zint 1921:43). Aus dem empirischen Bewusstsein wird im Laufe dieses Prozesses Schopenhauers ›Willensbejahung‹ und aus dem besseren Bewusstsein die ›Willensverneinung‹ oder ›Willensaufhebung.‹ Kaum hatte Schopenhauer richtig mit seinem *Oupnek'hat*-Studium begonnen, war dieser Prozess schon in vollem Gang. Der Leib als Erscheinung des Wahns (#189) wird nämlich schon zwei Abschnitte später zum Leib, der sichtbar gewordener Wille ist; und das wahre zeitlose Wesen (Kants intelligibler Charakter) wird als »der Wille« bezeichnet, dessen Spiegel das Leben sei: »*Der Leib*, (der körperliche Mensch) ist *nichts als der sichtbar gewordne Wille*. Die Form alles Objekts ist die Zeit. Der Wille selbst, der intelligible Karakter, steht fest, ist nicht in der Zeit, sonst wäre er selbst nur Sichtbarkeit, nicht das sichtbar Gewordne. Daher ändert der Mensch sich nicht, wird nicht besser noch schlechter im Leben. Sondern das Leben des Menschen ist nur die Entwickelung in der Zeit, gleichsam die Auseinandersetzung, des Willens. Der Mensch erkennt in der Succession des Lebens, wie in einem Spiegel seinen Willen: der Schreck über diese Erkenntniß ist das Gewissen.« (#191)

Im folgenden Abschnitt singt Schopenhauer das Lob der »weisern Indier«, welche »vom *Subjekt*, vom Atma, Djiw-Atma« ausgehen. Sie verknüpfen nicht auf europäische Art bloß Vorstellungen miteinander. Vielmehr gehen sie von der Tatsache aus, *dass* das Subjekt Vorstellungen hat, das heißt von der Scheinwelt der Maya. Statt wie europäische Dogmatiker einen Gott zu statuieren, der die Welt fabriziert und »durch den Mörtel des Satzes vom Grund, Stein auf Stein« zu bauen, ohne je das Fundament zu finden und ein Ziel zu erreichen, gehen die Inder in sich und verstehen die Welt von innen: »Nur von innen kann es kommen. Nicht welche Objekte sich ihm präsentieren ist das Wesentliche, sondern wie er sie ansieht und wie er sich nach ihnen bestimmt« (#192). Die wahre Erkenntnis, welche »für immer, schlechthin, wesentlich, *unbegreiflich* ist« zeichne sich ja gerade dadurch aus, »daß der Satz vom Grund auf sie gar nicht anzuwenden ist, als welcher ihr nicht vorhergeht, sondern erst mit ihr und in Folge derselben gegeben ist« (#193).

Am Ende der ersten ›indischen‹ Studienphase (Ende März bis Mitte Mai 1814) ragte mit der neuen Sicht des Leibes bereits ein Hauptpfeiler von Schopenhauers System aus dem frisch gegossenen Willensfundament. Der Leib wurde nun—gemäß dem *Oupnek'hat*-Modell von Maya=Wille/Wahn—als sichtbare Erscheinung des Wahnes (#189) und als sichtbar gewordener Wille (#191) konzipiert. Das ganze Leben erschien als Auseinandersetzung des Willens in der Zeit mit dem Zweck, den eigenen Willen zu durchschauen (#191) und das Wesen der Welt zu erkennen. Der Anstoß des *Oupnek'hat* öffnete die Tür zur Willensmetaphysik—womit die Frage, warum Schopenhauer dieses Werk noch vor Kant und Plato als Haupteinfluss nannte, fast schon halb beantwortet ist.

154

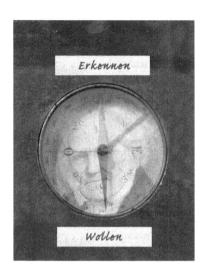

9. Wollen und Erkennen

Unmittelbar nach dem Umzug nach Dresden begann die zweite Phase von Schopenhauers *Oupnek'hat*-Studium. Er lieh die beiden Bände am 6. Juni 1814 aus und behielt sie sechs Wochen lang. Das einzige andere zu dieser Zeit ausgeliehene Buch war die *Kritik der theoretischen Philosophie* seines einstigen Göttinger Professors Schulze. Nach der Ankunft in Dresden kreisten Schopenhauers Gedanken wieder um den Unterschied zwischen empirischem und besserem Bewusstsein. Das erstere ist »keines Trostes fähig« (#202) und formt das Bewusstsein der Philister, die »nicht von sich loskommen« können und deren Blick durch Egoismus und Subjektivität getrübt ist (#206). Im Gegensatz dazu sind Genies imstande, objektiv zu sein; denn »alle Kunst soll nur seyn die Offenbarung der Welt in ihrem innersten Wesen« (#206). Doch was ist dieses innerste Wesen? Schopenhauers Suche nach dem Grund von allem—und damit dem Grund alles Leidens und Übels sowie der Möglichkeit aller »Seeligkeit«—näherte sich nun rasch ihrem Ziel. Ein Jahr vorher hatte er noch die »subjektive Betrachtung« als »Grundirrthum« bezeichnet (#86), dann die Suche nach Ewigkeit in der Zeit (#143), und bald darauf rückten Leben (#146) und Lebenwollen selbst (#158, 191) ins Fadenkreuz. Im Dresdner Frühsommer des Jahres 1814 war nun das Festhalten am zeitlichen Dasein an der Reihe. Für den Philosophen, der »die Idee alles dessen was *ist* und lebt gefunden und dargestellt haben wird« könne sich einzig das »*Nichtseynwollen*« ergeben (#210). Diese Aussage begründete Schopenhauer wie folgt: »Denn es wird sich gezeigt haben, wie die Idee des *Seyns* in der Zeit, die Idee eines unseligen Zustandes ist, wie das Seyn in der Zeit, die Welt, das Reich des Zufalls, des Irrthums und der Bosheit ist; wie der Leib der sichtbare Wille ist, der immer will und nie zufrieden seyn kann; wie das Leben ein stets gehemmtes Sterben, ein ewiger Kampf mit dem Tode, der endlich siegen muß, ist; wie die leidende Menschheit und die leidende Thierheit, die Idee des Lebens in der Zeit ist; wie das *Lebenwollen* die wahre Verdammniß ist, und Tugend und Laster nur der schwächste und stärkste Grad des Lebenwollens« (#210). Vom diesem ›Lebenwollen‹ als wahre Verdammnis war es nur noch ein kleiner Schritt bis zum Wollen überhaupt, welches schon drei Notizen später als ›Grundirrthum‹ bezeichnet wird: »Daß wir überhaupt *wollen* ist unser Unglück: auf das was wir wollen kommt es gar nicht an. Aber das Wollen (der Grundirrthum) kann nie befriedigt werden; daher hören wir nie auf zu wollen und das Leben ist ein dauernder Jammer: denn es ist eben nur die Erscheinung des Wollens, das objektivirte Wollen.« (#213)

Nun ist nicht mehr nur der Leib eine Objektivation des Willens, sondern das gesamte Leben—ja die ganze Welt. Das Wollen selbst wird nun als Grundirrthum bezeichnet und die Welt als dessen »Objektivirung oder Erscheinung« (#213). Mit diesem Abschnitt vom Frühsommer 1814 ist die Grundlage von Schopenhauers Willensmetaphysik geschaffen, denn das Wollen erscheint als »Ursprung des Uebels und der Welt (die eigentlich eins sind)« (#213). Der Wille, »dessen Objektivirung oder Erscheinung die Welt ist«, wird hier erstmals als tiefster Grund alles Leidens und Übels und gar der ganzen Welt identifiziert. Während das empirische Bewusstsein diesem Willen willfährt, steht ihm das bessere Bewusstsein entgegen: »Das bessre Bewußtseyn gehört ja eben nicht zur Welt, sondern steht ihr entgegen, will sie *nicht*« (#213). In diesem Abschnitt sind die beiden Kompasspole erstmals auf Willensbasis definiert, nämlich als Willensbejahung (dem Willen willfahrendes empirisches Bewusstsein) und Willensverneinung (das nicht-wollende bessere Bewusstsein). Auch Schopenhauers Suche nach dem tiefsten Grund des Leidens hat hier in der Gleichung Wille = Ursprung des Uebels = Ursprung der Welt erstmals ihren philosophischen Ankerpunkt gefunden. Dasselbe kann man vom Erlösungspol sagen, der nun erstmals als ›bessere Erkenntnis‹ definiert und im Aufhören des Wollens gegründet wird. Es ist signifikant, dass all dies genau in Abschnitt 213 erscheint, in dem Schopenhauer erstmals einen Lehrsatz des *Oupnek'hat* zitiert: »Daß wir überhaupt *wollen* ist unser Unglück: auf das *was* wir wollen kommt es gar nicht an. Aber das Wollen (der Grundirrthum) kann nie befriedigt werden; daher hören wir nie auf zu wollen und das Leben ist ein dauernder Jammer: denn es ist eben nur die Erscheinung des Wollens, das objektivirte Wollen. Wir wähnen beständig das gewollte Objekt könne unserm Wollen ein Ende machen, da vielmehr nur wir selbst es können indem wir eben zu Wollen aufhören: dies, (die Befreiung vom Wollen) geschieht durch die bessre Erkenntniß: daher sagt *Oupnekhat* Vol: II, p 216, »*tempore quo cognitio simul advenit amor e medio supersurrexit*« [Sobald die Erkenntnis sich einstellt, ist die Begierde aufgehoben] unter *amor* wird hier *Maja* verstanden, welche eben das Wollen, die Liebe (zum Objekt) ist, deren Objektivirung oder Erscheinung die Welt ist, und die als der Grundirrthum, zugleich gleichsam der Ursprung des Uebels und der Welt (die eigentlich Eins sind) ist.« (#213)

Hier zeigt sich, wie eng Daras Konzeption und Anquetils Interpretation von Maya mit Schopenhauers philosophischem System ver-

bunden sind. Der »ewige Wille« (*voluntas aeterna*) des *Oupnek'hat*,
welcher seine Vergegenständlichung und Erscheinung als Welt begehrt
(*amor*), offenbart sich als Welt und versteckt gleichzeitig seine All-Einheit in dieser scheinbaren Mannigfaltigkeit. Dies entspricht Schopenhauers Interpretation von Maya als »Wollen, die Liebe (zum Objekt),
deren Objektivirung oder Erscheinung die Welt ist« (#213), worin
bereits die ›Welt als Wille und Vorstellung‹ anklingt. Darüberhin-
aus schließt Schopenhauers *Oupnek'hat*-Zitat auch die Befreiung vom
Wollen durch Erkenntnis ein. Man kann deshalb sagen, dass genau im
Abschnitt, der Schopenhauers erstes *Oupnek'hat*-Zitat und seine erste
Interpretation von Maya[49] enthält, der Kern seines philosophischen Systems seinen frühesten gültigen Ausdruck gefunden hat.

Diese Frucht von Daras und Anquetils Upanischadeninterpreta-
tion war bisher fast wie Allahs Schatz verborgen. Bis anhin wurde zum
Beispiel behauptet, dass Schopenhauer die Upanischaden »erst spät«
kennengelernt (Hübscher 1973:50) und ihren Einfluß übertrieben
habe; dass sie ihn bestenfalls »ermutigt, nicht geprägt« hätten (Schirmacher 1985:15); dass zur Zeit der Begegnung mit dem *Oupnek'hat*
»noch keine philosophisch ausreichende Überlegung« stattgefun-
den habe (Kamata 1988:254); dass Schopenhauer »indische Philo-
sopheme nur gleichsam illustrierend« hinzugezogen habe (Safranski
1987:305); oder gar, dass »überhaupt kein Einfluss da war« (Magee
1997:15). Entgegen Schopenhauers eigener Darstellung wurde auch
immer wieder behauptet, die Upanischaden seien für Schopenhauer
»nicht so sehr eine Quelle der Inspiration oder Offenbarung« gewesen als vielmehr ein »Spiegel und ein Medium der Selbstdarstellung«
(Halbfass 1987:59). Doch auch Autoren, die einen Upanischadenein-
fluss annahmen, gingen wegen ihrer Ignoranz des *Oupnek'hat*-Inhaltes
fehl. So behauptete zum Beispiel Urs Walter Meyer (1994:122), Schopenhauer habe sich »mit der Verwendung des Begriffs der mâyâ zu
Unrecht auf das Oupnek'hat« berufen und »fälschlicherweise unter
mâyâ die Welt als Illusion« begriffen. Douglas Berger (2000 & 2004)
schob dagegen aufgrund seines Vedanta-inspirierten Maya-Konzeptes

Schopenhauer eine »falsification theory« in die Schuhe, welche den hier aufgezeigten Einfluss des *Oupnek'hat* auf die Genese der Willensmetaphysik völlig übersieht und stattdessen schon in Schopenhauers Dissertation entwickelte erkenntnistheoretische Einsichten auf indische Einflüsse zurückführen will.[50]

Hinter dem gelüfteten Schleier von Schopenhauers Maya zeigt sich genau das Gegenteil von alldem: 1. Schopenhauer hat sein Lieblingsbuch genau zum richtigen Zeitpunkt kennengelernt, nämlich als der Kern seines Systems sich formte. 2. Das *Oupnek'hat* spielte eine zentrale Rolle in der Systemgenese, und zwar nicht—wie Berger meint— im erkenntnistheoretischen Bereich, sondern in der Formung des zentralen Willensbegriffes und der Willensmetaphysik. 3. Nicht irgendwelche indischen Theorien oder Sanskrit-Übersetzungen von Deussen oder noch späteren Forschern beeinflussten Schopenhauer, sondern Prinz Daras kreative Interpretationen der Upanischaden in Anquetils Übersetzung. 4. Schopenhauers Verständnis des Maya-Begriffes im *Oupnek'hat* war relativ textgetreu, doch atheistisch. 5. Die Upanischaden waren für Schopenhauer im Jahre 1814 genausowenig ein Medium der Selbstdarstellung wie einige Jahre vorher für Kanne und Görres; stattdessen waren sie eine durch intensives Studium mitsamt Wortlisten usw. erschlossene Fundgrube von Schlüsselideen für ihre Systeme. 6. Ein entscheidender Faktor beim Einfluss des *Oupnek'hat* auf Schopenhauer war der Sufismus von Prinz Dara. Besonders wichtig war seine Betonung der Selbst-Entwerdung (*fanā*), welche sich mit Schopenhauers früheren Askesevorstellungen vermählte und in die Willensverneinung seines Systems mündete. 7. Ein sowohl für Schopenhauer wie für seine Interpreten bisher versteckter Faktor waren die neuplatonischen Einflüsse, die im Osten auf Prinz Dara und im Westen u.a. auf Böhme, Anquetil und Schelling wirkten. Aus all dem ergibt sich bereits jetzt, dass Schopenhauer das *Oupnek'hat* im Jahre 1816 zu Recht an erster Stelle seiner Hauptquellen nannte (#623) und dass seine Wahl dieses Werkes als Lieblingsbuch und ›Trost seines Lebens und Sterbens‹ kein bedauernswerter Fehlschluss war, sondern äußerst bemerkenswerte Gründe und Folgen hatte.

Auf dem Hintergrund der Lehre des *Oupnek'hat* vom Verschwinden des Wollens bei Ankunft der Erkenntnis reformulierte Schopenhauer nun seine Kompassaufschriften; doch dessen Grundeinstellung veränderte sich nicht. »Als *Subjekt des Wollens* bin ich ein höchst elendes Wesen und all unser Leiden besteht im Wollen. Das Wollen, Wünschen, Streben, Trachten, ist durchaus Endlichkeit, durchaus Tod und Quaal« (#220). Am anderen Pol leuchtet das mit dem Verschwinden des Willens verbundene reine Erkennen des *Oupnek'hat*, welches nun offensichtlich die Stelle des ›besseren Bewusstseins‹ einnimmt: »Sobald ich hingegen ganz und gar *Subjekt des Erkennens* bin, d.h. rein im Erkennen aufgehe bin ich seelig, allgenugsam, mich kann nichts anfechten. Welchen Gegenstand ich betrachte, der bin ich. Sehe ich den Berg, mit blauem Himmel dahinter und Sonnenstrahlen auf dem Gipfel, so bin ich nichts als dieser Berg, dieser Himmel, diese Strahlen ... Aber wehe mir wenn sich das mindeste Wollen hinzugesellt, der mindeste Zweck sich mir vorsetzt; alsbald stürz ich herab von meiner Höhe, bin nicht mehr das unendliche Subjekt des Erkennens, sondern das dürftige leidende Subjekt des Wollens.« (#220)

Die Möglichkeit der Erlösung formuliert Schopenhauer nun erstmals als Selbst-Aufhebung des Willens: »Der Wille kann seine konkrete Erscheinung aufheben wollen, wodurch er sich selbst aufhebt, und dies ist die *Freiheit*, die Möglichkeit der Erlösung (#220). Wenn auch ein gänzliches Nichtwollen unmöglich sei solange der Leib lebe, so habe doch die Asketik genau dieses Ziel. Auf jeden Fall sei wahre Erlösung nur durch Losreissen vom Willen möglich: »Wollen ist allemal was uns die Seeligkeit des Anschauens raubt, was die immerwährende Stöhrung derselben ist, was die meisten Menschen nie zu dieser Seeligkeit kommen läßt, ihnen alle Ruhe nimmt, sie wie gequälte Geister umhertreibt. Und was soll all das Wollen! Wohin kann es leiten? Was kann es geben, das die geraubte Seeligkeit des Anschauens ersetzte? ›*Sapere aude!*‹ ruf dir in jedem Moment zu, und reiß dich los von der Kette der Zwecke und sei das reine Subjekt des Erkennens.« (#220)

Im Selbstvergessen und der reinen Schau der Kontemplation, die an so vielen Stellen des *Oupnek'hat* detailliert beschrieben sind, erhebt sich der Mensch zum reinen Subjekt des Erkennens, lässt alles Wollen hinter sich und feiert »einen Sabbath der Zuchthausarbeit des Wollens« (#221). Das Objekt solch willensfreien Erkennens, welches vom Satz des Grundes und seiner Subjekt-Objektbeziehung befreit ist, bezeichnete Schopenhauer als ›Platonische Idee‹. So beschrieb er das, was in der »Wonne der Kontemplation« geschieht, als »die Erkenntniß des wahren Wesens der Welt, d.i. der Idee« (#221). Dies sind die Anfänge einer auf Wollen/Nichtwollen aufgebauten Ästhetik. Kurz darauf verband Schopenhauer Platos Lehre von den ewigen Formen, die Ideenlehre, mit Kants *Dingen an sich* (#228). Als seine »neue Lehre« bezeichnete Schopenhauer um diese Zeit, dass »der Leib der Objekt gewordne Wille ist« (#232). Was er zu Beginn seiner *Oupnek'hat*-Studien die »Methode der Indier« genannt hatte, nämlich das Ausgehen vom Subjekt (#192), war nun voll als seine eigene Methode adoptiert: sie erlaube es nämlich, »das ganze Problem des empirischen Bewußtseyns ... gleichsam beim Schopf« zu fassen (#234).

Solches schrieb Schopenhauer am Ende seiner zweiten *Oupnek'hat*-Studienphase, als er—vielleicht durch seine Gespräche mit Goethe im Frühjahr animiert—Jacobis Spinozabriefe und Giordano Bruno las.[51] Jacobi berichtete in seinem Abriss der Lehre Brunos, dass alles von einer Kraft erfüllt sei, welche das »inwendige Allgegenwärtige« formt und »unaufhörlich und in Allem wirket« (Jacobi 1789:264-5). Obwohl sich diese Kraft in alle Dinge verwandle, bleibe sie »an sich immer eins und dasselbe« (S. 281). Diese »Seele der Welt«—das »Eins-und-Alles«—zu erkennen sei der Zweck der Philosophie (S. 292-5). Schopenhauer kritisierte in einer kurzen Bemerkung zur Lehre Brunos, dass der Italiener die entsprechende »innre treibende Kraft (den *Maja* der *Vedas*)« mit dem Wort ›Gott‹ bezeichne (HN1 #234). Dieser Kommentar bestätigt, dass Schopenhauer zu diesem Zeitpunkt Maya genau gemäß der Sanskritwörterliste des *Oupnek'hat* als *voluntas aeterna* (ewigen Willen) auffasste, wobei er jedoch Gott aus dem Spiel ließ. Wie er in einer Randbemerkung im *Oupnek'hat* schrieb, sah er das »Wesen des Willens« als »Schnödigkeit und Bosheit« und »die Form seiner Erscheinung« als »Individualität u. Vielheit« (UP1:307).

Pradjapat petierunt , quôd , LXIV.

:o alio τ8 *Beid* etiam memo-
quod] producens omne est, à
xequi facit ; et τὸν *bhout âtma*
'rt). Proindé , operans , *bhout*

Oupnek'hat Band 1, S. 307; mit Schopenhauers Einträgen

Natürlich waren ihm bei seiner Lektüre die offensichtlich theistischen Passagen des *Oupnek'hat* ein Dorn im Auge. Indische Gottheiten wie Brahma, Schiwa und Wischnu konnte er als Aspekte des Willens ansehen (Schöpfen, Erhalten, Zerstören), doch es gab auch sehr theistische Upanischaden, welche von Prinz Dara besonders leidenschaftlich annotiert wurden. Hatte Dara in seinem Vorwort nicht geschrieben, das *Oupnek'hat* sei gleichsam ein Ur-Kommentar zum Koran? Als Schopenhauer (wohl im Laufe des Sommers 1814) endlich eine eigene Kopie dieses Werkes in Händen hielt, begann er mit resoluten Federstrichen, das Wort *Deus* aus seiner heiligen Schrift auszumerzen. Während Prinz Daras Allah dem gläubigen Anquetil viel Freude bereitet hatte, reagierte Schopenhauer darauf allergisch.

Wo zum Beispiel das *Oupnek'hat* dem Büßer einmal mehr empfiehlt, alles Wollen aus seinem Herzen zu verbannen und ihn anhält, bei der Veda-Lesung »in heißem Verlangen Gott zu suchen« (UP2:244), strich Schopenhauer diese letztere Forderung durch und ertränkte gleichsam Anquetil-Duperrons Wort *Deum*, den Akkusativ von Deus (Gott), in rabenschwarzer Tinte. Dagegen unterstrich er natürlich die beiden strengen Ermahnungen, jegliches Wollen im Herzen auszumerzen, denn erst dies mache den Menschen zum wahren Büßer (*saniasi*).

> Tempore quo ~~hac om~~
> Et quodcunque tempus [quo] (*librum*) *Beid* legerit, et
> statim [quòd] petitum divinum simul provenire facit (~~Deus~~
> ~~ardenter quærit~~), et volitiones super cor ejus frigidum fit,
> *saniasi* fiat.
> Et si plura ex operibus fecerit, et plura non fecerit; ipsà
> hac horà quòd volitiones è corde ejus è latere (*semotæ*) fiunt,
> *saniasi* est.

Oupnek'hat Band 2, S. 244: An- und Durchstreichungen Schopenhauers

Derartige Spuren des Theismus hielt Schopenhauer für Zusätze der Übersetzer oder Kopisten. Doch als er gar die drei alten Veden mit drei *Fereschteh* (Engeln) namens Brahma, Beschn (Wischnu) und Mehisch (Schiwa) assoziiert sah, welche den Erzengeln Gabriel, Michael und Raphael entsprechen sollten, markierte Schopenhauer die Engel mittels Wellenlinien, bevor er sie kurzerhand durchstrich und lateinisch am Rand vermerkte: »Gabriel, Michaël & Raphael: das ist folglich ein mohammedanischer Zusatz« (UP1:201). Anquetil erklärte in einer Anmerkung auf derselben Seite, Brahma (der Schöpfer), Beschn (der Erhalter) und Mehisch (der Zerstörer) seien »drei Eigenschaften, drei Vermögen des Brahm,« welche auch »im höchsten und unvermittelbaren Wort *pranou*« (prana, kosmischer Atem] und *Oum* enthalten seien. Dies entsprach der üblichen, auch von Missionaren verwendete Gleichsetzung von Brahm / Parabrahma mit dem Schöpfergott und von den drei indischen Hauptgottheiten mit Aspekten seiner Allmacht. Für Schopenhauer hingegen war Brahm / Parabrahma nichts anderes als der ewige Wille = Maya, der mutwillig und blind Erscheinungen schafft, erhält und zerstört. In unzähligen Passagen des

Oupnek'hat wird gelehrt, dass die gesamte Mannigfaltigkeit der Erscheinungswelt nichts anderes sei als das eine Atma (UP1:260), welches wiederum identisch ist mit Brahma, und dass das an einen Leib gebundene Atma (*djiw âtma*) »eine Form des Willens« sei (S. 254). Der kosmische Wille, der die ganze Welt der Vielheit vorgaukelt, sei nichts anderes als das eine Wesen von allem. So wird den Fragenden in den Dialogen des *Oupnek'hat* pausenlos eingepaukt: Du selber bist nichts anderes als das, was im Inneren von allem ist: »Dieser dein Atma ist der Atma von allem«. Sonne, Erde, Atem, Auge, was immer—alles ist »dein Atma und das Atma aller Dinge« (UP1:190). Dieses Band, welches alles Innere und Äußere verbindet, ist das zentrale Thema vieler Upanischaden; und dieser Lehre entspricht Schopenhauers Einsicht, dass man nicht sich selber aus der Welt, sondern die Welt aus sich selber verstehen müsse. Schon in seiner ersten Notiz, welche explizit indische Lehren erwähnte (#192), nannte er dies »die Methode der Indier«: das Ausgehen vom Subjekt, wodurch das Fundament von allem mit einem Schlag gefunden sei.

Bereits in der zweiten Upanischade, die Schopenhauer las, erscheint diese Lehre in größter Klarheit: »*Kandherp* sprach: Wer immer dieses Band, durch welches alles fest verbunden ist, und jenes Wesen, das im Innern ist, kennt: der kennt *Brahm*, erkennt die Welten, erkennt die *fereschtehha*, erkennt die Veda-Bücher, erkennt die *korbanha* (Opfer), erkennt die Elemente, erkennt sich selbst, und erkennt Alles« (UP1:196). Auf alle Fragen, die in der Folge über das Wesen der Erde, der Sonne, aller Geschöpfe usw. gestellt werden, wird immer dieselbe Antwort gegeben: »ipsum illud (*ens*) est *atmaï* tuus; in omni re est; et sine cessatione est« (»Jenes Wesen selbst ist dein Atma; es ist in allem Seienden; und es ist unvergänglich« (S. 124). Die Reihe der erwähnten Seienden endet beim menschlichen Leib, der dieses Atma verkörpert: »Wenn *djiw âtma* zu seinem Körper geworden ist, so formt [Atma] sein Inneres und verrichtet dessen Tätigkeiten: Jenes Wesen selbst ist dein Atma; es ist in jedem Seienden; und es ist unvergänglich.« Der Frager verstummt erst nach einer Lektion über das Erkennen, welche Schopenhauer mit dreifachen Randstrichen hervorhob: »Jenes ist nicht sichtbar und doch sieht es alles; es ist nicht hörbar und doch hört es alles; es ist nicht wissbar und doch weiß es alles; es ist nicht verstehbar und doch versteht es alles: Nichts außer ihm ist sehend, wissend, hörend und verstehend. Dein Atma ist in allem Seienden; und es ist ohne Ende; und was außer ihm ist, ist der Vergänglichkeit unterworfen« (S. 201-2).

Auf diesem Hintergrund wird verständlich, warum Schopenhauer schreiben konnte, Giordano Brunos »innre treibende Kraft«—das Wesen von allem, welches Bruno »Gott« nannte—entspreche der »*Maja* der *Vedas*« (HN1:234). Wenn Schopenhauer gemäß der Definition des *Oupnek'hat* Maya als ewigen Willen (*voluntas aeterna*) auffasste, der im menschlichen Leib Form annimmt, dann müsste man aufgrund der eben angeführten Lehren des *Oupnek'hat* erwarten, dass diese Verkörperung auf die ganze Welt ausgedehnt wird. Genau das tat Schopenhauer im Sommer 1814 während seiner zweiten *Oupnek'hat*-Studienphase, als er schrieb: »Jedes unmittelbare Objekt des Erkennens, ist auch Objekt eines Willens, ja nur die Materiale Erscheinung eines Willens. Es scheint also als könnte kein Objekt seyn, wenn es nicht der Ausdruck eines Willens ist. Ist denn auch der ganze Erdkörper ein solcher?« (HN1 #240)

In derselben Notiz greift Schopenhauer auch ein Thema auf, das in seiner Willensmetaphysik später eine wichtige Rolle spielen wird: die Polarität. Elektrische und magnetische Polarität und im allgemeinen das Thema der Anziehung und Abstossung waren auch für Kant, Schelling und Goethe ein wichtiges Thema; doch Schopenhauer suchte diese Polarität im Wesen des Willens zu verankern, und schon zwei Abschnitte später (#242) sind erste Umrisse seiner neuen Philosophie der Natur sichtbar: im Menschen ist das Leben »der Spiegel, in welchem er sich selbst (d.h. seinen Willen) sehn und erschrecken soll«. Der Leib des Menschen—wie auch jener des Tieres— ist »*nichts als sein Wille in der Erscheinung*, sein im Raum Objekt gewordner Wille«. Doch auch Pflanzen sind verkörperter Wille: »Die Pflanze muß, wie

165

Mensch und Thier, Erscheinung eines Willens, ein verkörperter Wille, seyn; denn alles Wachsen, Vegetiren, Reproduciren ist nur als Erscheinung eines Willens denkbar. ... Ihr Leben in der Zeit ist gleichfalls nur ein einziger Akt, nämlich ihre Verkörperung und Entwickelung, ihr Wille offenbart sich nur als ein Daseyn: ohne eigentliche Erkenntniß kann sie auch keine Motive erkennen und sonach *handeln*. Ihre Gestalt erschöpft den ganzen Inhalt ihres Willens.« (#242)

Dieser erste Entwurf einer auf dem Willen gegründeten *Naturphilosophie* erstreckt sich auch auf die anorganische Materie: »Die Mineralogie endlich offenbart mehr und mehr daß alles Gestein Krystall ist und alles unkrystallinische bloß zerstöhrtes Krystall, Trümmer. Die Krystallisation selbst ist sichtlich ein Streben, eine Polarisation, und jedes eigne Streben ist ein Wille. Auch der Stein also ist anzusehn als Ausdruck eines Willens.« (#242) So kommt Schopenhauer in diesem wichtigen Abschnitt zu einem Schluss, der mit der Lehre des *Oupnek'hat* übereinstimmt, sofern man ›Brahm‹ als ›Wille‹ liest. Er stellt sozusagen die Schöpfungslehre und Theodizee Schopenhauers dar: »Ueberhaupt aber sehn wir daß Alles was ist nur Erscheinung von *Willen* ist, verkörperter *Wille*. Wir wissen aber daß alle unsre Quaal nur aus dem Willen kommt,[52] wir nur in ihm unseelig, dagegen im reinen Erkennen, als von ihm befreit, seelig sind.—Der Wille ist also der *Ursprung des Bösen* und auch des *Uebels* das nur für seine Erscheinung, den Leib, da ist: und der Wille ist auch der *Ursprung der Welt*.« (#242)

Schon in Notiz 213 war ›Wollen‹ als Urquell alles Übels und der Welt identifiziert und ›Erkenntnis‹ mittels des frühesten *Oupnek'hat*-Zitates als Befreiung vom Wollen angepriesen worden. Doch nun leitete Schopenhauer diese unsere Welt und all ihr Übel konkret aus dem Willen ab: die ganze »nichtige, befriedigungslose und traurige« Welt zeigt sich als Erscheinung des Willens zum Leben (#246). Auch Schopenhauers *Ethik* wurde nun von der Willensperspektive her entwickelt. Für gut hält der Mensch, was seinem Willen gemäß ist: »so sagen wir gutes Wetter, gutes Essen, gute Wege, gute Waffen: d.h. alles wie wir sie *wollen* und unsrer Natur nach wollen müssen; wie sie unserm Willen gemäß sind« (#248).

Im Herbst 1814 formulierte Schopenhauer sein neues System erstmals umfassend. Als Motto kann ein Wort aus Notiz 274 dienen, welches Schopenhauers Lieblingszitat aus dem *Oupnek'hat* vom Ende des Wollens durch die Ankunft der Erkenntnis entspricht: »als *wollend unseelig*, als *erkennend seelig*«. In dieser Notiz thematisiert Schopenhauer erstmals die Polarität oder »innere Entzweiung« des Willens und präsentiert einen Abriss seiner willensbasierten Leidensdiagnose und Erlösungslehre: »Der Zweck des Lebens (ich brauche hier einen nur gleichnißweise wahren Ausdruck) ist die Erkenntniß des Willens. Das Leben ist der Spiegel des Willens, dessen in innrer Entzweiung bestehendes Wesen darin Objekt wird, durch welche Erkenntniß der Wille sich wenden kann und Erlösung möglich ist. Wären wir bloß wollend und nicht erkennend, so wären wir ewiger Verdammniß Preiß gegeben. Das Leben ist daher nur in sofern eine Wohlthat als wir *erkennend* sind: denn sofern wir *wollend* sind ist es eine Quaal: das *Erkennen* ist die Verheißung der Erlösung, ist das wahre Evangelium: das Wollen dagegen ist die Hölle selbst.« (#274)

So entpuppt sich das Wunder schlechthin, von welchem Schopenhauer in seiner Dissertation schrieb—dass wir als Wollende zugleich Erkennende sind—nun als ein Hoffnungsstrahl, der nur dem mit Vernunft gesegneten Menschen leuchtet. Dies sei das wahre Evangelium, welches uns zurufe: »Du Wollender, (d.i. Unseeliger) bist aber auch Erkennender, und dies wird dich vom Wollen erlösen« (#274). Auf dem diesseitigen Pol von Schopenhauers Kompass dominiert nun das düstere Wort ›Wollen‹. Doch die dem Wollen entgegengesetzte Spitze der Nadel weist auf das ›wahre Evangelium‹: reines, willenloses Erkennen! In Notiz 277 schreibt Schopenhauer kurz »Auf den Höhen muß es freilich einsam sein« und verrät anschließend (#278), was für Gedanken ihm auf solch einsamen Höhen zuflogen: »*Die Welt als Ding an sich* ist ein großer Wille, der nicht weiß was er will; denn er *weiß* nicht sondern *will* bloß, eben weil er ein Wille ist und nichts Andres. Die *Welt als Erscheinung* ist die Erkenntniß seiner Selbst die diesem Willen beigebracht wird: in der er erkennt was er will.—Sofern diese Erkenntniß zu Stande kommt vernichtet sie ihn, er will dann nicht mehr, weil was er will sich widerspricht und er nun weiß was er will. Die Identität des Subjekts des Erkennens mit dem des Wollens, erscheint auch hier als Wunder. Denn kann der Wille je *erkennen*? kann der *Wille* etwas andres als *Wollen*? Kann andrerseits die Erkenntniß den *Willen* lenken, ihn der eben nur das *Lenkende*, das *Weltschaffende* ist?« (#278). Schopenhauer fährt fort: »Da ich selbst jene Identität bin, kann ich mit gleicher Wahrheit sagen: die Welt ist meine Vorstellung: und die Welt ist lauter Wille.« (#278)

So sah Schopenhauer im Herbst 1814 auf seiner Bergeshöhe schon die zwei Seiten des Gipfels seines Hauptwerkes aus der Nebeldecke ragen: die Welt, welche einerseits völlig Wille ist und anderseits völlig Vorstellung. Das *Oupnek'hat* mit seinen Maya- und *fanā*-Schlüsseln hatte das Tor zum System geöffnet und Schopenhauer betrachtete es nun als seine Aufgabe als Philosoph, die »Identität des verschieden Scheinenden« nachzuweisen (#280)—und zwar mittels einer Methode, welche der in Notiz 192 erwähnten ›Methode der Indier‹ und derjenigen Daras in erstaunlichem Maße gleicht: »Und so will ich suchen überall zu zeigen, daß Eins ist was von verschiedenen Standpunkten betrachtet als Verschiedenes erscheint ... So soll nach und nach die ganze Welt, wenn man nur den rechten Standpunkt gewinnt als Eines erscheinen, und dieses Eine nur als die Sichtbarkeit des Willens: getrennt davon gehalten soll werden, was nicht Welt noch Wille ist. — Jene Nachweisung der Identität des verschieden Scheinenden, soll an die Stelle treten der Ableitung des Verschiedenen auseinander als Folge aus dem Grunde« (#280).[53] Die Einsicht in diese Identität des scheinbar Verschiedenen schöpfte er, vorbereitet durch Schelling und die Mystiker, aus dem *Oupnek'hat* und identfizierte das Eine (den ›Willen‹ des *Oupnek'hat*) mit Kants ›Dingen an sich‹, die folglich im Singular erscheinen mussten (#278).

10. MAYA-SCHLEIER UND VEDA-WEISHEIT

Nach der Entdeckung des Systemkernes in den vier Monaten der
Oupnek'hat-Ausleihen von Weimar und Dresden (Ende März bis Ende
Juli 1814; Notizen etwa #188 bis #230) und ersten Folgerungen (den
vorhin erwähnten Grundlagen seiner Naturphilosophie, Ethik und Ästhetik) begann eine Phase, in welcher Schopenhauer seine Kerneinsich-
ten weiter ausarbeitete und versuchte, seine junge Willensmetaphysik
sich selber klarer zu machen und mit den Systemen der Größten seines
Fachs in Zusammenhang zu bringen. Das letztere zeigt sich u.a. in seinen Buchausleihen: im Juli 1814 beschäftigte er sich mit Spinoza und
Giordano Bruno (Spuren ab #232), im September kurz mit Böhme
und im Oktober mit Kant, von dem er inzwischen viele Werke besaß
und nicht mehr ausleihen musste. Zwischen Oktober 1814 und Mai
1815 ackerte er sich durch die vielbändigen Philosophiegeschichten
von Tennemann, Tiedemann und Buhle. In diese Phase fallen verschie-

dene Versuche, Platos ›Idee‹ und Kants ›Ding an sich‹ mit seinem
Willen zu vermählen. Vielfach wurde fälschlich angenommen, solche
Kopplungsversuche stellten die Geburt der Schopenhauerschen Willensmetaphysik dar; so schrieb zum Beispiel Malter, der Schritt dahin
sei endgültig in Notiz 305 vollzogen, wo Schopenhauer die Identität
von Platonischer *Idee*, Kants *Ding an sich* und dem *Willen* proklamierte (Malter 1988:26). Doch solche Erklärungen waren keine Lehrsätze,
sondern Versuchsballone. Schopenhauer suchte »überall zu zeigen, daß
Eins ist was von verschiedenen Standpunkten betrachtet als Verschiedenes erscheint« (#280) und hatte ein Schema im Kopf, wo das ›Eine‹
dem ›Vielen‹ gegenübersteht. Die platonische Idee und Kants Ding
an sich hatte er schon in die erste Spalte eingeordnet, als er ihnen Freiheit von Zeit und Raum »und dadurch von Vielheit, Wechsel, Anfang
und Ende« zusprach, weshalb sie auch als identisch bezeichnet werden
(#250). Solche Andockungsversuche an die neue Willensmetaphysik
hatten jedoch ihren Preis, der meist in wiederholten Neuinterpretatio-
nen solcher Konzepte bestand, was auch nach der Fertigstellung des
Hauptwerkes nicht aufhörte und viele Interpreten verständlicherweise
verwirrte. Im formativen Stadium war diese Tendenz besonders ausge-
prägt.

In die Spalte des ›Einen‹ gehörte natürlich der Wille, weshalb
Schopenhauer behaupten konnte: »*Die Welt als Ding an sich* ist ein
großer Wille« (#278). In die Spalte des ›Vielen‹ hingegen musste alles, was ›Objektität‹ des Willens ist. In der Notiz, wo Schopenhauer
erstmals dieses Wort ›Objektität‹ benützt, kommt der Begriff ›besseres Bewußtsein‹ zum letzten Mal vor (#286): jetzt dreht sich alles
um den Willen und dessen Bejahung oder Verneinung. Das Viele einschließlich des Leibes gehört zur Bejahung des Willens, und Formen
der Verneinung des Willens einschließlich seiner Objektitäten—wie
zum Beispiel jene des Leibes in der Asketik—ersetzen von nun an das
›bessere Bewusstsein‹ und gehören zur Spalte des ›Einen‹. Schopenhauers Rechtsphilosophie formt sich auf derselben Basis: »Unrecht ist

also der Willensakt der Verneinung eines fremden Leibes d.i. Willens,
zur stärkeren Bejahung des eigenen« (#286). Das Prinzip des Vielen—
»das, wodurch die Dinge *verschieden* sind«—ist »*Zeit* und *Raum*«
(#287). Doch es war nicht einfach, die Welt in ein mit ›Eines‹ und
›Vieles‹ überschriebenes Zweispaltenschema zu zwängen. Der Leib,
welcher Objektität des Willens ist, existiert trotz Willensverneinung
auch beim Heiligen weiter und auch Platos Ideen schwebten irgendwie zwischen den beiden Spalten. »Nach Aufhebung der Diversität der
Individuen, welche einzig darin liegt daß wir sie in Zeit und Raum anschauen, giebt es noch eine Diversität, die nicht darin liegt, und welche
ich deshalb transcendentale Diversität nennen möchte: dies ist die Diversität der Species selbst, man kann auch sagen die Diversität der Ide-
en. Alles Kupfer, in unzähligen Stücken und Individuen, bleibt freilich
Kupfer und zeigt pünktlich zu aller Zeit die Qualitäten des Kupfers; so
alles Zink bleibt Zink: aber daß Zink nie Kupfer ist, das ist eine ganz
andere Diversität und ist nicht der Zeit und dem Raum zuzuschrei-
ben« (#287).[54]

Bezeichnenderweise endet Notiz 287 mit der Frage »Aus dieses
Thales Gründen / Wird ich den Ausgang finden?« In der von Malter
hervorgehobenen Notiz 305 war jedenfalls der besagte Ausgang noch
keineswegs in Sicht. Der Text der Notiz bezeichnet Platonische Idee,
Ding an sich und Wille als ›Eins‹—doch Schopenhauers Korrektur
am Rand weist dies zurück: »Dies ist unrichtig: die adäquate Objektität des Willens ist die Idee« (#305). Eine weitere Präzisierung findet sich zum Beispiel in Notiz 321: »Die Ideen sind nicht die Willen;
sondern die Art wie die Willen erkennbar werden, Erkenntniß werden,
durch welche Erkenntniß Erlösung d.i. Aufhebung der Willen möglich
ist. Die Ideen sind also die Wege der Erkenntniß und diese der Weg des
Heils.[55] Die Willen sind das was erkannt werden soll. Die Individuen
sind Erscheinung einzelner Willen mittelst vieler Ideen.« (#321)

Der Hervorgang des Vielen aus dem Einen beschäftigte offensichtlich nicht nur Prinz Dara, der die Lösung in Maya fand, das heißt im
liebenden Begehren Allahs, den verborgenen Schatz seiner All-Einheit

als Universum zu offenbaren. Für Schopenhauer hatte dieser Schatz allerdings ein negatives Vorzeichen. Kein lieber Gott offenbarte sich da, sondern der Grund der ganzen Leidenswelt: der ewige Wille (*voluntas aeterna*)! Schopenhauer, der Anquetils extrem wörtlich scheinender Übersetzung völlig vertraute, konnte nicht wissen, dass Anquetil verschiedene Übersetzungen von Daras Definition von Maya ins Auge gefasst hatte. Das Originalmanuskript von Anquetils unveröffentlichter französischer *Oupnek'hat*-Übersetzung zeigt nämlich eine interessante Korrektur.

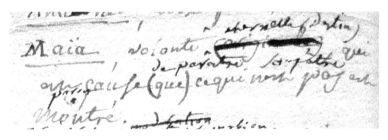

Französische Übersetzung des Oupnek'hat (NAF 8857, S. 10)

Zuerst übersetzte Anquetil Prinz Daras Definition von Maya als einen ganzen Satz: » *Maïa*, volonté (originale), qui est cause (que) ce qui n'est pas est montré «: » der (ursprüngliche) Wille, welcher der Grund ist (dass) das, was nicht ist, gezeigt wird «. Doch in der mit dunklerer Tinte geschriebenen Revision von 1787 wurde aus dem eingeklammerten ›ursprünglich‹ ein klammerloses ›ewig‹: » *Maïa*, volonté eternelle (Destin) «. Maya bedeutete nun also » ewiger Wille (Schicksal) «. In Anquetils lateinischer Version wurde Maya in der Folge, wie wir gesehen haben, zur *voluntas aeterna* (ewiger Wille). Die Definition im lateinischen *Oupnek'hat* besteht nicht mehr aus dem ursprünglichen ganzen Satz sondern ist nun dank eines Strichpunktes zu einer prägnanten Begriffsdefinition mit angehängter Erklärung geworden: » *Maïa*: voluntas aeterna; quod causa ostensi sine fuit (*existentiâ*) est « (UP1:10).

172

Schopenhauer kannte natürlich nur diese lateinische Version, in welcher alles klar schien: »*Maïa*: ewiger Wille; was der Grund des Erscheinens dessen ist, das ohne Wirklichkeit (*Existenz*) ist«. Für den Atheisten Schopenhauer war dieser ewige Wille der Grund alles Leidens und lieferte damit die Antwort auf die Ausgangsfrage nach dem Grund des empirischen Bewusstseins und dem Ursprung des Leidens. Was Schopenhauers zweite Urfrage betrifft—jene nach dem Grund des besseren Bewusstseins und der Erlösung vom Leiden—so hatten Prinz Dara und Schopenhauer dieselbe Antwort: willensfreie Erkenntnis. Für Schopenhauer war die Tatsache, daß »den Willen die Erkenntniß begleitet«, das »wahre Evangelium«; denn die Erlösung kommt zustande »indem der Wille, nachdem er sich erkannt hat, sich wendet und endet« (#328). [56] Es ist jedoch festzuhalten, dass Schopenhauers erlösende Erkenntnis natürlich die willensfreie Schau des besseren Bewusstseins meint und nicht die willensgebundene Erkenntnis des empirischen Bewusstseins. Die letztere ist unter anderem der Bereich der Wissenschaft, welche »nur Anwendung des Satzes vom Grunde« und folglich »arm und dürftig« ist (#338). Näher kommen der gemeinten Erkenntnis schon wahre Philosophie und Kunst. Philosophie besteht im begrifflichen Ausdruck des Wesens der Welt, wohingegen Kunst dieses Wesen anschaulich darstellt (#328). Unter den Künsten zeichnet sich die Musik besonders aus: »Die *Musik* ist so sehr was alle Kunst zu seyn strebt, nämlich Wiederholung der Welt in einem einartigen Stoff, daß wer die Musik völlig erklärt d.h. ihr Wesen in Begriffen wiederholt hätte, eben damit auch die Welt erklärt und in Begriffen wiederholt hätte, daher eine wahre Erklärung der Musik zugleich eine wahre Philosophie wäre.« (#349)

So nahm im Spätherbst 1814 auch Schopenhauers Kunstlehre zunehmend Form an; und ab Jahresende häuften sich Gedanken zur willensbasierten Erkenntnislehre, Kunstlehre und Ethik, die später in Schopenhauers Hauptwerk aufgenommen wurden. Alles trägt nun die Färbung von Schopenhauers zentraler Idee vom Willen als Wesen der

Welt und Leidensursache sowie von dessen Aufhebung in der willensfreien Erkenntnis. Schopenhauer wollte offensichtlich seine Willensmetaphysik transzendentalphilosophisch begründen und bestand auch
in seinem Hauptwerk darauf, dass die Lektüre von Kant eine absolute
Voraussetzung für das Verständnis seiner Lehre sei. Solche späteren
Aussagen haben, wie Weiner (2000) etwas zu reduktiv gezeigt hat, unter seinen Interpreten viel Verwirrung angestiftet und sie dazu verführt,
Schopenhauers Willensmetaphysik als ›Fortsetzung‹ oder ›Krönung‹
von Kants Transzendentalphilosophie zu betrachten. Sobald man sich
jedoch auf den handschriftlichen Nachlass der Frühzeit statt auf das
Hauptwerk und noch spätere Aussagen verlässt, zeigt sich klar, dass die
Willensmetaphysik Schopenhauers keineswegs auf Kants Philosophie
basierte. Er warf Kant ja gerade vor, er habe »gewisse Wortfügungen«
als Ausgangspunkt für die Erforschung des innersten Wesens der Welt
genommen, statt wie Schopenhauer »das Objekt der reinen, willensfreien und reflexionsfreien Anschauung« zur Erkenntnis dieses Wesens zu benützen (#557). Die in diesem Buch zusammengefassten Untersuchungen zeigen, dass bei der Entstehung der Willensmetaphysik
die Gegenüberstellung von Egoismus und Selbstlosigkeit und die frühe
Erfahrung eines ›besseren Bewusstseins‹ zentrale Rollen spielten. Dieses ›bessere Bewusstsein‹ fand er in Schriften von Mystikern und im
Oupnek'hat bestätigt und erklärt. Entgegen neueren Darstellungen wie
z.B. jenen von Booms (2003) und Berger (2004) beweist die Analyse
von Schopenhauers frühen Notizen, dass nicht die Erkenntnistheorie,
sondern die Willensmetaphysik den Kern seiner Philosophie formt.
Denn die ›bessere Erkenntnis‹, von der Schopenhauer schreibt, war
eben gerade *nicht* die in der Dissertation analysierte, Satz-vom-Grund-
basierte Erkenntnis, sondern Prinz Daras reine Erkenntnis, durch welche das Gaukelspiel der Maya und alles Wollen ein Ende nimmt. Während Schopenhauer in seinem Hauptwerk den Einfluss von Kant und
Plato relativ stark betont, spielten deren Philosophien in den Notizen
von 1814, welche die Entstehung der Willensmetaphysik dokumentieren, offensichtlich Nebenrollen. Wie könnte man zum Beispiel durch

Kant oder Plato begründen, dass die »Erkenntniß nach dem Satz vom Grund« dem »Willen« dient und dass »die Erkenntniß der Idee, wenn sie vollendet ist«, den Willen »aufhebt« (#369)? Schopenhauers Willensmetaphysik trägt weniger die Farben Kants und Platos als vielmehr jene des *Oupnek'hat* und des Sufismus von Dara, deren Verständnis allerdings durch Böhmes Mystik und Schellings Idealismus erleichtert wurde, welche ebenfalls neuplatonische Elemente in sich bergen. Der Einfluss des *Oupnek'hat* zeigt sich nicht nur in Schopenhauers Erkenntnis- und Kunsttheorie, wo Maya-Illusionismus und willensfreie Ideenerkenntnis eine zentrale Rolle spielen, sondern natürlich auch in seiner Konzeption der Leidensaufhebung. Was es diesbezüglich lehrt, nämlich die Aufhebung des Begehrens durch selbstlose Erkenntnis, hat keinen erkennbaren Bezug zur kantischen Transzendentalphilosophie. Die ›reine Erkenntnis‹ des *Oupnek'hat*, in welcher das anfanglose Begehren ein Ende findet, entspricht hingegen offensichtlich dem ›besseren Bewusstsein‹ Schopenhauers, das schon seit langem den richtunggebenden Pol seines Denkens formte. Das ›*volle*‹ (Wollen) und ›*nolle*‹ (Nichtwollen) des *Oupnek'hat* inspirierten Schopenhauers Konzeption von Grundlage und Ziel seiner Willensmetaphysik. Die beiden Tugenden der Gerechtigkeit und Liebe, welche nach Volkelt (1900:54) für Schopenhauer die »metaphysische Überwindung der Vielheit und Getrenntheit der Individuen« bedeuten, sind ebenso im *Oupnek'hat* angelegt wie die von Volkelt betonte »illusionistische« Triebfeder des schopenhauerschen Denkens (S. 48-9).[57] Überdies verdankte Schopenhauer dem Werk Prinz Daras die ›indische Methode‹ des Zugangs, in welcher der Leib und die Introspektion zentral sind, sowie die Methodik des Aufstiegs vom empirischen zum besseren Bewusstsein, die im *Oupnek'hat* beschrieben ist. In einer Randbemerkung zur zweiten Upanischade brachte Schopenhauer auf den Punkt, was diesen Heilsweg charakterisiert: »Das Individuum läutert sich zum reinen Subjekt des Erkennens« (UP1:129).

175

:s (*coram illis*), hic *djiw âtma*
:a] erat : post ab illo quòd τὸν
iw âtma ipse ille *âtma* magnus
aliquis tempore quo dixit : ego
nedium) τ៵ procùl facere imagi-
(*abire*) multitudinem (*entium*),
ia [τ៵ Brahm], et forma omnis

Oupnek'hat Band 1, S. 129 mit Schopenhauers Einträgen

Im *Oupnek'hat* ist diese Läuterung oft mit *maschgouli* verbunden, d.h. mit Kontemplation oder Meditation—einem Thema, das Schopenhauer schon in den Tagen seiner ersten Kantlektüre im Jahre 1810 so faszinierte, dass er Kant anklagte, er habe »die Kontemplation nicht gekannt« (HN1 #17). Solche Mängel fanden sich im *Oupnek'hat* nicht. Im Gegenteil: dieses Werk vertritt eine Erlösungslehre, die derjenigen von Schopenhauer auffallend gleicht: Erlösung vom Wollen durch das willenlose Erkennen des reinen Subjektes. Schopenhauers Genie ist »mehr als andre Menschen das *reine* Subjekt des Erkennens« und ist deshalb gleichsam »unter den Philistern was der Heilige unter Gaunern« (#369). Dem *Oupnek'hat* näher als Kants Transzendentalphilosophie war Platos Ideenlehre, denn nach Schopenhauer erkennt das reine, willenlose Subjekt die Platonischen Ideen (#374).

Auch Schopenhauers Philosophie der Natur und ihre Grundlage—dass der Mensch in sich selber die Natur von allem erkennen soll (#621)—entwickelte sich im Sog der Upanischadenlehre. Wurde im *Oupnek'hat* nicht ohne Unterlass gepredigt, das innerste Wesen des Menschen sei nichts anderes als das Wesen von allem: du bist dies (*tat tvam asi*)? Das war genau eine der Hauptlehren, die Schopenhauer an diesem Werk so faszinierten.[58] Dies zeigt unter anderem seine Notiz über das »Entziffern der wahren *signatura rerum*«. »[In diesem Ent-

ziffern] erkennt der Philosoph die mannigfaltigen Grade und Weisen
der Manifestation des Willens, der in allen Wesen nur Einer und der-
selbe ist, überall dasselbe will, was eben als Leben sich objektivirt in
so verschiedenen Gestalten, die alle Akkomodationen zu verschiedenen Bedingungen von Außen sind und vielen Variationen eines The-
mas gleichen. Sie alle offenbaren die Welt als Vorstellung in allen ihren
Ideen: ihr innerstes Wesen erkennt der Philosoph durch das *Sopatkit
tatoumis*, das er bei jeder wiederholt« (#627). Das von Schopenhauer erwähnte »Sopatkit tatoumis« ist das ständig wiederholte »Große
Wort« der Upanischaden »O Sopatkit! *tatoumes* [tat twam asi]; das
heißt, du bist jenes Atma«: die zentrale Lehre der ersten Upanischade,
welche Schopenhauer im Frühling 1814 las. In seinem Exemplar unterstrich Schopenhauer diesen Satz jedesmal, hob ihn zusätzlich mit doppelten Randstrichen hervor und fügte an einigen Stellen später auch
Kommentare zu anderen Übersetzungen hinzu (UP1:60-5).

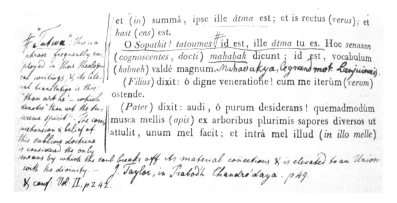

Oupnek'hat Bd. 1, S. 60 mit Schopenhauers Einträgen

Wie Schopenhauers wechselnde Aussagen über den Zusammenhang seiner Philosophie mit derjenigen Kants beispielhaft zeigen, muss
man sehr vorsichtig sein, wenn man spätere Kommentare Schopenhau-

ers zur Erklärung früherer Sachbestände beiziehen will. Im Falle des *Oupnek'hat* haben wir jedoch glücklicherweise nicht nur den Niederschlag in Schopenhauers Notizbüchern, sondern auch sein Handexemplar zur Verfügung. Dessen handschriftliche Einträge dokumentieren trotz oft unsicherer Datierung[59] Schopenhauers Interessenbrennpunkte schön. Als »Haupt- und Grundlehre« des *Oupnek'hat* bezeichnete Schopenhauer im nachhinein genau jene Lehre, die er in seinem Lieblingsbuch immer wieder hervorhob: dass sich in Allem nur Eines zeigt und dass alle Vielheit nur scheinbar ist. »Daselbst finden wir fast auf jeder Seite jene große Lehre: sie wird unermüdlich, in zahllosen Wendungen wiederholt und durch mannigfache Bilder und Gleichnisse erläutert« (Z6:308-9). Implikationen dieser All-Einheitslehre schlugen sich auch in Schopenhauers Naturphilosophie nieder, die im Frühjahr 1815 weiter ausgeführt wurde. »Die *Pflanzen,* die *Krystalle,* sind nichts als Erscheinung, *Objektität* desselben *Willens* der auch in mir drängt und treibt und der im höchsten Grad in meinem Leib und in meinem durch Erkenntniß und Motive vermittelten Handeln sich offenbart. Er ist magisch, d.h. die Zahl seiner Erscheinungen ist für ihn ohne Bedeutung. Das was von ihm in Pflanze und Krystall sich offenbart ist ein so niedriger Grad, daß er noch bei weitem nicht dem Zustand zu vergleichen ist, wo der Schlaf mein Erkennen verlöscht hat und nur ein dumpfes dunkles Treiben übrig bleibt das Herz, Adern und Lunge in Bewegung hält und den Leib vegetiren läßt. Diese und das Wachsen der Pflanze, das Anschießen der Krystalle und das Leben aller Thiere und Menschen ist Erscheinung Eines Willens: die Verschiedenheit der Gestalten im Raum, ihr Wechsel und Folge in der Zeit, dies alles ist nur Erscheinung, d.h. es ist nur für die *Erkenntniß*; in diesen Formen wird der Wille *erkannt*: den Willen selbst trifft jene Mannigfaltigkeit nicht« (HN1 #387).[60]

Im Frühjahr 1815 war Schopenhauer weiterhin auf der Suche nach Ideen und Entsprechungen in der westlichen Philosophiegeschichte und seine Versuche, daselbst Gegenstücke zum zentralen Begriffspaar seines Hauptwerkes—Wille und Vorstellung—zu finden, waren keineswegs zu Ende. Er studierte z.B. weiterhin Spinoza und versuchte zuerst, dessen *extensio* als Wille und die *cogitatio* als Vorstellung zu identifizieren (#428); doch bald änderte er seine Meinung und schrieb: »Auch ist die *natura naturans* der Wille, und die *N[atura naturata]* die Vorstellung« (#491). Kant war natürlich ebenfalls im Spiel. In einer Notiz vom Frühjahr 1816 ist die Identifikation des Dinges an sich mit dem Willen zum Lehrsatz geworden: »Was die Dinge sind außerdem daß sie unsre Vorstellung sind? was sie unabhängig von dieser, was sie *an sich* sind? — Eben das was wir in uns als *Wille* erkennen. Das ist der Kern aller Dinge, dies ist es ›was die Welt im Innersten zusammenhält‹.« (#521) In einer Anmerkung dazu bezog Schopenhauer wiederum Spinoza mit ein: »Der Wille ist die *natura naturans*, die Vorstellung ist *natura naturata*.« (#521)

Von den Scholastikern adoptierte er 1815 den Begriff »Principium individuationis« für den Übergang vom Einen zum Vielen und verband dieses Prinzip in zwei kurzen Sätzen nicht nur mit seiner Willensmetaphysik, sondern auch mit Kants Kategorienlehre und Platos Ideenlehre: »Das *principium individuationis,* ein Hauptstreitpunkt der Scholastiker, ist *Raum und Zeit.* Durch diese zerfällt die Idee d.h. die Objektität des Willens, in Einzeldinge.« (#433) Durch dieses Prinzip »erscheint als getrennt und verschieden was Eins ist« (#503). Schopenhauer setzte es sofort mit seiner Ausgangsfrage nach dem Leidensursprung in Bezug: dieses Prinzip sei nämlich »*die ächte Theodicäe*« und erkläre, »warum in dieser Welt hier einer in Freuden und Wollüsten lebt und vor seiner Thüre ein Andrer vor Mangel und Kälte quaalvoll stirbt« (#503). Im Gegensatz dazu gebe es für das reine Subjekt des Erkennens keine solchen Unterschiede: »Als reines *Subjekt des Erkennens* sind wir alle *Eines*: es ist das *eine* Weltauge, was aus allen thierischen Leibern blickt, nur hier mehr dort weniger getrübt durch den Willen, mit großen Abstufungen; außer diesem aber mit keinem andern Unterschiede« (#520). Diese Konzeption wurde von Schopenhauer als Mitleidsethik ausgearbeitet, die ebenfalls stark von seiner Upanischadenlektüre geprägt war, was sich u.a. in Schopenhauers vielen diesbezüglichen Zitaten und seiner häufigen Anführung des ›großen Wortes‹ der Upanischaden (*tat twam asi*, »dies bist Du«) zeigt. Am entgegengesetzten Pol lag unverändert der Selbsterhaltungstrieb, der notwendig Selbstsucht impliziert: Egoismus und der Krieg von allen gegen alle (#538). Schopenhauers Rechts- und Staatslehre drehte sich in der Folge um die Frage, wie solcher Egoismus eingedämmt werden kann und muss.

Ab November 1815 suchte Schopenhauer, auch die asiatische Front breiter abzudecken und holte die renommierten *Asiatic Researches* Band um Band aus der Bibliothek. Um diese Zeit traf er erstmals K.F.C. Krause, der ebenfalls ein passionierter Leser des *Oupnek'hat* war und mit dem ihn nicht nur örtliche Nähe von Wohn- und Studienort, sondern auch das Interesse an Indien verband. Auch Krause studierte ab Ende 1815 oft in der Nähe des Indienschranks in der Dresdner Bibliothek und die beiden mögen allerhand diskutiert haben; doch damals war Schopenhauers Willensmetaphysik schon längst geformt. Es ist jedoch möglich, dass Schopenhauer, der ab September 1815 wieder Asiatica aus der Bibliothek holte, im November von Krause erneut auf die Wichtigkeit der *Asiatic Researches* aufmerksam gemacht wurde, die schon Professor Heeren 1811 in seinen Ethnologievorlesungen erwähnt hatte. Jedenfalls studierte Schopenhauer zwischen November 1815 und Mai 1816 die ersten zehn Bände, die mit Informationen über asiatische Philosophie und asiatische Religionen vollgepackt waren und füllte ein Heft mit Notizen aus dieser ergiebigen Quelle.[61] Schon im ersten Band fand er wichtige Bemerkungen eines Engländers zum Begriff Maya und kopierte einen Teil dieses Berichts: »Máyá: Das Wort wird von einigen Hindugelehrten erklärt als ›die erste Neigung der Gottheit, sich zu diversifizieren durch die Schöpfung von Welten‹. Wie ein Kaschmirer mir mitteilte, als ich ihn fragte, warum *Cama* oder *Liebe* für ihren Sohn gehalten wird, sieht man sie als die Mutter der gesamten Natur und aller minderen Götter an. Doch das Wort *Maya* oder Wahn [delusion] hat in der Vedanta-Philosophie einen tieferen und feineren Sinn, wo es das System der Wahrnehmung bedeutet.« (App 1998b:15)

Schopenhauer notierte sich auch allerhand über die Vedas (S. 24-6) und die Upanischaden (S. 15-6, 24-32), zum Beispiel dass die Upanischaden als Handbuch der Vedas angeschaut würden (S. 15) und mehr als 3000 Jahre alt seien (S. 16).[62] Er zeigte auch Interesse an Informationen über verschiedene Denker Indiens wie die Vedanta-Philosophie (S. 15-18), Philosophen wie Shankara (S.16-18) und Buddha (S. 18, 20-1) und natürlich auch Gottheiten wie ›Brahm‹. Zum letzteren enthielt der fünfte Band ein Gebet, das Schopenhauer mitsamt Kommentar herausschrieb und mittels Unterstreichungen hervorhob. Dieser Kommentar zum Hauptgebet (chief-prayer) *Gayatry* schien in der Tat Schopenhauers Sicht zu bestätigen. »Ich meditiere über die überströmende Kraft, welche *Brahm selbst* ist und Licht der strahlenden Sonne genannt wird. [Ich bin] geleitet vom geheimnisvollen Licht, das *in mir* wohnt, um zu denken. Genau dieses Licht ist die Erde, der feine Äther und alles, was in der Schöpfung existiert; es ist die dreifache Welt, welche alles enthält das feststeht oder sich bewegt; *es existiert innen in meinem Herzen, außen im Rund der Sonne, und da ich eins und identisch bin mit jener überströmenden Kraft, bin ich selbst eine strahlende Erscheinung des höchsten Brahm*« (S. 19; Hervorhebungen von Schopenhauer).[63]

Unter den Informationen über asiatische Religionen fand er vor allem im sechsten Band viel Interessantes. Da erfuhr er zum Beispiel erstmals Genaueres über das Nirwana (Pali: *Nibbana*, früher *Nieban*) der Buddhisten und notierte: »Wenn eine Person nicht mehr den Leiden *von Schwere, Altern, Krankheit und Tod* ausgeliefert ist, dann wird gesagt, er habe *Nieban* erlangt. Kein Ding und kein Ort kann uns eine gemäße Idee von *Nieban* geben: wir können nur sagen, dass die Befreiung von den obenerwähnten vier Übeln und das Erlangen der Erlösung *Nieban* ist. Es ist wie bei der Heilung eines Schwerkranken durch ein Arzneimittel, wo man sagt, er habe Gesundheit erlangt; doch will jemand wissen, wie oder warum der gesund wurde, so kann man nur antworten, dass das Erlangen von Gesundheit nichts anderes ist als Heilung von Krankheit. Im gleichen Sinn kann man nur von Nieban reden; so lehrte es Godama« (S. 21).[64] Dies ist eine der Stellen, welche

Schopenhauer offensichtlich so beeindruckten, dass er sie in seinem Hauptwerk verwendete. Nun hatte er eine weitere Etikette für den Erlösungspol seines Kompasses gefunden: Nirwana. Am interessantesten sind jedoch die Notizen Schopenhauers zu Colebrookes langem Essay über die Vedas in Band 8. Die deutschen Randnotizen des Philosophen zum kopierten englischen Text zeigen, dass er im Frühling 1816 sein schon gut ausgearbeitetes System durch indische Lehren bestätigt sah: »Abhängigkeit des Objekts vom Subjekt« (S. 27); »Der Makrokosmos fordert den Mikrokosmos« (S. 28); »Abhängigkeit des Subjekts vom Objekt« (S. 28); »Nur für das Subjekt des Erkennens ist die Welt« (S. 29); »Das Beste lässt sich nicht lehren« (S. 32); »Die Idee erscheint vielfach in den Individuen« (S. 32); »Mythische Darstellung meiner Lehre, daß der Peiniger u. der Gepeinigte nur in der Erscheinung, durch das princ. individuationis, verschieden sind, an sich aber Eins« (S. 33).

Eine Notiz Schopenhauers aus Colebrooke ist besonders bemerkenswert. Schopenhauer fasste das Argument des Engländers wie folgt zusammen: »Von der 2. Taittiryaca Upanischade. Yajur Veda. Das, aus dem alle Dinge geschaffen sind und wodurch sie leben, wenn sie geboren werden; das, woran sie sich halten; und das, in welches sie übergehen: das suche, denn das ist *Brahm*« (App 1998b:31). Am Rand schrieb Schopenhauer als Kommentar dazu: »Der Wille zum Leben ist die Quelle und das Wesen der Dinge« (S. 31). Dies bestätigt, dass Schopenhauer ›Brahm‹, ›Parabrahma‹ und verwandte Begriffe im Jahre 1816 als ›Wille‹ oder ›Wille zum Leben‹ verstand und dass seine Aussage von 1833 über die Wahl seiner Terminologie glaubwürdig ist: »Ich habe das *Ding an sich*, das innre Wesen der Welt, benannt nach dem aus ihr, was uns am *genausten bekannt* ist: *Wille*. Freilich ist dies ein subjektiv, nämlich aus Rücksicht auf das *Subjekt des Erkennens* gewählter Ausdruck: aber diese Rücksicht ist, da wir *Erkenntniß* mittheilen, wesentlich. Also ist es unendlich besser, als hätt' ich es genannt etwa *Brahm*, oder *Brahma*, oder Weltseele oder was sonst« (HN4a:143, No. 148). Im *Oupnek'hat* wird an unzähligen Stellen alles, was existiert (einschließlich des Menschen) als Erscheinung von Brahm bezeichnet; und wenn man dabei konsequent ›Brahm‹ durch ›Wille‹ ersetzt, so ist noch klarer, warum Schopenhauer dieses Werk als Haupteinfluss bezeichnete.

Durch sein fleißiges Studium der *Asiatic Researches* verschaffte sich Schopenhauer Ende 1815 bis Mitte 1816 einen ersten Überblick über altindische Literatur und verschiedene asiatische Religionen. Er war nun in der Lage, mit etwas mehr Autorität über Themen wie Buddhismus und Seelenwanderung sowie ihren Zusammenhang mit seiner Willensmetaphysik zu schreiben. Es fiel ihm aber auch auf, dass William Jones, Colebrooke und andere berühmte Forscher den Begriff von Maya in einem von seinem bisherigen Verständnis ziemlich verschiedenen Licht sahen. Da war wohl von einer »Neigung, sich zu diversifizieren« die Rede (App 1998b:15), doch nicht vom ›ewigen Willen‹. In neu erschienenen Upanischadenübersetzungen aus der Sanskritsprache suchte er auch später immer wieder diesen ewigen Willen und wurde durchweg enttäuscht. Diese Enttäuschung schlug sich in zahlreichen Randbemerkungen in seinem *Oupnek'hat* und in den neuen Übersetzungen nieder: Anquetil und Dara hätten alles viel besser verstanden, das *Oupnek'hat* sei ein viel zuverläßigerer Text, Sanskrit-Übersetzer wie Rammohun Roy seien vom jüdischen Monotheismus infizierte indische Apostaten usw. Doch 1816 war das noch kaum ein Thema, denn Colebrooke lieferte eine sehr beschränkte Anzahl von Auszügen aus den Upanischaden; und sowohl Schopenhauers exzerpierte Passagen als auch seine Randbemerkungen zeigen, dass er sein großes Vertrauen in die höhere Qualität von Daras und Anquetils Arbeit vollauf bestätigt sah.

Trotzdem schien aufgrund dieser Studien eine Gewichtsverlagerung in seiner Konzeption von Maya angezeigt. Vor der Lektüre der *Asiatic Researches* hatte er Maya als »die innre treibende Kraft« des Universums gesehen, welche Giordano Brunos ›Gott‹ entsprach (#234), und noch im Herbst 1815 hatte er Maya als *eros* oder schöpferisches Princip der Welt aufgefasst: »Die Welt ist die Objektität des Willens (zum Leben). Des Willens stärkste Erscheinung ist der *Geschlechts-trieb*: dieser ist der ερως der Alten: die alten Dichter und Philosophen, Hesiod und selbst Parmenides, sagten daher sehr bedeutungsvoll, der ερως sei das Erste, das Princip der Welt, das Schaffende: dasselbe bedeutet die *Maja* der Indier« (#461). Nachdem Schopenhauer aber in den *Asiatic Researches* die obenerwähnte Erklärung von Maya gelesen und in Anmerkungen des *Oupnek'hat* Ähnliches gefunden hatte, schrieb er eine Korrektur an den Rand der eben zitierten Notiz: »NB nicht ganz: die *Maja* ist vielmehr die Objektität des Willens, ist Kants *Erscheinung*, die Erkenntniß nach dem Satz vom Grund« (#461). Durch diese Korrektur wurde aus dem ›Prinzip der Welt‹ Maya die Erscheinung dieses Prinzipes. Dieser Auffassungswandel, in dem die frühere *Wille*-lastige Interpretation von Maya durch eine *Vorstellungs*-lastige ersetzt wurde,[65] ist den Metamorphosen der ›Platonischen Idee‹ und des Kantischen ›Dinges an sich‹ in Schopenhauers Notizen aus dieser Zeit vergleichbar. Doch Schopenhauers Hauptwerk war ja noch nicht geschrieben, und was wir heute im Nachlass lesen sind nur Arbeitsnotizen. Gerade aus diesem Grund erlauben diese Notizen jedoch einen einmaligen Einblick in den Entstehungsprozess von Schopenhauers Philosophie.

Die revidierte Maya-Interpretation hielt ihren feierlichen Einzug in Notiz 564, wo sie sich mit Plato und Kant verbündete: »Die ›*Maja*‹ der Vedas, das ›aei gignomenon men, on de oudepote‹ [das ewig Werdende, aber nie Seiende] des Platon, die ›Erscheinung‹ des Kant sind Eins und dasselbe, sind diese Welt in der wir leben, sind wir selbst, sofern wir ihr angehören. Das hat man noch nicht erkannt« (#564).[66] So war die indische Maya für Schopenhauer zum *Principium individuationis* geworden, dessen Überwindung Erlösung bedeutet. »Der die Werke der Liebe übt, dem ist der Schleier der Maja von den Augen gefallen, und die Täuschung des *principii individuationis* hat ihn verlassen. Er erkennt sich in jedem Wesen, und auch in dem Leidenden [...] von diesem Wahn und Blendwerk der Maja geheilt seyn und Werke der Liebe üben, ist Eins: wer dahin gelangt ist, macht jedes Leiden das er sieht zu

184

seinem eigenen [...] dies Alles dämpft den Willen zum Leben in ihm, bis dieser ganz verlischt und die Erlösung für ihn da ist.« (#626)

Die Doppelseitigkeit von Daras Maya, wo Schöpfungsbegehren (*ishq*) und Welt-Offenbarung des All-Einen mit dem Verhüllen des Einen im Vielen (*maya*) vermählt war, auferstand im Denken des atheistischen Schopenhauer in einer ebenso erstaunlichen Form: als innerer Widerstreit des Willens. Schopenhauer erklärte dies so: Im *Schleier der Maya* erscheint der Verursacher fremden Leidens als vom Leidenden verschieden; doch *an sich* sind beide »der Eine Wille zum Leben«. So sind im Grunde »der Leidende und der das Leid verhängt, nur Einer« (#600). Doch wie kommt es, dass dieses Eine sich auf diese Art gleichzeitig nützt und schadet? Durch die Blendung der Maya! »Daß also, durch die Blendung der *Maja*, der Wille zum Leben mit sich selbst in Widerstreit geräth, indem er in der einen seiner Erscheinungen gesteigertes Wohlseyn suchend eben dadurch in der andern großes Leiden hervorbringt, welches doch auch nur er selbst dulden muß« ... (#600). Diese Maya erscheint in Notiz 577 von Mitte 1816 als Gegensatz zur »Weisheit der Vedas« in einem interessanten Schema. Schopenhauer leitet dieses Schema mit der Erklärung ein, dass überall »der Gegensatz zwischen dem Allgemeinen und dem Einzelnen« erscheine, wobei das Allgemeine den rechten und das Einzelne den unrechten Weg zeige. Es liefert gleichsam Kompass und Landkarte für Schopenhauers Hauptwerk. Die beiden Spalten enthalten die wichtigsten Begriffspaare von Schopenhauers Kompass und illustrieren die bemerkenswerte Konsistenz seiner Grundausrichtung.

Im Metaphysikteil des Schemas sind die drei Haupteinflüsse, die Schopenhauer kurz darauf in Notiz 623 identifizierte, glücklich vereint: »die Upanischaden, Plato und Kant«. Interessant ist unter anderem, dass in der Metaphysikabteilung der wichtigste Begriff von Schopenhauers Metaphysik fehlt: der Wille! Doch dank der Analyse von Schopenhauers Notizen und der Einträge in seinem Handexemplar des *Oupnek'hat* sollte es nun kein Geheimnis mehr sein, worin die ›Weisheit der Vedas‹ für ihn bestand: die Inspiration des *Oupnek'hat* war der Auslöser für die Konzeption von Schopenhauers Willensbegriff mitsamt Willensbejahung und Willensverneinung, die in diesem Schema auch den »rechten« und »unrechten« Weg in den Gebieten der Ästhetik und Moral bestimmen. Dieses Schema in Notiz Nr. 577 von Mitte 1816 stellt sich wie folgt dar:

	Allgemeines	Einzelnes
Meta-physik	Platonische Idee	Das Werdende, nie Seiende.
	Kants Ding an sich	Erscheinung.
	Weisheit der Vedas	Maja.
Aesthe-tik	Reines Subjekt des Erkennens, mit Ruhe und Seeligkeit	Dem Willen fröhnendes Erkennen mit Angst und Sorge.
	Heiterkeit der Kunst	Erbärmlichkeit der Wirklichkeit.
	Platonische Idee als Objekt der Kunst	Einzelnes Ding als Objekt des Willens
Moral	Aus Erkenntniß des Wesens der Welt entsprungene Abwendung des Willens vom Leben zeigt sich als Resignation, Tugend, Weltüberwindung, Asketik, wahre Gelassenheit, Willenslosigkeit	Heftiger Wille zum Leben überhaupt, aber Krieg mit der einzelnen Erscheinung, Leidenschaft, Geiz, Zorn, Neid, stets wachsender Durst, Laster, Bosheit, Selbstmord, nach schwerem Kampf; als völlige Erscheinung der Entzweiung des Willens zum Leben mit sich selbst.
	Liebe	Egoismus.
	Tödtung des Willens	Tödtung des Leibes.
	Theorie	Empirie.

Während Kants Philosophie den Grund für die Erkenntnisleh-re im ersten Buch von Schopenhauers Hauptwerk legte, befruchtete Platos Ideenlehre zusammen mit Kant und auch romantischen Kunst-und Genievorstellungen die Ästhetik im dritten Buch.[67] Doch Daras Werk, das vom anfanglosen Begehren und von dessen Ende durch rei-ne Erkenntnis berichtete, war die Muse nicht nur von Schopenhauers Lehre vom Willen als Weltwesen im zweiten Buch, sondern auch von dessen zeitweiliger Verneinung im dritten[68] und der endgültigen Ver-neinung im vierten Buch, wofür es konsequenterweise auch das Motto lieferte. Deshalb scheint die Position des *Oupnek'hat* an erster Stelle der drei Haupteinflüsse in Schopenhauers ›Geständnis‹ vom Jahresende 1816, das er wie ein Aufrichtbäumchen auf den Rohbau seines Systems steckte, durchaus gerechtfertigt:

Ich gestehe übrigens, daß ich nicht glaube, daß meine Lehre je hätte entstehn können ehe die Upanischaden, Plato und Kant ihre Strahlen zugleich in eines Menschen Geist werfen konnten. Aber freilich standen (wie Diderot sagt) viele Säulen da und die Sonne schien auf alle: doch nur Memnons Säule klang. (#623)

11. WILLENSBEJAHUNG UND WILLENSAUFHEBUNG

Wie die Kompassnadel trotz kleiner Schwankungen immer in dieselbe Richtung weist, so auch Schopenhauers Erlösungssehnsucht.
Schon zu Beginn seines Philosophiestudiums im Frühjahr 1811 war
er nach dem Bericht der Nichte Wielands »einer Filosofie mit Leib
und Seele ergeben, ... die sehr streng ist; jede Neigung, Begierde, Leidenschaft müssen unterdrückt und bekämpft werden« (Gespräche S.
23). Frühe Beschreibungen des ›besseren Bewußtseins‹ definieren die
Zielrichtung durch Begriffe wie Tugend, Asketik, Losreißen von der
Welt (#79), Befreiung vom zeitlichen Bewusstsein (#86), Heiligkeit,
Liebe, Menschlichkeit (#87), Freiheit, Reinheit (#120), freiwilliges
Lassen vom Lebenwollen (#157) usw. Doch nicht nur Schopenhauers
Frühphilosophie dreht sich um die Heilsfrage (de Cian 2002), sondern
auch seine Willensmetaphysik; denn sie präsentiert Schopenhauers
Antwort auf die Ausgangsfragen nach der Ursache des Leidens und der

189

Möglichkeit seiner Überwindung. Wie bei einem Kompass scheint die allgemeine Richtung von Anfang an festgelegt: »Zum Lichte, zur *Tugend*, zum heiligen Geiste, zum *bessern Bewußtseyn*—müssen wir Alle: das ist der Einklang, der ewige Grundton der Schöpfung.« (#157)

Zu Beginn des Jahres 1814 war für Schopenhauer schon klar, dass es grundsätzlich zwei Wege zu diesem Licht hin gibt. In seltenen Fällen entsteht ohne äußeren Anlass das Begehren, freiwillig vom Lebenwollen zu lassen, die Welt von sich zu stoßen und aus eigener Kraft die ›Täuschung‹ zu zerstören. Der zweite Weg besteht in der Geburt des besseren Bewusstseins aus dem Schmerz und dem Druck von Sünde- und Nichtigkeitsgefühl (#158). Wie wir gesehen haben, wurden solche frühe Ansichten allmählich vertieft und systematisiert, wobei Prinz Daras Ideal vom Tod des Ichs (*fanā*) und vom Ende des Begehrens durch reine Erkenntnis eine entscheidende Rolle spielten. Das Schema von Notiz 577 (siehe S. 186) fasst das Resultat dieses Prozesses zusammen. Im Zentrum steht die Heilslehre, deren Ziel in der Sparte ›Moral‹ wie folgt charakterisiert ist: »Aus Erkenntniß des Wesens der Welt entsprungene Abwendung des Willens vom Leben zeigt sich als Resignation, Tugend, Weltüberwindung, Asketik, wahre Gelassenheit, Willenslosigkeit.« (#577).

Im Schema von Notiz 577 figurieren—gleichsam in einer übergreifenden Kategorie—auch alte Bekannte wie Liebe und Egoismus. Doch ein weiteres Begriffspaar war der eigentliche Anlass für diese schematische Darstellung: die »Tödtung des Willens« in der Sparte des rechten Weges und die »Tödtung des Leibes« in jener des unrechten. Die Notiz beginnt nämlich wie folgt: »Der *Selbstmord* ist das Meisterstück der *Maja*: Wir heben die Erscheinung auf und sehn nicht daß das Ding an sich unverändert dasteht: wie der Regenbogen feststeht so schnell auch Tropfen auf Tropfen fällt und sein Träger wird auf einen Augenblick. Nur die Aufhebung des Willens zum Leben im Allgemeinen kann uns erlösen: die Entzweiung mit irgend einer seiner Erscheinungen läßt ihn selbst unerschüttert stehn, und so läßt das Aufheben jener Erscheinung das Erscheinen des Willens im Allgemeinen unverändert.« (#577)

Schopenhauers ›Askese‹ und sein ›Lassen vom Lebenwollen‹ sind deshalb keineswegs eine Aufforderung zur Selbsttötung, sondern sie weisen auf eine andere Art von Tod: den Tod des Ich und damit des Egoismus, mit dem Schopenhauer spätestens durch die Lektüre von Zacharias Werners Werken und seine Gespräche mit Werner im Jahre 1808 bekannt wurde. In der Folge hatte er sein Verständnis durch die Lektüre von Mystikern vertieft, was (ähnlich wie bei Görres, Kanne und A. Wagner) das Verständnis von Prinz Daras *Oupnek'hat* entscheidend erleichterte. Schon zu Jahresanfang 1814 schrieb Schopenhauer: »Der allein ist wahrhaft glücklich, der, *im Leben, nicht das Leben* will« (#184). Nachdem er im *Oupnek'hat* der reinen Erkenntnis begegnet war, durch die das anfanglose Wollen ein Ende findet, beschrieb er den seligsten Zustand des Menschen als denjenigen, »wo er vom Wollen losgerissen, *reines Subjekt des Erkennens* geworden ist« (#257). Im Unterschied zu Hegel, der diesen ›orientalischen‹ Zustand als stupide Apathie auffasste (App 2008a:36), verstand Schopenhauer das, worum es dabei ging, als Wendung des Willens: »Der Heilige nämlich ist ein Mensch der da aufhört eine Erscheinung des Willens zum Leben zu seyn, in ihm hat der Wille sich gewendet«. (#363)

Wenn Schopenhauer von ›Verneinung des Lebens‹ und von ›Erkenntnis‹ schrieb, dann ging es nicht um den physischen Tod oder um Erkenntnis im üblichen Sinne, sondern um die Wendung des Willens und reine Erkenntnis im Sinne des *Oupnek'hat*. Dies entsprach dem Sieg des ›besseren Bewusstseins‹, den Schopenhauer schon im Frühling 1813 ersehnte, als er von seiner Hoffnung schrieb, dass das bessere Bewusstsein einmal sein einziges werde—das Bewusstsein, das ihn in eine Welt erhob, »wo es weder Persönlichkeit und Kausalität noch Subjekt und Objekt mehr giebt« (#81). Drei Jahre später verstand er dieses Ziel als Gegenteil der Willensbejahung und des Egoismus: »Der Egoismus ist so sehr die Form der Erscheinung des Willens zum Leben, daß wo der Egoismus aufgehört hat auch dieser Wille nicht mehr ist, sondern Erlösung durch den Sieg der Erkenntniß« (#638).[69]

Im Schema von Notiz 577 erscheint das Gegenteil des Egoismus als >Liebe<. Für Schopenhauer ist Liebe ebenfalls ein Ausdruck der Aufgabe des Willens und identisch mit Mitleid: »In der Liebe giebt man also den Willen zum Leben auf, indem man fremde Leiden sieht und sie gleich den eignen mildert, mit Vermehrung der wirklich eignen« (#470). Für Schopenhauer ist »alle ächte *Liebe* Mitleid«, denn »jede Liebe die kein Mitleid ist, ist Selbstsucht« (#584). Solches Mitleid—das heißt echte, selbstlose Liebe—entsteht durch das Zerreißen des Schleiers von Maya. »Diese Gesinnung entspringt aus dem Durchschauen des *principii individuationis*: der es hat, erkennt das Leiden aller Andern und der ganzen Welt für sein eignes: daher ist er höchst hülfreich und gut und eben daher auch braucht er nicht selbst das Leiden zu erfahren, da er sich den Schmerz der ganzen Welt zueignet« (#591). Diese Lehre sah Schopenhauer nicht nur in den Betrachtungen von christlichen Heiligen und Mystikern über reine Liebe, wahre Gelassenheit, das Absterben des eigenen Willens, das gänzliche Vergessen der eigenen Person usw., sondern auch »in den Lehren der Hindus, wie sie gegeben sind in den Vedas, Puranas, Mythen, Legenden, Sprüchen u.s.w. (Oupnek'hat, Leben des Foe [Buddha] im *Asiatischen Magazin*, Baguatgeeta, Geseze Menu's, *asiatic researches*, Poliers *mythologie* ...« (#666). Schopenhauer hatte im zweiten Halbjahr 1816 in asiatischen Quellen weitere Belege gesucht und gefunden. Die anschließende Lektüre von Fénelon, Swedenborg und Madame Guyon (Frühjahr 1817) verstärkte seine Überzeugung, dass asiatische wie europäische Mystiker seine Willensmetaphysik bestätigen.[70]

Im Mai 1817 las er erneut Madame Guyons Autobiografie und machte sich Gedanken über den Unterschied zwischen Philosophen, welche die Willensaufhebung intellektuell verstehen und Mystikern, die sie verwirklichen: »Was es heißt den *Willen zum Leben aufgeben* wird von mir trocken philosophisch gelehrt: die Ausführung dieser Lehre kann man lernen aus der Beschreibung der *Saniassi* und Heiligen in Indien, und aus den Biographien Heiliger Seelen unter den Christen, von denen es mehrere Sammlungen giebt: besonders ausführlich und den Gegenstand erschöpfend ist die Selbstbiographie der *Mad: de Guyon*: jeder Edelgesinnte wird indem er diese wahrhaft heilige Frau kennen lernt, den tiefen Aberglauben in dem ihre Vernunft befangen war, übersehn, als eine zufällige Beimischung.« (#676)

Schopenhauer hatte Madame Guyons dreibändige Autobiografie schon Ende 1815 als Beispiel für die Wendung des Willens angeführt (#496). Doch es ist durchaus möglich, dass er damit schon viel früher bekannt war, nämlich zur Zeit seiner Freundschaft mit Zacharias Werner im Jahre 1808. In den Schriften der leidgeprüften Französin fand er den klarsten europäischen Ausdruck der »Tödtung des Willens«, welche im Schema von Notiz 577 der »Tödtung des Leibes« gegenübersteht. Guyon beschrieb die Aufgabe des Willens als Tod *während* des Lebens oder als »ersten Tod«. Schopenhauer zitierte aus dem zweiten Band ihrer Autobiografie die Aussage, dass es keine Nacht und keine Todesangst mehr gebe für diejenigen, welche diesen ersten Tod gestorben seien. Dem sei so, »weil der Tod den Tod besiegt hat und weil derjenige, der den ersten Tod erlitt, den zweiten nicht mehr schmecken muss« (#676).

Dieser ›erste Tod‹ ist der springende Punkt der Heilslehre Schopenhauers und entspricht Prinz Daras Tod des Ich (*fanā*), die beide in einen permanenten Zustand der Selbstlosigkeit münden, für welchen der Prinz den Begriff *baqā* aus der Sufitradition benützte. Es ist nicht nur der Tod des Wollens, sondern auch jener des Subjekt-Objekt-basierten Erkennens und damit die Erlösung von allem ›Ich‹ und ›mein‹. Nicht Selbstpeinigung zum Zwecke eines besseren Lebens nach dem Tode im Jenseits, sondern dieses völlige Loslassen während des Lebens ist der Sinn der Asketik, die Schopenhauer so betont. Das Ziel ist die Geburt der u.a. im *Oupnek'hat* beschriebenen wahren Erkenntnis, mit deren Ankunft jegliches Begehren aufgehoben ist: das Durchschauen des *principium individuationis* und damit das Zerreissen des Schleiers der Maya. Im Kunsterlebnis und vornehmlich durch Musik kann der

193

Mensch—wie Schopenhauer aus eigener Erfahrung bestens wusste und auch schon als Jüngling in Tieck / Wackenroder gelesen hatte—für Augenblicke in diese Sphäre der selbst- und objektlosen Erkenntnis eindringen, wo aller Wille und alle Individualität erloschen scheinen. Doch solche Momente der Ekstase sind noch kein Aufgeben des Ichs im Sinne von Zacharias Werner und Madame Guyon, sondern nur dessen zeitweiliges Vergessen. »Wenn man bei Kontemplation, d.i. ästhetischer Anschauung eines Objekts, nur noch *reines Subjekt des Erkennens* ist und den Willen vergessen hat: so mischt sich in diese Seeligkeit doch bald ein leiser Schmerz, der eigentlich eine leise aber stöhrende Erinnerung an die Persönlichkeit, d.i. an den Willen ist.« (#408)

Solange es eine Rückkehr zum ›Ich‹ und ›mein‹ gibt, ist für Schopenhauer der Wille und damit das Leiden nicht wirklich aufgehoben. Erst in der wahren, reinen Liebe im Sinne von Madame Guyon, welche in Notiz 577 dem ›Egoismus‹ gegenübersteht und der ›Tödtung des Willens‹ entspricht, ist dieses letzte Ziel erreicht. »Dieses Aufgeben ist es, was ich die *Wendung des Willens* nenne. In ihr allein zeigt sich die Freiheit des Willens. Durch sie allein zeigt sich eine wirkliche Änderung des intelligiblen Karakters, der Mensch ist ein ganz andrer geworden, und jener böse Wille in dem vorher sein ganzes Wesen bestand ist ihm jetzt völlig fremd.« (#496)

Der Kern dieser Konzeption der Willensverneinung erschien bezeichnenderweise erstmals in einer der Notizen, die Schopenhauer unmittelbar nach seiner Begegnung mit dem *Oupnek'hat* im Frühling 1814 verfasst hatte. Darin schrieb er vom Wahn—der Maya der Inder—welcher so real sei wie das Leben, und er sah bereits klar den Unterschied zwischen dem Tod, der nur die Erscheinung des Wahnes (den Leib) auflöst und dem als ›Heiligung‹ bezeichneten Tod: »Soll Ruhe, Seeligkeit, Friede gefunden werden, so muß der Wahn aufgegeben werden, und soll dieser, so muß das Leben aufgegeben werden. Das ist der schwere Schritt, die im Leben unauflösliche und nur durch Hülfe des Todes,—der an sich nicht den Wahn sondern nur die Erscheinung desselben, den Leib auflöst,—aufzulösende Aufgabe; die Heiligung«

(#189). Während der Entwicklung von Schopenhauers Willensmeta-physik im Laufe des Jahres 1814 ordnete sich natürlich diese ›Heili-gung‹ in den neuen Kontext ein. In einer Notiz vom Frühjahr 1815, welches als frühester Entwurf der Schlusspassage des Hauptwerkes gelten kann, schrieb Schopenhauer, der Heilige sei »Erscheinung ei-nes Willens der *nicht* auf das Leben geht, d.h. der sich gewendet hat« (#389) und benützte gar den Ausdruck »heiliger Wille«: »Da nun dieser heilige Wille vom Leben und dessen Schrecknissen frei ist, so ist er dem Erkennenden Subjekt (d.h. allen Menschen, die Person des Heiligen mit eingeschlossen) eine erfreuliche Erscheinung .— Freilich können wir uns hier *nur negativ ausdrücken*, eben weil der Stoff in dem die Philosophie arbeitet, nämlich Begriffe, Vorstellungen, und also durch das Leben bedingt, sind, und diesem angehören. Daher ist für unsern Standpunkt allerdings das Wenden des Willens, die Heiligkeit das Heil, die Seligkeit,—ein Uebergang ins *Nichts*. Hier aber schließt sich die Betrachtung an daß der Begriff *Nichts* eine bloße Relation aus-drückt, ein bloßer Grenzstein ist.« (#389)

Wie Schopenhauer schon in seinen frühen Kritiken von Schelling und Fichte vor der Geburt seiner Willensmetaphysik betonte, darf der Philosoph diesen Grenzstein nicht überschreiten, da er im Bereich des Rationalen operiert. Das theoretische Verständnis dessen, was jenseits dieses Grenzsteins liegt, will von der Verwirklichung im aktuellen Le-ben strikt unterschieden sein. Obwohl Madame Guyon alles Wollen aufgegeben hatte, blieb ihre Vernunft gemäß Schopenhauer in »tiefem Aberglauben« befangen (#676). Umgekehrt kann ein Philosoph ein perfektes intellektuelles Verständnis der Willensaufgabe sein eigen nennen und trotzdem völlig im Willen verstrickt bleiben. »Das Be-wußtseyn *in concreto* von der Nichtigkeit des *principii individuationis*, d.i. von der Idealität des Raums und der Zeit giebt, sofern es perma-nent, ernst und tief ist und daher das Handeln bestimmt,—Heiligkeit. Dasselbe Bewußtseyn—wenn es in die Abstraktion übertragen und zur Deutlichkeit des Begriffs gebracht ist, giebt die wahre Philosophie. Der wahre Philosoph ist daher der theoretische Heiland.« (#470)

Diese Aussagen und der Begriff »theoretischer Heiland« sind ein schöner Beleg für den Anspruch Schopenhauers auf eine Theorie des Leidensursprunges und der Leidensaufhebung. Dies waren die Fragen, die ihn seit seiner Jugend bewegt und ihn zum Studium der Philosophie getrieben hatten. Und nun war er überzeugt, das Ziel erreicht zu haben: das Welträtsel war—zumindest theoretisch—gelöst. 1817 formulierte er diese Lösung in einem einzigen Satz: »Meine ganze Ph[ilosophie] läßt sich zusammenfassen in dem einen Ausdruck: die Welt ist die Selbsterkenntniß des Willens« (#662). In früheren Notizen setzte Schopenhauer bereits die Diagnose und das Heilsrezept, die in dieser Kurzformel komprimiert sind, ausführlicher auseinander. Mitte 1815 schrieb er zum Beispiel: »Was war, was ist? *Der Wille*, dessen Spiegel das Leben ist, und das *willensreine Subjekt des Erkennens*, das jenen Willen, zu seinem Heil, in diesem Spiegel schaut« (#468). Was Malter als den einen Gedanken Schopenhauers bezeichnete (»Die Welt ist die Selbsterkenntnis des Willens«; Malter 1988:14) ist hier so formuliert, dass auch die Dimension der Leidensaufhebung durch das *willensreine* Erkennen klar zum Ausdruck kommt. Die Selbsterkenntnis des Willens im Spiegel des menschlichen Geistes ist nämlich nur der Ausgangspunkt, wo das Leiden im Geist eines selbstbewussten Wesens ins Licht tritt. Mit der Erfahrung dieses Leidens beginnt Schopenhauers Denken; dies ist die Einsicht, die er in seinem Gespräch mit Wieland durch den Satz »das Leben ist eine mißliche Sache« ausgedrückt hatte. Doch nicht genug damit: Schopenhauer hatte sich vorgesetzt, dieses so mißliche Leben »damit hinzubringen, über dasselbe nachzudenken« (Gespräche 22). Ein Resultat solchen Nachdenkens ist in einem zweiseitigen Aufsatz von Anfang 1816 ausgedrückt, wo Schopenhauers Lehre vom Willensprimat zum ersten Mal umfassend dargestellt ist. Der erste Teil dieser Notiz ist sozusagen Schopenhauers Kosmogonie, in der er erklärt, wie der Wille zur Selbsterkenntnis als Welt kommen konnte: »*Der Wille* wirkt blind d.h. ohne Erkenntniß, so lange er kann, nämlich in der unorganischen und vegetativen Welt, ja bis zur Hervorbringung und Ausbildung jedes Thiers [...]. So brachte auf dieser Stufe der Wille die Erkenntniß, im Gehirn oder großen Ganglion repräsentirt hervor, eben wie jedes andre Organ, als eine μηχανη [Hilfsmittel] zur Erhaltung des Individuums und Fortpflanzung des Geschlechts. Mit dieser μηχανη steht aber auf ein Mal die ganze *Welt als Vorstellung* da. Bis hieher war der Wille im Dunkeln, und höchst sicher, gegangen (weil er allein wirkte, ohne Stöhrung einer andern Natur, d.i. der Erkenntniß): jetzt zündet er sich ein Licht an, als das letzte Mittel was er ergreift um den Nachtheil, der aus dem Gedränge und Konflikt seiner Erscheinungen eben den vollendetsten erwächst, aufzuheben« (#532).

Die Erkenntnis und der menschliche Geist erscheinen in dieser atheistischen Kosmogonie Schopenhauers, die statt eines allwissenden Schöpfergottes den blinden Willen setzt, als sekundäres Phänomen. Diese Sicht des Willensprimates wurde wegweisend für Nietzsche, Bergson, Freud und viele andere und ist, wie schon Richard Wagner bemerkte, erstaunlich kompatibel mit Darwins Evolutionstheorie. So stand der Primat des Willens fest und die Erkenntnis war zu einem Epiphänomen reduziert—einem späten Licht, das sich der Wille zu seinem Dienste angezündet hatte. In diesem Licht, dem Selbstbewusstsein des Menschen, erscheint der Wille als Leiden. »Aus dem Willen selbst also, und zu seinem Dienst geht die Erkenntniß hervor; auch bleibt sie einzig in seinem Dienst bei allen Thieren, bei den Menschen, dem größten Theil nach, auch; allein hier geschieht es, gegen die Absicht des Willens, daß sein stärkstes Mittel ihm entgegen wirkt, indem er hier bei der höchsten Besonnenheit zur Selbsterkenntniß kommt, die theils in Kunst und Philosophie (bei welchen die zum Dienst des Willens entstandene Erkenntniß, sich von diesem *losreißend, frei* wirkt) sich offenbart, teils die Aufhebung des Willens in Tugend, Asketik, Weltüberwindung, herbeiführt.« (#532)

In solchen Notizen aus der ersten Jahreshälfte von 1816 zeigt sich bereits die Struktur des zukünftigen Hauptwerkes von Schopenhauer: der Wille in der Natur, der sich ein Licht anzündet und als Vorstellungswelt erscheint (die ersten zwei Bücher), das zeitweilige Losreißen

der Erkenntnis vom Dienste des Willen in Kunst und Philosophie
(drittes Buch) und schließlich die endgültige Aufhebung des Willens
im reinen Mitleid des Heiligen (viertes Buch). Was im Licht der Lampe erscheint, welche sich der Wille in der Erkenntnis anzündete, ist
genau das, was Schopenhauer in erster Linie zur Philosophenkarriere
bewegte: die Mißlichkeit des Lebens und das Leiden. »*Der Jammer
des Lebens* geht schon genugsam aus der einfachen Betrachtung hervor,
daß das Leben der allermeisten Menschen nichts ist als ein beständiger
Kampf um diese Existenz selbst, mit der Gewißheit ihn zuletzt zu verlieren. Ist nun aber die Noth weit zurückgedrängt und ihr ein Stück des
Feldes abgewonnen, so tritt sogleich furchtbare Leere und Langeweile
ein, gegen welche der Kampf fast noch quälender ist« (#571). Wenn
Schopenhauer zu Wieland sagte, dass er über diese Misslichkeit nach-
denken wolle, so hieß dies natürlich, dass ihn der Grund des ganzen
›Jammers‹ interessierte. Im Frühling 1814 identifizierte er ihn erstmals im Sinne der Willensmetaphysik durch den Satz »Daß wir überhaupt *wollen* ist unser Unglück: auf das *was* wir wollen kommt es gar
nicht an« (#213). Zwei Jahre später sah er den Grund des Leidens darin, dass der Mensch Erscheinung des Willens ist und dass »sein Daseyn
daher in beständigem rastlosen Wollen und Streben bestehn muß; ist
ihm dieses durch die Befriedigung entnommen, so entsteht eben jene
Leere durch die er sich selbst zur Last ist. Denn die Freude des ruhigen
Genusses der Erkenntniß ist nur höchst Wenigen und auch diesen nur
auf einen kleinen Theil ihrer Zeit gegeben. Das Wollen selbst aber wiederum muß den Mangel, folglich das Leiden zur Unterlage haben. So
ist von allen Seiten das Leben wesentlich ein Leiden«. (#571)

Schopenhauer glaubte an keine außerweltliche Macht oder Erlö-
serfigur, welche dem Leiden ein Ende bereiten könnten. Die einzige
Möglichkeit zur Erlösung sah er im Licht, das der Wille sich angezündet hat: in der Erkenntnis. »Diese Rettungslosigkeit ist eben nur
der Spiegel der *Unbezwinglichkeit des Willens* dessen Erscheinung der
Mensch ist. So wenig eine Macht außer ihm diesen Willen aufheben
oder wenden kann, sondern dies einzig und allein nur durch ihn selbst,

bei Vermittelung der Erkenntniß, geschehn kann; eben so wenig giebt es eine Macht die ihn von den möglichen Quaalen des Lebens befreien kann, da dies Leben eben nur die Erscheinung des Willens ist« (#571). Deshalb gibt es in der Heilslehre Schopenhauers nur eine radikal immanente Lösung: »Wendet sich der Wille, so ist er in diesem Spiegel nicht mehr zu sehn: wir fragen vergeblich wohin er sich jetzt wendet; wir schreien thörigt daß er ins *Nichts* verloren gehe. Der, dessen Wille sich aufhebt und wendet, kann uns und seiner eignen Reflexion keine Rechenschaft geben: denn was da lebt und ist und denkt, ist eben noch der Wille zum Leben selbst: und das was in der Aufhebung dieses Willens besteht, kann jenem auf keine Weise gegeben werden, muß ihm ein Nichts seyn: nur der welcher es ergriffen, welcher seinen Willen aufgehoben, erkennt es, aber auch nur sofern er es ist, in diesem Akt selbst, nicht außer dem, noch weniger für Andre« (#571).

Die Selbstentwerdung (*fanā*) von Prinz Dara und das Erwachen aus der Maya-Illusion des Vedanta, von denen Schopenhauer im *Oupnek'hat* erstmals erfuhr, schienen in dieselbe Richtung zu weisen wie die Schriften von Jakob Böhme und Madame Guyon: zum Erlösungspol, den Schopenhauer nun mit dem Begriff Willensaufhebung kennzeichnete. Schon in der ersten Notiz, welche klar das Siegel des *Oupnek'hat*-Einflusses trägt, führt er noch in der Terminologie seiner Jugend aus: »Um des *Frieden[s] Gottes* Theilhaftig zu werden (d. i. zum Hervortreten des *bessern Bewußtseyns*) ist erfordert, daß der Mensch, dies hinfällige, endliche, nichtige Wesen, etwas ganz andres sey, gar nicht mehr Mensch, sondern als etwas ganz andres sich bewußt werde. Denn sofern als er lebt, sofern als er Mensch ist, ist er nicht bloß der *Sünde* und dem *Tode* anheim gefallen, sondern auch dem *Wahn*, und dieser *Wahn* ist so real als das Leben, als die Sinnenwelt selbst, ja er ist mit diesen Eines (das Maja der Indier).« (#189)

Gegen Ende 1816, als aus diesem ›Hervortreten des bessern Bewusstseins‹ längst die ›Wendung des Willens‹ geworden war, beschrieb Schopenhauer (in der Notiz, die er später für den Schluss des vierten Buches seines Hauptwerkes verwendete) den Heilspol seines

Kompasses, nach dem er sich sehnte, wie folgt: »Wenden wir aber den Blick von unsrer eignen Dürftigkeit und Befangenheit auf diejenigen welche die Welt überwunden und den Willen zum Leben völlig aufgegeben haben, d.h. auf die Heiligen, die, nachdem der Wille fast nicht mehr da ist nur noch die Auflösung seiner Erscheinung, des Leibes, und mit ihm das gänzliche Absterben des Willens erwarten, so sehn wir in ihnen statt des unruhigen Dranges, der jubelnden Freude und des heftigen Leidens, daraus der Wandel des lebenslustigen Menschen besteht, eine unerschütterliche Ruhe und innige Heiterkeit, einen Zustand zu dem wir nicht ohne Sehnsucht blicken können und den wir als unendlich vorzüglich als das allein Rechte, dem gegenüber die Nichtigkeit alles andern klar wird, anerkennen müssen« (#612). Dieser Heilspol des Schopenhauerschen Denkens blieb konstant. Er blieb unberührt vom Prozess sich entwickelnder und ändernder Interpretationen und Darstellungen der eigenen Philosophie und des logischen Zusammenhangs ihrer Elemente, welcher schon mit der Niederschrift des Hauptwerkes in den Jahren 1817 und 1818 begann. Vor 150 Jahren, als der 72-jährige Schopenhauer kurz vor seinem Tod in seiner Wohnung an Frankfurts Schöner Aussicht seine Abendandacht im *Oupnek'hat* verrichtete, einen Blick auf seine vergoldete Buddhastatue am Fenster warf und das letzte Wort seines Hauptwerkes mittels *prajñā-pāramitā*, der höchsten Weisheit des Buddhismus, kommentierte, zeigte die Nadel seines Kompasses nach wie vor unbeirrt auf das ›N‹ von Böhmes Nichtung, von Prinz Daras Nichtwollen, von Buddhas Nirwana und von jenem Wort, das unser Ich sowohl mit Furcht füllt als auch magnetisch anzieht: *Nichts.*

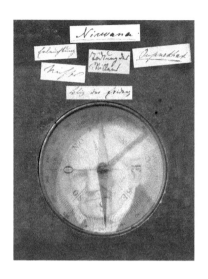

PERSPEKTIVEN

Als Schopenhauer im März 1818 sein Hauptwerk dem Verleger Brockhaus ankündigte schrieb er, es enthalte »eine im höchsten Grad zu-
sammenhangende Gedankenreihe, die bisher noch nie in irgend eines
Menschen Kopf gekommen« und führte aus: »Jene Gedankenreihe
war, dem Wesentlichen nach, schon vor 4 Jahren in meinem Kopfe vorhanden: aber um sie zu entwickeln und sie durch unzählige Aufsätze
und Studien mir selber vollkommen deutlich zu machen, bedurfte es
ganzer 4 Jahre, in welchen ich mich ausschließlich damit und mit den
dazu gehörigen Studien fremder Werke beschäftigt habe«. Er habe eigentlich 1816 nach Italien reisen wollen, doch er habe die Reise »bloß
dieser Arbeit wegen um 2 Jahre verschoben«. Im Frühjahr 1817 habe
er schließlich damit angefangen, »das Ganze in zusammenhangendem Vortrag für Andre faßlich zu machen« (Briefe:29-30). Gemäß
Schopenhauers eigener Darstellung, die wir durch seine Notizen im

handschriftlichen Nachlass bestätigt sahen, war also 1814 das Jahr der Geburt dieser ›Gedankenreihe‹, welche er schon im März 1818 als die »ganze Frucht meines Lebens« bezeichnete. Aufgrund der Notizen in diesem Nachlass können wir für die Willensmetaphysik grob von einer *Geburtsphase* (Frühling 1814 in Weimar / Sommer in Dresden), einer *Ausarbeitungsphase* (Ende 1814 bis Ende 1816) und einer *Darstellungsphase* (1817-1818) ausgehen, deren Frucht das im Dezember 1818 publizierte Hauptwerk war (siehe die Tabelle auf S. 16).

Nimmt man aufgrund der in diesem Buch erstmals präsentierten Fakten und Argumente einmal an, dass Schopenhauer sowohl seine Konzeption eines all-einen Willens als auch dessen illusorisch mannigfaltige Erscheinung (*Maya*), den Zugang durch den Leib (die ›Stadt des Brahm‹ *Brahmapura*) und die Willensverneinung (*fanā*) dank des Anstoßes seines Lieblingsbuches *Oupnek'hat* gefunden hat, dann eröffnen sich allerhand neue Perspektiven. Die erste betrifft die Bewertung bisheriger Darstellungen, welche den ›prozesshaften Charakter‹ von Schopenhauers Philosophie betonen. Sie stützen sich allesamt auf Schopenhauers Hauptwerk, d.h. das Resultat der bisher kaum erforschten Darstellungsphase (1817-18). Die von Spierling beschworenen ›kopernikanischen Drehwenden‹ und die von Malter betonten ›Krisen‹ beziehen sich deshalb auf Schopenhauers systematische Darstellung von 1818 und nicht notwendig auf die »Gedankenreihe«, welche Schopenhauer nach eigener Aussage schon 1814 im Kopfe hatte und in der Folge während mehrerer Jahre »sich selber deutlich machte«. Wie immer man logische Ableitungen und Verknüpfungen einzelner Systemteile (z.B. jene von Spierling, Malter und Atwell) beurteilen mag: sie betreffen das Produkt der Arbeit von 1817 und 1818, als Schopenhauer »das Ganze in zusammenhangendem Vortrag für Andre faßlich zu machen« suchte (Briefe:29-30). Der historische Prozess der Systemgenese scheint jedoch ganz andere ›Drehwenden‹ und ›Krisen‹ gekannt zu haben, als deren Endprodukt von 1818 es erahnen lässt. Wird die Genese der Willensmetaphysik nicht im Rückspiegel des Hauptwerkes untersucht und logisch abgeleitet, wie dies bisher fast ausnahmslos geschah, sondern historisch erforscht, so ergeben sich allerhand wichtige neue Fragen, von denen ich an dieser Stelle nur einige Beispiele erwähnen will. Könnte es sein, dass verschiedene ›Antinomien‹, ›Zirkel‹ und Widersprüche, welche seit dem 19. Jahrhundert Schopenhauer zur Last gelegt werden, auf bisher übersehene Einflüsse wie das *Oupnek'hat* und dadurch bedingte Brüche zurückzuführen sind? Ist es möglich, dass Schopenhauers eigentümliche Auffassung von Kants ›Ding an sich‹ durch die All-Einheitslehre des *Oupnek'hat* beeinflusst war? War umgekehrt Schopenhauers charakteristische Interpretation des *principium individuationis*, welche so offensichtlich durch den Maya-Begriff des *Oupnek'hat* inspiriert war, ein Produkt seiner kantisch geprägten, transzendental-idealistischen Lesart der Upanischadenübersetzung? Gibt es einen Bezug zwischen Schopenhauers vielkritisiertem Analogieschluss, der die innere Willenserfahrung auf das Wesen von allem übertrug, und den Lehren von *Oupnek'hat* und *Bhagavad Gita*? Ist die problematische Mehrdeutigkeit von Schopenhauers Begriff der ›Erkenntnis‹ möglicherweise ein Produkt der Verschweißung von kantischem und platonischem Gedankengut mit den Lehren der Upanischaden und des Kronprinzen Dara? In welchem Maße haben das *Oupnek'hat* und die neuplatonische Hypostasenlehre (neben Platos Ideenlehre, Spinozas Modifikationen und Blumenbachs Naturlehre) Schopenhauers Konzeption von der Objektität des Willens und deren Stufen geprägt? War die vielleicht wichtigste Rolle Schellings jene der frühen Vermittlung von neuplatonischem und mystischem Gedankengut? Ist die oft beklagte Schwerverständlichkeit der schopenhauerschen Heilslehre (Atwell 1995:160) auch mit Schopenhauers Abhängigkeit vom *Oupnek'hat* und Prinz Daras Konzeption von Askese und Selbstentwerdung (*fanā*) verbunden? Was für eine Rolle spielte dabei die Diskrepanz der Ziele von Dara (Aufgabe der Individualität und Erwachen zur fundamental guten, göttlichen All-Einheit) und Schopenhauer (Einsicht in die Natur des selbstzerfleischenden, blinden Willens als Weltwesen und Aufgabe des Wollens)?

Den oben erwähnten Systementwicklungsphasen ging, wie in den ersten Kapiteln dieses Buches beschrieben, eine wichtige Zeit voraus. Hans Zint (1921 & 1954) betonte das frühe und dominante Erlebnis eines ›besseren Bewusstseins‹, das schon den jungen Schopenhauer in eine Welt versetzte, in der es weder Subjekt noch Objekt gab. Dieser Gegensatz zwischen einer außergewöhnlichen, selbstlosen Erkenntnis und einer üblichen, alles vereinnahmenden Selbstsucht scheint mir der eigentliche Motor von Schopenhauers Denken zu sein. Vereinfacht stellt sich der Gesamtprozess wie folgt dar: am Anfang war, wie Schopenhauer immer wieder betonte, das Erlebnis. Die spärlichen Aufzeichnungen und Briefe der Jugendzeit bringen hier nicht viel Klarheit, doch sie deuten an, dass der Jüngling in Natur und Kunst Bewusstseinszustände erlebte, in denen er »gleichsam in eine andere Welt getreten« ist. In seinem Hauptwerk beschrieb er sie u.a. wie folgt: »Jenes Freiwerden der Erkenntniß hebt uns aus dem Allen eben so sehr und ganz heraus, wie der Schlaf und der Traum: Glück und Unglück sind verschwunden: wir sind nicht mehr das Individuum, es ist vergessen« (W1, Z1:254). Diesen besonderen Zustand priesen u.a. Wackenroder (welcher Musik ähnlich tief erlebte wie Schopenhauer) und Zacharias Werner als ›Augenblicke der Weihe‹. Solches mag den jungen Mann auf die Spur der Mystiker gebracht haben,[71] die ihm die Existenz und potenzielle Permanenz dessen bezeugten, was er später das ›bessere Bewusstsein‹ nannte. Schon 1811 kannte Schopenhauer mindestens das *Mysterium magnum* von Jakob Böhme so gut, dass er einzelne von Schelling umformulierte Gedanken Böhmes sofort identifizieren konnte (HN2:314). Doch weder Wackenroder und Werner noch Jakob Böhme, durch dessen Schriften diese beiden Autoren inspiriert waren, lieferten schlüssige Erklärungen für dieses bessere Bewusstsein.

Im Alter von 22 Jahren begann Schopenhauers Philosophiestudium, während dessen er vor allem im ›göttlichen‹ Plato, in Schelling, in Fichte und im ›erstaunlichen‹ Kant nach Erklärungen suchte. Die oft als früheste Philosophie Schopenhauers bezeichnete Auffassung eines doppelten Bewusstseins war ein (allerdings noch wenig systematisches)

Erklärungsmodell, dem Plato, Schelling und Fichte—und im Hintergrund auch Böhme, Plotin und die Neuplatoniker—Pate standen. Die Dissertation, in welcher Schopenhauer im Banne Kants die Grundgesetze seines ›empirischen Bewusstseins‹ beschrieb, war dagegen schon ein systematischer Erklärungsversuch des ›empirischen‹ auf dem ausgeblendeten Hintergrund des ›besseren Bewusstseins‹. Für das in gnadenhaften Augenblicken erlebte und von den Mystikern bezeugte ›bessere Bewusstsein‹ und dessen Gegenpol wollte Schopenhauer jedoch eine grundlegende Erklärung finden, welche (im Unterschied zu den von Schelling und Fichte vorgeschlagenen Lösungen) die Grenzen der Rationalität und damit der Philosophie nicht überschreitet.

Dieser Art von Erklärung war Schopenhauer auf der Spur, als er im Frühjahr 1814 den *lateinischen Upanischaden* begegnete. Diese Begegnung erfolgte zu einer Zeit, als Schopenhauer u.a. durch seinen Umgang mit Goethe schon viel über Kunst und Genialität nachgedacht hatte. Die Lesewut des jungen Mannes hatte ihn mit Europas bester Literatur bekannt gemacht und seine häufigen Theater-, Konzert- und Museumbesuche hatten ihm schon einige der Einsichten beschert, die der Dreissigjährige schließlich im dritten Buch seines Hauptwerkes vorlegte. Man kann sagen, dass zur Zeit von Schopenhauers Begegnung mit den Upanischaden die Grundlagen für das erste Buch des Hauptwerkes (vornehmlich Kant) und jene für das dritte Buch (Platos Ideenlehre, Kant und eine klassisch / romantische Kunstauffassung) schon einigermaßen gelegt waren. Doch das Zauberwort, welches das Tor zum Sesam des Systems öffnete und auch der Erkenntnislehre und Kunstauffassung die letzte Grundlage lieferte, fehlte noch. Denn Ende 1813 war, wie die Studie von de Cian (2002) zeigt, Schopenhauers Willenskonzept noch völlig von jenem des Sommers 1814 verschieden. Wie ich in diesem Buch aufzeigte, fand der Philosoph im *Oupnek'hat*, dem vermeintlich ältesten Buch der Welt, im Frühling 1814 nicht nur eine überzeugend dargestellte All-Einheitslehre, sondern auch einen Willensbegriff von kosmischer Dimension. Wichtig dabei war nicht nur, dass dieser Wille das eine, ewige Wesen von allem ist und sich als Mannigfaltigkeit erscheinen lässt (Maya), sondern auch, dass aufgrund von Prinz Daras Sufi-Perspektive das Nichtwollen konsequent als Heilsweg angepriesen wird. Immer wieder betont das *Oupnek'hat*, nur so könne der Schleier der Maya-Illusion durchbrochen und die All-Einheit eingesehen werden, wodurch auf einen Schlag alles Begehren ende.[72] Im *Oupnek'hat* fand Schopenhauer deshalb nicht nur den all-einen Willen als Grund seines ›empirischen‹ und ›besseren‹ Bewusstseins (Bejahung und Verneinung des Willens = Leidensgrund und dessen Aufhebung), sondern auch das Motto seiner Ethik des Mitleids: *tat twam asi*, »dies bist du«.

Die Klärung der Implikationen dieser Entdeckung des Willens dauerte, wie wir sahen, von 1814 bis Ende 1816. Darauf folgten zwei Jahre, in denen Schopenhauer seine Einsichten in Form einer Erkenntnislehre, Metaphysik der Natur, Ästhetik und Ethik systematisierte und zusammenhängend darstellte: die vier Bücher seines Hauptwerkes. Die Genese des schopenhauerschen Systems darf folglich nicht im Rückspiegel des Hauptwerkes als linearer, logischer Prozess gesehen werden, der präzis dem Aufbau des Hauptwerkes entspricht. Die historisch eruierbaren Einflüsse sind oft erstaunlich komplex. Als Beispiel dafür mag der *Neuplatonismus* dienen, der den jungen Schopenhauer auf drei Wegen erreichte. Der erste und offensichtlichste besteht in der neuplatonischen Komponente des deutschen Idealismus, welche in den letzten Jahrzehnten immer klarer ans Licht trat (Beierwaltes 2004) und deren schellingsche Spielart u.a. erheblich auf Schopenhauer und andere deutsche *Oupnek'hat*-Leser wie Görres, Kanne und Adolph Wagner wirkte. Dieser Weg schloss auch die Lektüre von Plotin in Original oder Übersetzung ein. Die zweite neuplatonische Route verlief über die christliche Mystik. Schriften von Figuren wie Pseudo-Dionysius, Scotus Erigena, Nicolaus von Cusa und natürlich auch Meister Eckhart und Jakob Böhme waren alle in verschiedener Hinsicht vom Neuplatonismus geprägt (Halfwassen 2004). Im ersten Jahrzehnt des 19. Jahrhunderts zeigt sich ihr Einfluss bei Deutschen wie Schelling, Franz Baader, Zacharias Werner und auch seinem jungen Freund

Arthur Schopenhauer. Doch die dritte neuplatonische Route lag bisher noch mehr im Verborgenen: die neuplatonische Komponente der Sufi-Tradition, die sich u.a. in Prinz Daras Auffassung der Upanischaden und weiteren Werken niedergeschlagen hatte.

Der orientalische Einfluss auf Schopenhauer wurde bisher so verzerrt dargestellt, dass eine Diskussion früherer Ansichten Gefahr läuft, in eine Litanei von Widersprüchen und Absurditäten auszuarten.[73] Der ernüchternde Hauptbefund ist, dass außer Piantelli (1986) bisher kein einziger Autor die lateinische Upanischadenübersetzung benützt hat.[74] Was würde man sagen, wenn ein japanischer Eckhart-Spezialist statt des Meisters Bibelkommentaren einfach nur die Bibel läse und die ganze japanische Germanistengilde seiner Methodik folgte? Leider hatte Schopenhauers Lieblingsbuch ein noch erstaunlicheres Schicksal. Arthur Hübscher, der sich sehr um die Schopenhauerforschung verdient gemacht hat, dokumentierte fast jedes Komma, das Schopenhauer je in die Werke von Kant eingetragen hatte—doch von den zahllosen handschriftlichen Einträgen im *Oupnek'hat* gab er ganze zwei wieder (HN5:338) und behauptete gegen alle Evidenz, der Einfluss dieses Werkes habe spät eingesetzt: »Später noch als die Upanischaden tritt der Buddhismus an ihn heran, wieder in Veröffentlichungen aus dritter und vierter Hand« (Hübscher 1973:50). In diesem Sinne wären natürlich Eckharts Bibelpredigten ebenfalls Veröffentlichungen >aus dritter und vierter Hand<. Eckharts Bibelinterpretationen—wie auch jene von Jakob Böhme und Madame Guyon—geben nämlich die >echte< Bibel ebensowenig >rein< wieder wie Daras *Oupnek'hat* die >echten< Upanischaden—doch wer würde deswegen ihren Wert bezweifeln und ihren Einfluss abstreiten? Die oben angeführten Beispiele zeigen jedenfalls klar, dass in Daras *Oupnek'hat*—ähnlich wie in Eckharts Predigten und Böhmes *Mysterium magnum*—die Interpretation des Grundtextes eine äußerst wichtige, ja entscheidende Rolle spielt. Es ist deshalb an der Zeit, dass Schopenhauers Lieblingsbuch endlich unvoreingenommene Leser findet und ernstgenommen wird. Hier konnte ich allerdings nicht viel mehr tun, als die Türe zur gründlichen

Untersuchung dieses Einflusses zu öffnen und damit den ersten Schritt in dieses seit 150 Jahren brach liegende Gebiet zu wagen.

Der in diesem Buch dargestellte Geburtsprozess von Schopenhauers Philosophie zeigt außerdem, dass dabei nicht—wie neuerdings von verschiedenen Autoren behauptet—eine von Kant adoptierte Erkenntnistheorie die entscheidende Rolle spielte, sondern die Entdeckung des für Schopenhauer charakteristischen Willenskonzeptes. Mit dieser Entdeckung von Anfang an zutiefst und ursächlich verbunden war die vom *Oupnek'hat* inspirierte Heilslehre: »Sobald die Erkenntnis sich einstellt, ist die Begierde aufgehoben« (UP2:215). Malter schrieb zu Recht von einer ›entscheidenden Zäsur‹ im Jahre 1814; doch er ließ (wie viele andere Forscher) den Kern von Schopenhauers Philosophie, die Willensmetaphysik, in jenem Jahre fast wie Athene in voller Rüstung aus Schopenhauers Frühphilosophie hervorstürmen (Malter 1988:4). Arthur Hübscher behauptete, Schopenhauer habe »scheinbar unvermittelt« im Jahre 1814 »die Alleinherrschaft des einen weltschaffenden Willens« verkündet (Hübscher 1973:137), und sogar in Yasuo Kamatas Buch über die Genese des Grundgedankens von Schopenhauers Hauptwerk (1988) erscheinen das neue Willenskonzept und die Verneinung des Willens unvermittelt und kaum motiviert (Kamata 1988:202-3). Kamata stritt den Einfluss des *Oupnek'hat* ab und behauptete, zur Zeit des ersten Einflusses von Prinz Daras Werk (den er richtig in Notiz 189 eruierte) sei Schopenhauer noch nicht bereit gewesen: »Aber in dieser Zeit [der ersten Beschäftigung mit dem *Oupnek'hat* im Frühjahr 1814, U.A.] findet sich noch keine philosophisch ausreichende Überlegung« (S. 254). Wir haben dagegen gesehen, dass Schopenhauers charakteristische Konzeption des Willens— obwohl sie natürlich u.a. durch das Gedankengut von Schelling, Fichte und Böhme vorbereitet war—ganz genau zur Zeit von Schopenhauers *Oupnek'hat*-Lektüre entstand und dass sein Einfluss der Grund sein muss, weshalb Schopenhauer dieses Werk 1816 an erster Stelle seiner drei Hauptquellen nannte und es zu seinem Lieblingsbuch erkor. Während in bisherigen Darstellungen meist Kant und Plato als entscheidende Einflüsse und das *Oupnek'hat* als ›Bestätigung‹ gewonnener Einsichten dargestellt wurden, erscheint nun mindestens in Bezug auf die Willensmetaphysik die Situation fast umgekehrt: den Schlüssel zu seinem System gewann Schopenhauer durch das *Oupnek'hat*—doch ohne Kant und Plato (plus Schelling, Böhme und wohl auch Spinoza und Bruno) hätte er diesen Text nie auf die Weise verstanden, wie er dies tat. All diese Strahlen mussten gleichzeitig in den Geist eines Menschen fallen—und dies geschah tatsächlich im Jahre 1814. Doch nur *ein* Buch wurde zu Schopenhauers Lieblingsbuch: das *Oupnek'hat*.

Es wurde und wird auch oft behauptet, Schopenhauer habe im indischen Denken nicht mehr als ein Medium der Selbstdarstellung gesehen. Einige Autoren bedauerten, dass Schopenhauers indische Inspiration gleichsam vergiftet gewesen sei: statt der ›echten‹ Upanischaden aus dem Sanskrit habe er bedauernswerterweise eine korrupte Übersetzung aus dem Persischen benützt. Das eben angeführte Beispiel vom japanischen Eckhartspezialist dürfte gezeigt haben, wie absurd solche Ansichten sind. Wie u.a. Schopenhauers Betrachtungen über die griechische Tragödie oder die Seelenwanderung beispielhaft zeigen, hatte er eine außergewöhnliche Gabe, den Kern von fremdartigem Gedankengut herauszuschälen und fruchtbar zu machen. Die persisch-lateinischen Upanischaden boten ihm dazu reichlich Gelegenheit, enthielten sie doch nicht nur vorzügliche Darstellungen indischer Weisheit (zum Beispiel bezüglich des Einblicks ins Wesen des Universums durch Introspektion), sondern auch die Essenz sufistischer Mystik: die Aufgabe der Selbstheit (*fanā*) als Weg zur Einsicht in das wahre göttliche Wesen von allem. Genau das ›Lassen von Ich und Mein‹, das Schopenhauer seit seiner Jugend ersehnte, stand im *Oupnek'hat* dem ›Wollen‹ gegenüber als *nolle*, d.h. ›Nichtwollen‹. Lag es da für einen Atheisten wie Schopenhauer, der das ›Brahm‹ des *Oupnek'hat* konsequent als ›Wille‹ las, nicht auf der Hand, Daras und Anquetils ›amor‹ nicht als liebenden Schöpferwillen Gottes zu verstehen, sondern als blindes kosmisches Begehren? Wenn man das *Oupnek'hat* mit den Augen Schopenhauers liest und studiert, was er darin unter- oder durchstrich und

an den Rand schrieb, dann erscheint seine Lesart keineswegs willkür-
lich, sondern trotz des umgekehrten Vorzeichens (atheistisches Minus
statt monotheistisches Plus) gut begründet und konsequent. Es war
eben *seine* Interpretation der durch Anquetil vermittelten Interpretation Daras, welche ihrerseits von Vedanta- und Sufi-Interpretationen
geprägt war und Texte betraf, die uralte vedische Rituale und Lehren
neuartig interpretierten. Diese bereits im »Urtext« der ältesten Upanischaden vorgebrachten Interpretationen wurden sicherlich von zahlreichen indischen Opferpriestern als Missverständnisse kritisiert—was
allerdings weder Shankara noch Prinz Dara oder Paul Deussen und seine Nachfolger daran hinderte, sie für tiefgründig und äußerst wertvoll
zu halten und dementsprechend ehrfürchtig zu kommentieren.

Angesichts der speziellen Interpretation Daras war zu erwarten,
dass Schopenhauer sich später gegen andere Übersetzungen und Interpretationen der Upanischaden sträuben würde. In der Tat hielt er
bis zu seinem Tod eisern daran fest, dass nur sein *Oupnek'hat* die reine, echte indische Weisheit vermittle. Er investierte später enorm viel
Zeit und Geld in orientbezogene Bücher und wir gehen wohl nicht
fehl, seine Vergleiche von Upanischadenübersetzungen, welche sich
in umfangreichen handschriftlichen Einträgen in seinem Lieblingsbuch niederschlugen, auf nagende Zweifel an der Zuverlässigkeit des
Oupnek'hat zurückzuführen, das ihn als jungen Mann so entscheidend
inspiriert hatte. Schopenhauers von Hübscher unvollständig katalogi-
sierte Sammlung von Orientalia (HN5:319-352) illustriert ein außer-
ordentliches Interesse an orientalischen Philosophien und Religionen.
Die Übersetzungen von Upanischaden aus dem Sanskrit, die Schopenhauer im Lauf der Jahrzehnte in die Hände bekam, bestanden natürlich
seinen *Oupnek'hat*-Litmustest nicht und er beklagte sich, dass sie kaum
mehr als Umrisse der Gedanken des ›Urtextes‹ enthielten: »Alles ist
modern, leer, fade, flach, sinnarm und occidentalisch: es ist europäisirt,
anglisirt, französirt, oder gar (was das Aergste) deutsch verschwebelt
und vernebelt, d. h. statt eines klaren, bestimmten Sinnes bloße, aber
recht breite Worte liefernd« (P2 §184; Z10.437). Obgleich Schopen-

hauer nichts vom Sufitum von Prinz Dara wusste, wurde er später zu einem begeisterten Leser von Sufi-Texten und schätzte—wie u.a. die vielen handschriftlichen Hinweise in seinem *Oupnek'hat* Handexemplar zeigen—auch Darstellungen der Nicht-Zweiheitslehre des Vedanta. Bezieht man das u.a. im vedantischen Maya-Begriff wirkende idealistische Gedankengut des Buddhismus mit ein, so ergibt sich, dass Schopenhauer—trotz aller Kommunikations-, Interpretations- und Verständnisprobleme—genau für jene drei Tendenzen am meisten Interesse zeigte, welche Prinz Daras Darstellung der Upanischaden geprägt hatten: Sufismus, Vedanta und Buddhismus.

Bezüglich des Einflusses des *Buddhismus* zeigte sich, dass zur Zeit der Geburt der Willensmetaphysik einzig die Artikel in Klaproths *Asiatischem Magazin*, die Schopenhauer im Dezember 1813 ausgeliehen hatte, eine Rolle spielen konnten.[75] In der Zeitspanne von 1814 und 1815 sind direkte buddhistische Einflüsse deshalb kaum von Belang. Dagegen waren indirekte Einflüsse im Spiel, denn der buddhistische Idealismus hatte die Entwicklung des Vedanta maßgeblich beeinflusst und in dieser Form auch Eingang ins *Oupnek'hat* gefunden. Ab November 1815 las Schopenhauer dann in den Bänden der *Asiatic Researches* verschiedene Artikel über den Buddhismus und erfuhr so einiges über die riesige atheistische Religion Asiens, deren Ideal Nirwana ›Erlöschen‹ des Leidens bedeutet (App 1998b). Ab der Mitte der 1820-er Jahre sah Schopenhauer den Buddhismus als eine schlagende Bestätigung seines Denkens; doch ist der konkrete Einfluss der von Schopenhauer gelesenen Quellen noch kaum unter Einbezugnahme des orientalistischen Umfeldes erforscht.[76]

Zum Schluss sei noch eine Perspektive kurz erwähnt, welche ein Dauerbrenner der Schopenhauerkritik ist: Schopenhauers *Pessimismus*. Als Beispiel mag ein neueres Buch dienen, welches Schopenhauers Willensbegriff aus »dem Pessimismus und seiner Glücksvision« herleitet. Schopenhauers aporetische Glücksvision und sein krankhafter Pessimismus seien die Grundmechanik, welche seine merkwürdige Philosophie erklärten (Haucke 2007:206). Schopenhauer wurde be-

kannterweise schon lange als >Pessimist< verschrieen und Haucke ist
nicht der erste Autor, der seine Philosophie als Auswuchs eines pessimi-
stischen und depressiven Charakters darstellt. Doch wie Dörpinghaus
(1997) schön zeigte, benützte Schopenhauer das Wort >Pessimismus<
als Gegensatz zum >Optimismus< eines Leibniz, der unsere Welt als
die beste aller möglichen bezeichnete und das »und es war gut« des bi-
blischen Schöpfergottes rechtfertigte. Schon für den jungen Schopenhauer schien hingegen—wie schon für die Gnostiker—die Welt eher
das Werk eines Dämons zu sein. Die Einsicht, dass unsere Welt eine
Welt des Leidens ist, war jedoch nicht nur der Ausgangspunkt Schopenhauers und der Gnostiker, sondern auch jener des Buddhismus.
Die erste der vier Grundwahrheiten des Buddhismus stellt unmissverständlich fest: »Alles ist Leiden«. Die zweite dieser Wahrheiten nennt
>Durst< (*taṇhā*) oder >Begehren< als Grund dieses Leidens. Die dritte
lehrt die Möglichkeit seiner endgültigen Aufhebung (Nirwana) und
die vierte weist den achtfachen Weg zu diesem Ziel. Sowohl bei Schopenhauer als auch im Buddhismus ist dieses Leiden nicht etwas, das der
Mensch bloß *hat* und deshalb ohne weiteres aufgeben kann wie eine zu
hoch geschraubte Erwartung. Kritiker wie Haucke pathologisieren den
Grundgedanken Schopenhauers, dass das Wesen des Menschen und
der ganzen Welt eben Wille ist—ständig begehrender, nie endgültig
befriedigter Wille—und dass ihm das Leiden deshalb wesentlich ist.
Doch dieses Leiden ist genausowenig auf krankhafte Glückserwar-
tungen zurückzuführen wie der Egoismus auf ein überspanntes Ideal
von Nächstenliebe, Krankheit auf ein übertriebenes Gesundheitside-
al, oder Völkermorde auf ethischen Perfektionismus. Deshalb hatte
Malter völlig recht, wenn er Schopenhauers Grundposition in einer
Weise charakterisierte, welche solche psychologisierenden Sichtweisen
der Philosophie Schopenhauers und des Menschseins als oberflächlich
entlarvt: »Wir *sind* das Leiden, wir haben nicht bloß Leiden, dieses
ist kein Akzidens unserer Existenz, sondern ihr wesenhafter Gehalt«
(Malter 1991:281).

Die Ähnlichkeit einiger Grundlehren des Buddhismus mit seiner eigenen Philosophie wurde Schopenhauer im Laufe seiner Studien immer mehr bewusst (App 2010a). So war es kein Zufall, dass er sich ab 1826 zunehmend für buddhistische Literatur und—mit Ausnahme des *Oupnek'hat* natürlich—immer weniger für Veda- und Purana-Literatur interessierte. Der schon 1816 aus dem sechsten Band der *Asiatic Researches* notierte Inhalt der ersten edlen Wahrheit des Buddhismus—der Leidenswahrheit (»Schwere, Alter, Krankheit, Tod«)—und die damals ebenfalls von Schopenhauer exzerpierte Definition von »nieban« (Nirwana) als Aufhebung des Leidens deuteten schon früh eine Affinität an (App 1998b:21). Obwohl dieses Thema den Rahmen dieses Buches, das sich auf die Entstehungsphase von Schopenhauers Willensmetaphysik beschränkt, sprengt, scheint mir wichtig zu betonen, dass Schopenhauers Lehre genausowenig mit der globalen Etikette ›Pessimismus‹ charakterisiert werden kann wie der Buddhismus. Im Gegenteil: beide sind im Grunde genommen ausgesprochen optimistisch, propagieren sie doch die Möglichkeit eines endgültigen Leidensendes noch in diesem Leben. Wie der negative Pol eines Magnets immer mit einem positiven gepaart ist, so gesellt sich sowohl beim Buddhismus als auch bei Schopenhauer zum Pol des Leidenspessimismus (oder richtiger: Leidensrealismus) der Gegenpol des Erlösungsoptimismus: Samsara und Nirwana. Genau diese Bipolarität von Leiden und Leidensaufhebung, so die These dieses Buches, charakterisiert Schopenhauers Denken seit seiner Jugend und formt die Grunddynamik nicht nur seines Hauptwerkes, sondern seiner gesamten Philosophie: Schopenhauers Kompass.

mundus magnus meus, mundus tuus est; et victoria mea, OUPNEK'HAT
victoria tua est; et usquè ad quemcunque locum, quòd XII.
potentia mea est, potentia tua est.

Quisquis hos gradus (*hanc gradationem entium*) scit, quidquid *Brahma* habet, obtinet.

Absolutum est *ADHIAÏ* primum hujus *Oupnek'hat Kok'henk.*

[*Brahmen.*

Belank] *rek'heschir* dixit, quòd ; _pran_ (_esse_) _Brahm_ ut CVII.
scivisti, cum eo (*ei*) *maschghouli* fac : quòd hic *prani*, qui
forma τ8 *Brahm* est, cor, missus (*delegatus*) ejus est; et loquela,
alimentum edere faciens (*obsonator*) ejus est ; visus, *vazir*
(*minister*) ejus est; et auditus, *arsbegui* (*supplicum libellorum
magister*) ejus est : et ipse ille _pran, qui forma τ8 Brahm_
est, cum illo quòd (*etsi*) ex his aliquid non vult, hæc, quid- Suprà, *T.* 1,
quid habent, sine volitione ejus, cum eo (*ad eum*) transire N.º *XIII, p.*
faciunt.   43-44.

Quisquis cum *pran* (τῷ *pran*) hujusmodi *maschghouli* facit,
omnia animantia, cum illo quòd (*etsi*) is non vult (*non
petit*), omnia, quidquid habent, cum eo donum transire faciunt.

Huic *maschghoul* (*hoc*) secretum est, quod tegendum est,
ipsum hoc est. (*Maschghoul hoc secretum sedulò tegere debet.*)

Expositio modi resignationis (*fiduciæ in Deum*),
et affectatæ nolitionis (*renitentiæ*); quòd :

Cùm se ipso (*ὁ maschghoul*) fixum det (*statuat*), quòd, ab ullâ CVIII.
personâ _aliquid non velit_, et petitum non faciat. Simile huic
hoc est, quòd :

Oupnek'hat Bd. 2, S. 77: Anfang des Kapitels über das Nichtwollen (nolitio)
und den Weg zu diesem Ideal; mit Schopenhauers Unterstreichungen

1   Schopenhauer schrieb zuerst: »... ehe ein Individuum die Upani-
    schaden, den Plato u. den Kant vor sich hatte« (Handschriftlicher
    Nachlass Berlin 20.426).

2   Zahlreiche Autoren haben diese Aussage Schopenhauers als Kri-
    tik am Buddhismus missdeutet. Dies gilt in besonderem Maße
    von Moira Nicholls (1999), die eine verfehlte Theorie eines Mei-
    nungswandels auf dieses Missverständnis türmte. Siehe dazu App
    2010b.

3   Im Unterschied zu dieser Periodisierung unterschied Kamata
    (1988:112-3) eine »Frühphase« von 1809 bis Ende 1814 und
    eine »Spätphase« von 1815 bis 1818, wobei er die Frühphase
    unterteilte in »Studienphase« (1809-13), »Rudolstädter Zeit«
    (1813), »Weimarer und Dresdner Zeit I« (1813-1814) und
    »Dresdner Zeit II« (1814).

4   Wie John Atwell richtig bemerkte, deutet Schopenhauers Kurz-
    formel des ›einen Gedankens‹ (»Die Welt ist die Selbsterkennt-
    nis des Willens«) auch auf den im vierten Buch seines Hauptwer-
    kes beschriebenen Zustand, in dem der Wille völlig erkannt und
    verneint ist (Atwell 1995:29-30).

5   Ein Jahr später, in einer Notiz aus Rudolstadt (1813; HN1 #112)
    wird Schopenhauer diese Lehre als »Leere« bezeichnen: Fichte
    sei »blos über Kants Ding an sich zum Philosophen geworden«
    und es sei »denn auch eine Philosophie danach geworden, eine
    Wissenschaftsleere.«

6   Die von Chenet (1997) vertretene Ansicht, dass diese Terminolo-
    gie von Jacobi stammt, ist wohl verfehlt; die belegte Lektüre setzt
    erst später ein.

7   Schopenhauers Bekanntschaft mit Schriften von Jakob Böhme
    ist erstmals im Winter 1811-12 dokumentiert (HN2:314). Seine
    früheste Erwähnung von Madame Guyon stammt nicht, wie Hüb-
    scher behauptet, aus dem Jahre 1817 (Hübscher 1973:46), son-
    dern steht in einer Notiz vom Spätherbst 1815, wo er bereits die

Autobiografie von Guyon als ein gutes Beispiel für das Leben einer Heiligen anführt (HN1 #496). Dies schließt natürlich keineswegs aus, dass Schopenhauer Böhmes und Guyons Schriften unter dem Einfluss Zacharias Werners schon viel früher las oder von ihrem Inhalt erfuhr.

8 Richtig: Sendschreiben 41, Paragraph 13.

9 Schopenhauer lieh die zwei Bände der philosophischen Werke von Hemsterhuis im französischen Original erst in der zweiten Julihälfte 1814 in Dresden aus.

10 Mit Tennemanns Werk war Schopenhauer bereits im Herbst 1810 bekannt, war er doch durch den ersten und zweiten Band von seiner *Geschichte der Philosophie* in die alte griechische und platonische Philosophie eingeführt worden. Im zweiten Band, der vornehmlich von Sokrates und Plato handelt, las der junge Mann im Kapitel »Dinge an sich und Erscheinungen«, Plato habe die Dinge klar »in Erscheinungen und Dinge an sich« eingeteilt, wobei Platos »Ding an sich kein Gegenstand der Anschauung, nicht im Raume, nicht zusammengesetzt, nicht veränderlich, nicht zerstörbar« ist, was heiße, dass »dem Dinge an sich Einheit, Totalität, absolutes Seyn zu aller Zeit« zukommt (Tennemann 1799:365-6). Dagegen sei die Erscheinung »das Ding, insofern es angeschauet und wahrgenommen wird. Es ist veränderlich« (S. 367). Plato betrachte »das Veränderliche« gleichsam nur als »Bild von dem Unveränderlichen« (S. 368), denn die »Dinge an sich, das ist, die göttlichen Ideen machen die intelligibele Welt (*noêtos topos*) aus, das Archetypon der wirklichen Welt« (S. 372).

11 Die Ähnlichkeit dieser drei Hauptpunkte Schellings mit späteren Lehren von Schopenhauer (vor allem im ersten und zweiten Buch seines Hauptwerkes) braucht nicht eigens betont zu werden. Der dritte Punkt sollte unter dem Einfluss des *Oupnek'hat* und der *Asiatic Researches* als *principium individuationis = Maya* eine besonders interessante Ausarbeitung erfahren (siehe Kapitel 9).

12 Einige Jahre später, in den Stuttgarter Privatvorlesungen von 1810, schlug Schelling für den Übergang von der Einheit in die Vielheit ein Dreierschema vor: 1. Emanation; 2. Fall; und 3. eine

modifizierte Emanationslehre von Böhmeschem Zuschnitt, welche Schelling als »Schöpfung« begriff: die »Überwindung des göttlichen Egoismus durch die göttliche Liebe« (Beierwaltes 2004:127).

13 Schopenhauer lieh sich diese Darstellung Tennemanns (Tennemann 1799:2.363 ff.) ganz zu Beginn des dritten Göttinger Semesters aus (14. Oktober 1810), als er die ersten Vorlesungen von Schulze besuchte. Die ersten zwei Bände von Tennemanns Philosophiegeschichte waren nach Schellings *Weltseele* (Ausleihe 21. Juli 1810) und seinen *Ideen zu einer Philosophie der Natur* (Ausleihe 4. August 1810) die eigentliche Einführung Schopenhauers in die Philosophie.

14 Im ersten Band wird die nachsintflutliche orientalische Philosophie unter den Überschriften Hebräer (1.69-102), Chaldäer (102-42), Perser (143-89), Inder (190-212), Araber, and Phönizier (213 ff.) behandelt. Der zweite Teil des 4. Bandes (1744) enthält sehr Vieles über Indien (S. 826-45), China (846-906) und Japan (907-19) sowie eine allgemeine Einleitung zur orientalischen Philosophie (S. 804-826) mit Auszügen aus den unten erwähnten Berichten von Chardin and Bernier. Die vielen Verbesserungen und Zusätze von Band 6 (1767) zeigen schön, wie schnell das europäische Wissen über Asien in dieser Zeit wuchs. Schopenhauer besaß die sechsbändige Ausgabe von Bruckers *Historia critica philosophiae* und zitierte sie in späteren Werken; doch diese sechs Bände sind verschollen und es ist unklar, wann er sie erwarb (HN5:21-2).

15 Dieser Artikel findet sich unter dem Stichwort »Asiatiques, philosophie«. Diderot benützte vor allem die zweite Ausgabe von Bayles *Dictionnaire* (1702) und Bruckers Philosophiegeschichte (1741-4). Siehe dazu Kapitel 4 von App 2010c.

16 Siehe dazu meine demnächst erscheinende Monografie über die europäische Entdeckung der orientalischen Philosophie (ISBN 978-3-906000-09-1).

17 Für Schopenhauer wird dieses Buch eine der ersten Ausleihen in Dresden sein, gerade vor den Werken von Hemsterhuis (Juli

1814) und vier Monate nach seiner Begegnung mit den lateinischen Upanischaden.

18 In *Lettres édifiantes et curieuses, écrites des missions étrangères*, hrsg. von C. Le Gobien. Paris: G. Merigot: 1781 (Band 14, S. 65-90).

19 Der erste Bericht Berniers zu diesem Thema erschien in der *Suite des Mémoires du sieur Bernier sur l'empire du Grand Mogol* (Paris: Barbin 1671). Der Band von Chardin mit diesbezüglicher Information erschien 1711. Brucker zitierte diese beiden Berichte ausführlich am Anfang seines Kapitels *De philosophia exotica* im zweiten Teil von Band 4 (Brucker 1744:807-10).

20 Berniers *Abrégé de la philosophie de Gassendi* erschien erstmals 1674 (Paris: Langlois) und Neudrucke folgten schon 1675 und 1678 (acht Bände). Die zweite, revidierte Ausgabe in sieben Bänden erschien 1684. Neuausgabe Paris: Fayard 1992.

21 Diese Emanationstheorie wurde auch von Athanasius Kirchers in *China illustrata* (1667) den Indern zugeschrieben. Er hatte sie vom deutschen Pater Roth erfahren, der dies mit Bernier diskutiert hatte. Kircher schrieb: »Sie sagen, eine Spinne sei die erste Ursache der Dinge, welche zuerst aus ihrem Bauch durch kontinuierlichen Hervorgang der Fäden anfangs die Elemente und dann die Himmelssphären spann und sie mit ständigem Beistand regiert bis zum Ende der Welt, welches sie nach ihrer Aussage verursacht, indem sie alle Fäden des Netzes, das sie gesponnen hatte, wieder in sich einzieht und so alle Dinge verschwinden lässt.« (Kircher 1667:156)

22 Siehe dazu das ausgezeichnete zweibändige Werk von François Chenet (1998).

23 Siehe dazu App 2006c.

24 Einige Forscher sprechen Dara fast jegliche Sanskritkenntnisse ab, während andere ihn für fähig zu eigenständiger Übersetzungsarbeit erachten. Siehe dazu Göbel-Gross 1962:21-30, Dresden 1974, Filliozat 1980, Piantelli 1986 und Shayegan 1997.

25 In einem zweiten Manuskript, das Anquetil später bekam und anschließend in der königlichen Bibliothek in Paris deponierte, fand er die Variante »Brahma, das heißt Adam« (UP1:4).

26 Viel neue Information zur europäischen Entdeckung asiatischer Religionen und der Suche nach dem ältesten Buch der Welt in Asien findet sich in App 2010c.

27 In der lateinischen Ausgabe hat Anquetil diesen Fehler dann korrigiert (UP1:5).

28 Der Text in Anquetils französischem Manuskript lautet: »et qu'un grand nombre de livres de Theologie mystique eurent été apportés en (sa) présence, et des ouvrages composés (par lui)« (Anquetil 1787a:2). Auch in der lateinischen Ausgabe ist keine Spur von Sufismus: »et plurimos libros mysticos com conspectu (*in conspectum suum*) attulisset, et *resalha* (*scripta breviora*) composita fecisset« (UP1:2).

29 Anquetil erwähnte diese Übersetzungen auch in seiner lateinischen *Oupnek'hat*-Version, doch Schopenhauers Lektüre der vier französischen Upanischaden ist nicht belegt. Aus den Anmerkungen und Erklärungen der lateinischen Version ergibt sich jedoch dieselbe Ansicht.

30 Zu dieser Revolution und der Rolle der britischen Indologen siehe App (2009) und das immer noch wertvolle Werk von Raymond Schwab über die orientalische Renaissance (1950).

31 Die ursprünglich im *Magasin Encylopédique* veröffentlichte Besprechung von Senator Lanjuinais wurde in zwei Nummern des *Journal Asiatique* von 1823 mit geringen Kürzungen nachgedruckt: Band 2 (S. 213-236; 265-282; 344-365) und Band 3 (S.15-34; 71-91). Schopenhauer bezieht sich mehrmals auf diese Besprechung und machte zahlreiche Einträge in seinem Handexemplar des *Oupnek'hat*, die auf den französischen Übersetzungen von Lanjuinais, der Sanskrit studiert hatte, fußen.

32 Ein Beispiel ist die kürzlich erschienene, über 600-seitige Studie von Andrea Polaschegg zum deutschen Orientalismus am Anfang des 19. Jahrhunderts, in der das *Oupnek'hat* kein einziges Mal erwähnt ist.

33 Am 29. November verbrachte Schopenhauer erstmals einen ganzen Abend mit Goethe und das letzte Studientreffen fand am 3. April 1814 statt. Für die genaue Daten und mehr Einzelheiten siehe App 2006c:46 ff.

34 Zitiert von Werner Beierwaltes in seiner Einleitung zu Bruno 1993 (S. xxxviii).

35 Am 21. Juli 1814 lieh Schopenhauer die *Oeuvres philosophiques* von Hemsterhuis und am 27. Juli *De Triplici minimo et mensura* von Bruno aus.

36 Am 16. Januar 1814 lieh Schopenhauer Okens *Über Licht und Wärme* und seinen *Abriss der Naturphilosophie* aus; am 9. Februar 1814 die *Beyträge zur innern Naturgeschichte der Erde* von Steffens; und am 30. April 1814 drei Werke von Oken einschließlich *Über das Universum als Fortsetzung des Sinnensystems.*

37 Zu Klaproths Aufenthalten und Aktivitäten in Weimar siehe die detaillierte Studie von Martin Gimm (1995).

38 Dies war Klaproths Plagiat der französischen Übersetzung durch de Guignes des chinesischen *Zweiundvierzig-Kapitel Sutra.* Siehe dazu App 1998a und für Einzelheiten zum von de Guignes verwendeten Text Kapitel 4 von App 2010c.

39 *Das Asiatische Magazin* Band 1, S. 116-138, 221-244, 395-405; Band 2, S. 11-70.

40 *Das Asiatische Magazin* Band 1, S. 406-453; Band 2, S. 105-135, 229-255, 273-293 und 454-490.

41 Siehe Jochen Stollbergs Verzeichnis der Ausleihen Schopenhauers aus der Dresdener Bibliothek (apps.webable.de/cms/fileadmin/doc/Dresdner_Liste02.pdf).

42 Vor allem in der französischen Fachliteratur wird fälschlicherweise das Jahr 1811 für die Begegnung Schopenhauers mit dem *Oupnek'hat* angegeben (Droit 1989:203; Kapani 1996:46; Lenoir 1999:119).

43 Von vielen Beispielen seien hier nur zwei erwähnt: Für Thomas Bohinc (1989:215 ff.) war Schopenhauers Entdeckung des Willens ein Geistesblitz ohne ersichtliche entwicklungsgeschicht-

liche Grundlage und Rüdiger Safranski stritt einen Einfluss des *Oupnek'hat* auf die Systemgenese rundweg ab: »Mehr als solche Bestätigungen [in den Upanischaden, dass er auf dem richtigen Weg sei] hat sich Arthur Schopenhauer in den Jahren der Herausbildung seines philosophischen Systems nicht geholt« (Safranski 1987:305).

44 Das Werk von Werner Scholz mit dem vielversprechenden Titel *Arthur Schopenhauer—ein Philosoph zwischen westlicher und östlicher Tradition* zeichnet sich u.a. dadurch aus, dass in der Bibliografie (1996: 241-252) kein einziges von Schopenhauer gelesenes Werk zum indischen Denken angeführt ist – nicht einmal das *Oupnek'hat*! Doch das extremste Beispiel ist wohl Icilio Vecchiottis 600-seitiger Wälzer über indische Einflüsse in der Systementstehung (1969), in welchem weder das *Oupnek'hat* noch Anquetil-Duperron erwähnt sind. Auch die Bücher von Berger (2000, 2004), die dem Maya-Begriff eine zentrale Rolle in der Systemgenese zuschreiben, entwickeln dieses Argument ohne jeglichen Bezug zum *Oupnek'hat* und verkennen den wirklichen Einfluss dieses Begriffes.

45 Der Verweis Schopenhauers am Ende dieser Definition bezieht sich auf S. 17 des zweiten Bandes, wo Anquetil in einer Anmerkung Maya als *desiderium fictum* (vorgetäuschte Begierde) interpretiert (Hervorhebungen entsprechen Unterstreichungen in Schopenhauers Handexemplar).

*Maïa, **amor aeternus**, seu aeternum, primi et unici entis **foràs prodeundi**, et sic entia apparere faciendi, desiderium fictum. (UP2:17)*

*Maya, **die ewige Liebe**, d.h. die ewige vorgetäuschte **Begierde** des ersten und einzigen Wesens, **aus sich herauszutreten** und so die Seienden erscheinen zu lassen.*

46 Bereits im Jahre 1812 berichtete ein Bekannter: »Wir sprachen von [Zacharias] Werner ... Wir sprachen vom jungen Schopenhauer, der Tags zuvor gelehrt beweisen wollte, es gäbe keinen Gott« (Gespräche 24).

47 Zu Hintergrund und Bedeutung von Omitto (Chinesisch *O-mi-to*, Japanisch *Amida*) siehe App 2006d und 2007.

48 Auch in neuerer Fachliteratur wird oft Abschnitt 189 (HN1, S. 104) als früheste Erwähnung von Maja genannt. Doch beim von Hübscher mit Klammern in den Text eingefügten »(die Maja der Indier«) handelt es sich klar um eine spätere Hinzufügung Schopenhauers am Rand, die mit dunklerer Tinte geschrieben ist. Dennoch scheint es, dass Schopenhauers »Wahn« vom Maya-Begriff des *Oupnek'hat* inspiriert ist. Die erste absolut unmissverständliche Spur indischen Einflusses findet sich drei Abschnitte später (Abschnitt 191).

49 Siehe vorhergehende Anmerkung.

50 Einzig Piantelli (1986:203-4) hat geahnt, dass von der Maya des *Oupnek'hat* eine Linie zu Schopenhauers Wille führen könnte, ohne dies jedoch zu konkretisieren.

51 Bei der Rückgabe des *Oupnek'hat* am 21. Juli 1814 nahm Schopenhauer Friedrich Schlegels *Sprache und Weisheit der Indier* und die philosophischen Werke von Hemsterhuis nach Hause, und eine Woche später (27. Juli) Jacobis Briefe über Spinoza und Giordano Brunos. *De triplici minimo et mensura*. Die Bemerkung über Bruno basiert auf dem ersten Anhang von Jacobis Spinozabriefen (2. Auflage, 1789).

52 Hier verweist Schopenhauer auf HN1 #220 wo er schrieb: »Als *Subjekt des Wollens* bin ich ein höchst elendes Wesen und all unser Leiden besteht im Wollen. Das Wollen, Wünschen, Streben, Trachten, ist durchaus Endlichkeit, durchaus Tod und Quaal.«

53 Am Jahresende 1816, als Schopenhauers System in allen wesentlichen Teilen konzipiert war, sollte er diese Vorgehensweise dann als »mein revolutionaires Princip« bezeichnen: »Also aus dem Unmittelbaren das Mittelbare, aus dem Nahen das Ferne, aus dem Vollkommenen das Unvollkommene, aus dem Ding an sich, dem Willen, die Erscheinung. Dies ist die eigentliche Originalität meiner Lehre, wodurch sie durchaus im Gegensatz steht mit allen früheren Versuchen und von Grund aus die Methode der Untersuchung ändert. — Nicht aus der Erscheinung das Ding an sich, was

ewig mißlingen mußte, sondern umgekehrt soll erklärt werden. — Aus dir sollst du die Natur verstehn, nicht dich aus der Natur. Das ist mein revolutionaires Princip« (#621).

54 Zur Problematik von Schopenhauers Auffassung der platonischen Ideen als verbindendes Mittelglied zwischen den Einzeldingen der Vorstellungswelt und dem ›Ding an sich‹ siehe Korfmacher 1994:84 f. Schopenhauers ›intelligibler Charakter‹ scheint ebenso im Niemandsland zwischen dem Einen und dem Vielen angesiedelt (S. 116). Es war nicht einfach, den Monismus des *Oupnek'hat* mit Kant und Plato zu vermählen. Dies zeigt sich u.a. in Schopenhauers Korrektur seiner Identifikation der platonischen Idee mit Kants Ding an sich (Notiz 305; siehe folgenden Abschnitt).

55 Diese Stelle hätte Rudolf Malter als frühen Beleg für seine Sicht von Schopenhauers ›Ideen‹ als Bedingung der Möglichkeit der Lehre von der Willensverneinung anführen können (Malter 1982).

56 In dieser Hinsicht führt Malters Gleichsetzung von Erkennen und Vorstellung (Malter 1991:53-7) zu Missverständnissen, z.B. wenn er behauptet, die »höchste Stufe der Befreiung« bestehe »nach Schopenhauers Konzeption in dem Allein- und absoluten Für-sich-sein der Vorstellung« (S. 56).

57 Volkelt bezog sich nicht auf das *Oupnek'hat*, doch er stellte richtig fest, dass Schopenhauer sich bei Vergleichen der Wirklichkeit mit einem Traum »oft, und immer mit ehrfürchtigem Emporblicken, auf die Weisheit der Inder beruft: denn ihr gelte die Welt als ein ›Schleier, der das menschliche Bewusstsein umfängt, ein Etwas, davon es gleich falsch und wahr ist, zu sagen, dass es sei, als dass es nicht sei‹« (Volkelt 1900:49). Schopenhauers Handexemplar des *Oupnek'hat* zeigt, dass er die Passagen in der zweiten Upanischade über Realität und Traum sehr aufmerksam studierte. Er versah zwei Seiten mit der Überschrift »De Somno« (UP1:161-2) und schrieb allerhand interessante Bemerkungen an den Rand, z.B.: »Das Bewusstsein ist sekundär, nicht primär« (S. 161) und »La vida es sueño« (S. 163; nach Calderón, ›Das Leben ist ein Traum‹).

58 Das Argument von Kapani (1996:48), dass Schopenhauers »Dies bist du« etwas anderes bedeute als Deussens »Das bist du« ist Haarspalterei. Außerdem gehören derartige Aufrechnungen von »richtigen« und »falschem« Verständnis aufgrund moderner indologischer Standards zur vergleichenden Philosophie und sind irrelevant für die historische Einflussfrage.

59 Einen Beitrag zur Datierung dürften in Zukunft außer der Analyse des Schriftbildes und Schreibmaterials von *Oupnek'hat*-Einträgen auch forensische Methoden einschließlich der chemischen Analyse von Tinten- und Bleistiftspuren leisten.

60 Man kann sich fragen, wieweit Schopenhauers vieldiskutiertes Analogieargument den Entdeckungsprozess seiner Willensmetaphysik wiederholt. Malter (1991:228) bemerkte, dass für Schopenhauer »im vorhinein schon« feststand, dass die gesamte Natur nichts anderes sei als Wille. Fragt man, was »im vorhinein schon« hier bedeutet, so drängt sich die Feststellung auf, dass diese Vorgabe des Willens als Weltwesen genau während Schopenhauers Begegnung mit dem *Oupnek'hat* erstmals zutage trat.

61 Für die Transkription der meist auf Englisch geschriebenen Notizen zu allen zehn Bänden siehe App 1998b.

62 Besonders umfangreich sind Schopenhauers Notizen aus Colebrookes langem Aufsatz über die Vedas in Band 8 der *Asiatic Researches* (siehe App 1998b:24-32).

63 Originaltext in Englisch: App 1998b:19; Unterstreichungen von Schopenhauer.

64 Originaltext in Englisch: App 1998b:21; Unterstreichungen von Schopenhauer.

65 Berger (2000 & 2004) hat diesen Wandel nicht bemerkt und nahm an, dass Schopenhauers Interpretation von Maya von Anfang an eine vedantisch-illusionistische war, weshalb er sein gesamtes Argument auf eine »falsification theory« aufbaute, welche den maßgeblichen Einfluss der Upanischaden auf Schopenhauer (und dabei vornehmlich auf seine Erkenntnislehre) darstellen soll. Durch dieses NB von Schopenhauer—und natürlich durch

das *Oupnek'hat*, das Berger anscheinend gar nicht konsultierte—
scheint Bergers These widerlegt.

66 Erst diese neue Konzeption von Maya ermöglichte die wichtige
Bemerkung, welche Schopenhauer (wohl *nach* der Verfassung von
Notiz 564, d.h. etwa Mitte 1816) zu Notiz 359 hinzufügte: »Man
hat also zu unterscheiden 1) den Willen zum Leben selbst. 2) Die
vollkommne Objektität desselben welche die Ideen sind. 3) Die Erscheinung dieser Ideen in der Form deren Ausdruck der Satz vom
Grund ist, d.i. die wirkliche Welt, Kants Erscheinung, der Indier
Maja.« Genau diese Auffassung erscheint dann auch im Schema
von Notiz 577. John Atwell dachte, dieser Zusatz sei schon 1814
geschrieben worden und behauptete, er markiere die Vollendung
des Systems, das Schopenhauer in der Folge nicht mehr wesentlich
verändert habe: »Therewith we have the philosophical system that
Schopenhauer was never substantially to alter« (Atwell 1995:78).
Notiz 321, welche nach Atwell denselben Inhalt hat (S. 201), erwähnt die Maya der Inder mit keinem Wort und gehört zu einer
viel früheren Stufe der Systemkonzeption.

67 Zur Einflussfrage siehe ausführlich Korfmacher 1992.

68 Es ist bezeichnend, dass Schopenhauer als Motto seiner Ergänzun-
gen zum dritten Buch im zweiten Band seines Hauptwerkes ein
Oupnek'hat-Zitat verwendete: »Et is similis spectatori est, quod
ab omni separatus spectaculum videt« (»Und es ist gleich einem
Zuschauer, welcher von allem abgeschieden ein Schauspiel sieht«;
UP1.304). Dieses Bild von der Aktivität des reinen, willenlosen
Subjekts des Erkennen – analog der Auffassung des willenlosen
Erkennens im künstlerischen Genie, welches das Wesen der Din-
ge (ihre ›Idee‹) rein objektiv erfassen kann – war sicherlich eine
grundlegende Inspiration für Schopenhauers Kunstlehre.

69 Genau von dieser »besseren«, »veränderten«, »willenlosen«
Erkenntnis ist im Paragraph 70 von Schopenhauers Hauptwerk
die Rede, wo es mit der völligen Aufhebung des Charakters des
Menschen in Verbindung gesetzt wird. Diese »veränderte Er-
kenntnisweise« ist es, welche das »Quietiv des Wollens« ist.
Darum ist Weiners Ansicht falsch, dass die Erkenntnis (im Sinne

des ersten Buches des Hauptwerkes) »den Zielpunkt der ganzen Argumentation« Schopenhauers darstellt (Weiner 2000:74), und auch von einer »Autarkie des Erkennens« (Malter 1982:52) oder einer »Primärfunktion« des Erkennens »vor dem Wollen« (Malter 1991:53) kann keine Rede sein.

70 Schopenhauers spätere Äußerungen über Vedanta und Sufismus sowie seine Anstreichungen und Kommentare in erhaltenen Büchern zeigen, dass er diese Überzeugung nie verlor. Schopenhauer wusste nicht, dass Prinz Dara ein Sufi war und konnte seinen Einfluss auf die Upanischadenübersetzung nicht abschätzen; doch die Ähnlichkeit der Lehren entging seinem scharfen Auge nicht.

71 Dieser Aspekt wurde zum Beispiel von Kamata völlig ausgeklammert, der zu diesem gesamten Komplex einzig schrieb, »das eigentümliche Verhältnis des Schopenhauerschen Denkens zur abendländischen Tradition der Philosophie« zeige sich u.a. in der abendländisch-christlichen Mystik, deren Vertreter »Tauler, Meister Eckehart, Jakob Böhme, Nikolaus von Kues u.a.« von Schopenhauer mehrfach erwähnt und zitiert wurden (Kamata 1988:314).

72 In den beiden *Oupnek'hat*-Bänden wimmelt es nur so von Stellen über das *volle* (Wollen) und das *nolle* (Nichtwollen) oder *volitio* und *nolitio*. In Schopenhauers Handexemplar sind solche Stellen oft stark mit Unterstreichungen und Randstrichen versehen (siehe die Beispiele auf S. 150 und 214). Diese Thematik ist zentral im *Oupnek'hat* und haben Schopenhauer bestimmt stark beeinflusst.

73 Einmal wird Schopenhauer als inspirierter Bestätiger von indischen Wahrheiten gefeiert (Dutt Shastri 1938:74-6), dessen Denken als »Urerkenntnis aus der Brust brach und keines Fingerzeiges von Indien her bedurfte« (Zimmer 1938:267). Dann wieder werden die »indischen Wurzeln von Schopenhauers pessimistischer Metaphysik« als »originelle Nebengebilde« und »Luftwurzeln« bezeichnet, welche »sein Gedankengebilde von außen zwar festigen helfen, jedoch keine ursächlich fundamentale Funktion haben, sich vielmehr ganz sekundär entwickeln« (Gestering 1995:53). Schopenhauers Lieblingsbuch, die lateinische Upanischadenüber-

setzung, wird einerseits als »das bedeutendste Buch« in Schopenhauers Leben (Scholz 1996:21) und als ein »Haupteinfluss« auf sein Denken bezeichnet (Berger 2000:84); doch anderseits wird behauptet, der Philosoph habe ja selbst gesagt, »daß er nichts Grundlegendes von den Upanischaden übernommen habe« (Gestering 1995:53).

74 Zwar erkennen einige neuere Buchpublikationen die überragende Bedeutung des *Oupnek'hat* klar an: es sei Zeit seines Lebens das bedeutendste Buch für Schopenhauer gewesen (Scholz 1996:21) und die Upanischaden seien »zentral« (Meyer 1994:115). Doch fatalerweise haben weder diese beiden Autoren noch Vecchiotti (1969) und Berger (2000, 2004) die lateinische Upanischadenübersetzung benützt, geschweige denn Schopenhauers reich annotiertes Handexemplar. Stattdessen führten sie Übersetzungen aus dem Sanskrit an—d.h. Texte, welche zur Zeit von Schopenhauers Systementstehung (und zum allergrößten Teil zu seinen Lebzeiten) noch gar nicht existierten. In solchen Arbeiten wurde folglich meist modernes Wissen mit Schopenhauers Denken verglichen und die Einflussfrage musste unbeantwortet bleiben

75 Siehe App 1998a. Herkunft und Rolle des *Zweiundvierzig-Kapitel Sutra* im frühen europäischen Orientalismus sind ausführlich beschrieben im vierten Kapitel von App 2010c.

76 Ein schönes Beispiel einer falschen Einschätzung solchen Einflusses aufgrund von fehlender orientalistischer Quellenkenntnis und ist der schon erwähnte Aufsatz von Moira Nicholls (1999). Für kurze Darstellungen vom *historischen* Ablauf von Schopenhauers Beschäftigung mit dem Buddhismus siehe App 1998a & 2010b; und für quellenbasierte Fallstudien App 2008a (Schopenhauers Sicht von Tibet) und App 2010a (Schopenhauers Bezug zu China).

Zeittafel

1788	Geburt Schopenhauers in Danzig
1797-9	Aufenthalt in Le Havre; Französischlernen
1803-4	Reise mit Eltern nach England, Frankreich, Schweiz, Österreich; Studium der englischen Sprache
1805	Tod des Vaters Heinrich Floris Schopenhauer
1805-7	Kaufmannslehre in Hamburg
1807	Ab Dezember drei Monate lang häufiger Verkehr mit Zacharias Werner
1807-9	Vorbereitung für das Unistudium; Griechisch, Latein
1809-11	Studium an der Universität Göttingen, zunächst als Student der Medizin. Ab 1810 Hören von Philosophievorlesungen
1811-13	Philosophiestudium in Berlin. Fichte, Schleiermacher
1813	Verfassung der Dissertation in Rudolstadt
1813	Promotion *in absentia* in Jena im Oktober
1813-14	Spätherbst bis Mai 1814 in Weimar. Dezember 1813 erste Asiatica-Ausleihe (*Asiatisches Magazin*). Studien mit Goethe
1814	Notizen #202–364. Ende März Ausleihe des *Oupnek'hat*, erste Studienphase sieben Wochen bis Mitte Mai (Spuren ab #188; #192 erste Erwähnung der Methode der Indier)
1814	Mai, Übersiedlung nach Dresden (Notizen ab #202)
1814	Juni bis Juli: zweite Studienphase des *Oupnek'hat* (Notiz #213, Wollen ist Grundübel; Befreiung vom Wollen durch bessere Erkenntnis. Erstes *Oupnek'hat*-Zitat
1814	Sommer bis Ende Jahr: Kauf des *Oupnek'hat*. Ausarbeitung des Kernes der Willensmetaphysik (ca. #240–365)
1815	Notizen #365–509. Ausarbeitung der Willensmetaphysik. Ab November Studium der *Asiatic Researches*
1816	Publikation der Schrift *Ueber das Sehn und die Farben*

1816 Notizen #510–631. Studium der *Asiatic Researches* bis Mai; Frühjahr: Revision des Maya-Begriffes und Systemrohbau. Sommer Systemschema #577. Gegen Ende Jahr ›Geständnis‹ über Einfluss von *Oupnek'hat*, Plato, Kant (#623)

1817 Notizen #631–707. Lektüre von Mystikern. Beginn der Redaktion des Hauptwerkes

1818 Dezember: Publikation von *Die Welt als Wille und Vorstellung*

ZITIERWEISE

Seitenzahlen in Klammern beziehen sich immer auf die letzte Literaturangabe im Text. Zahlen vor einem Punkt zeigen die Nummer des Bandes an, Zahlen danach die Seitennummer.

Übersetzungen fremdsprachlicher Quellen stammen vom Autor.

Die Rechtschreibung der Zitate hält sich an jene der Originaltexte, auch wenn sie heute als fehlerhaft empfunden wird. So kann es zum Beispiel vorkommen, dass statt Höhle »Höle« und statt Tier »Thier« geschrieben ist.

SIGLEN

Abschnittnummer im Handschriftlichen Nachlaß, Bd. 1

Briefe Hübscher (Hrsg.) Schopenhauer, *Gesammelte Briefe*

Gespräche Hübscher (Hrsg.) Schopenhauer, *Gespräche*

HN *Der handschriftliche Nachlaß* (mit Bandnummer)

HN4b *Der handschriftliche Nachlaß* Band 4, Teil 2

HNB Handschriftlicher Nachlaß, Berlin (Originale)

NAF Bibliothèque nationale Paris, Nouvelles acquisitions françaises, Fonds Anquetil-Duperron

P	Schopenhauer, *Parerga und Paralipomena*
UP1	Anquetil-Duperron, *Oupnek'hat* Band 1 (1801)
UP2	Anquetil-Duperron, *Oupnek'hat* Band 2 (1802)
Reisen	Schopenhauer, *Reisetagebücher*, hrsg. von L. Lütkehaus
SW	Schopenhauer, *Sämtliche Werke*, hrsg. von A. Hübscher (mit Bandnummer)
W	*Welt als Wille und Vorstellung* (mit Bandnummer)
Z	Arthur Schopenhauer, Werke (Zürcher Ausgabe)

LITERATURVERZEICHNIS

Anquetil-Duperron, Abraham Hyacinthe. ca. 1752. *Le Parfait Théologien.* Bibliothèque Nationale, Nouvelles Acquisitions Françaises NAF 8858, Fonds Anquetil-Duperron. Paris.

———. 1762. Relation abrégée du voyage que M. Anquetil Du Perron a fait dans l'Inde pour la recherche & la Traduction des ouvrages attribués à Zoroastre. *Journal des Sçavans*: 413-429.

———. 1771. *Zend-Avesta, Ouvrage de Zoroastre.* Paris: Tilliard.

———. 1776. *Anquetil Du Perron, Mitglieds der Akademie der schönen Wissenschaften zu Paris, und Königl. Französischen Dollmetschers der morgenländischen Sprachen, Reisen nach Ostindien, nebst einer Beschreibung der bürgerlichen und Religionsgebräuche der Parsen, als eine Einleitung zum Zend-Avesta, dem Gesetzbuch der Parsen durch Zoroaster.* Übersetzt von J. G. Purmann. Frankfurt a. M.

———. 1776-1777. *Zend-Avesta, Zoroasters lebendiges Wort.* Übersetzt von J. F. Kleuker. Riga: Hartknoch.

———. 1778. *Législation orientale.* Amsterdam: Marc Michel Rey.

———. 1787a. Des Recherches historiques & géographiques sur l'Inde, & la Description du Cours du Gange & du Gagra, avec une très grande Carte. In *Description historique et géographique de l'Inde*, hrsg. von J. Bernoulli. Berlin: Pierre Bourdeaux.

———. 1787b. *Oupnek'hat, traduit littéralement du persan, mêlé du samskré-*

tam. In Bibliothèque Nationale: Nouvelles acquisitions françaises NAF 8857, Fonds Anquetil-Duperron. Paris.

―――. 1791. Vier Upnekhat, aus dem Samskrutamischen Buche die Upnekhat. In *Sammlung asiatischer Original-Schriften. Indische Schriften*, 269-315. Zürich: Ziegler und Söhne.

―――. 1801. *Oupnek'hat (id est, secretum tegendum)*. Bd. 1. Argentorati: Levrault.

App, Urs. 1998a. Schopenhauers Begegnung mit dem Buddhismus. *Schopenhauer-Jahrbuch* 79:35-58.

―――. 1998b. Notes and Excerpts by Schopenhauer Related to Volumes 1–9 of the Asiatick Researches. *Schopenhauer-Jahrbuch* 79:11-33.

―――. 2003. Notizen Schopenhauers zu Ost-, Nord- und Südostasien vom Sommersemester 1811. *Schopenhauer-Jahrbuch* 84:13-39.

―――. 2006a. Schopenhauer's India Notes of 1811. *Schopenhauer-Jahrbuch* 87:15-31.

―――. 2006b. NICHTS. Das letzte Wort von Schopenhauers Hauptwerk. In ›*Das Tier, das du jetzt tötest, bist du selbst ...*‹. *Arthur Schopenhauer und Indien*, hrsg. von J. Stollberg, 51-60. Frankfurt: Vittorio Klostermann.

―――. 2006c. Schopenhauer's Initial Encounter with Indian Thought. *Schopenhauer-Jahrbuch* 87:35-76.

―――. 2006d. OUM – Das erste Wort von Schopenhauers Lieblingsbuch. In ›*Das Tier, das du jetzt tötest, bist du selbst ...*‹. *Arthur Schopenhauer und Indien*, hrsg. von J. Stollberg, 36-50. Frankfurt: Vittorio Klostermann.

―――. 2007. How Amida got into the Upanishads: An Orientalist's Nightmare. In *Essays on East Asian Religion and Culture*, hrsg. von C. Wittern and L. Shi, 11-33. Kyoto: Editorial Committee for the Festschrift in Honour of Nishiwaki Tsuneki.

―――. 2008a. The Tibet of Philosophers: Kant, Hegel, and Schopenhauer. In *Images of Tibet in the 19th and 20th Centuries*, hrsg. von M. Esposito, 11-70. Paris: Ecole Française d'Extrême-Orient.

―――. 2008b. Schopenhauer's Initial Encounter with Indian Thought. In *Schopenhauer and Indian Philosophy: A Dialogue between India and Germany*, hrsg. von A. Barua, 7-57. New Delhi: Northern Book Centre.

———. 2009. *William Jones's Ancient Theology*. Sino-Platonic Papers 191: 1–125.

———. 2010a. Schopenhauer and China: A Sino-Platonic Love Affair. *Sino-Platonic Papers* 200: 1–160.

———. 2010b. Schopenhauers Nirwana. In *Die Wahrheit ist nackt am schönsten. Arthur Schopenhauers philosophische Provokation*, hrsg. von Michael Fleiter, 200-208. Frankfurt: Institut für Stadtgeschichte / Societätsverlag.

———. 2010c. *The Birth of Orientalism*. Philadelphia: University of Pennsylvania Press.

Assmann, Jan. 1998. Hen kai pan—Ägyptens geheime Theologie nach Ralph Cudworth. In *Moses der Ägypter*, 118-30. München: Carl Hanser.

———. 2007. *Religion und kulturelles Gedächtnis*. München: Beck.

Astruc, Jean. 1753. *Conjectures sur les mémoires originaux dont il paroit que Moyse s'est servi pour composer le livre de la Genese. Avec des remarques, qui appuient ou qui éclaircissent ces conjectures*. Bruxelles: Fricx.

Atwell, John E. 1995. *Schopenhauer on the Character of the World: The Metaphysics of Will*. Berkeley: University of California Press.

Baldaeus, Philippus. 1672. *Naauwkeurige beschryvinge van Malabar en Choromandel, der zelver aangrenzende ryken, en het machtige eyland Ceylon ...* Amsterdam: J.J. van Waesberge.

Beierwaltes, Werner. 1991. *Selbsterkenntnis und Erfahrung der Einheit. Plotins Enneade V 3*. Frankfurt am Main: Vittorio Klostermann.

———. 2004. *Platonismus und Idealismus*. Frankfurt am Main: Vittorio Klostermann.

Berger, Douglas. 2000. *The Veil of Maya: Schopenhauer's System theory of falsification: the key to Schopenhauer's appropriation of pre-systematic Indian philosophical thought*. Ann Arbor, Michigan: UMI Dissertation Services.

———. 2004. *The Veil of Maya: Schopenhauer's System and Early Indian Thought*. Binghampton, NY: Global Academic Publications.

Bernier, François. 1688. Mémoire sur le Quietisme des Indes. In *Histoire des Ouvrages des Sçavans*, 47-52. Rotterdam: Reinier Leers.

———. 1699. *Voyages de François Bernier, docteur en médecine de la Faculté de Montpellier: contenant la description des États du Grand Mogol, de l'Indoustan, du Royaume de Cachemire, &c*. Bd. 2. Paris: Chez Barbin.

Blumenbach, Johann Friedrich. 1791. *Über den Bildungstrieb*. Göttingen: Dieterich.

———. 1803. *Specimen Archaeologiae Telluris*. Göttingen: Dieterich.

———. 1806. *Beyträge zur Naturgeschichte*. Göttingen: Dieterich.

Bohinc, Tomas. 1989. *Die Entfesselung des Intellekts*. Frankfurt am Main / Bern: Lang.

Böhme, Jakob. 1843. *Jakob Böhme's sämmtliche Werke*. Hrsg. von K. W. Schiedler. Leipzig: Johann Ambrosius Barth.

Booms, Martin. 2003. *Aporie und Subjekt. Die erkenntnistheoretische Entfaltungslogik der Philosophie Schopenhauers*. Würzburg: Königshausen und Neumann.

Boulduc, Jacques. 1630. *De Ecclesia Ante Legem*. Paris: Joseph Cottereau.

Brucker, Johann Jacob. 1742-1744. *Historia critica philosophiae*. Leipzig: Christoph Breitkopf.

Bruno, Giordano. 1993. *Von der Ursache, dem Prinzip und dem Einen*. Übersetzt von A. Lasson. Hrsg. von P. R. Blum. Hamburg: Feliz Meiner Verlag.

Buhle, Johann Gottlieb. 1800-1804. *Geschichte der neuern Philosophie*. Göttingen: Johann Georg Rosenbusch's Wittwe.

Caland, Willem. 1918. *De Ontdekkingsgeschiedenis van den Veda*. Amsterdam: Johannes Müller.

Chardin, Jean. 1711. *Voyages de Mr. le Chevalier Chardin en Perse, et autres lieux de l'orient*. Bd. 5. Amsterdam: Jean Louis de Lorme.

Chenet, François. 1997. Conscience empirique et conscience meilleure chez le jeune Schopenhauer. In *Les Cahiers de l'Herne: Schopenhauer*, hrsg. von J. Lefranc, 103-30. Paris: Éditions de l'Herne.

———. 1998. *Psychogenèse et cosmogonie selon le Yoga-vāsiṣṭha*. Paris: Collège de France / de Boccard.

Corbin, Henri. 1969. *Creative Imagination in the Sufism of Ibn Arabi*. Princeton: Princeton University Press.

Creuzer, Georg Friedrich, und Gottfried Hermann. 1818. *Briefe über Homer und Hesiodus, vorzüglich über die Theogonie*. Heidelberg: Oswald.

Creuzer, Georg Friedrich. 1819-1821. *Symbolik und Mythologie der alten Völker, besonders der Griechen*. Leipzig & Darmstadt: Heyer & Leske.

de Cian, Nicoletta. 2002. *Redenzione, Colpa, Salvezza. All'origine della filoso-fia di Schopenhauer.* Trento: Verifiche.

Decher, F. 1996. Das ›bessre Bewußtsein‹: Zur Funktion eines Begriffes in der Genese der Schopenhauerschen Philosophie. *Schopenhauer Jahrbuch* 77:65-83.

Deussen, Paul. 1921. *Sechzig Upanishad's des Veda.* Leipzig: Brockhaus.

———. 1922. *Die Philosophie der Upanishad's* (Allgemeine Geschichte der Philosophie, 1. Band, 2. Abteilung). Leipzig: Brockhaus.

Diderot, Denis, und Jean le Rond d'Alembert. 1751. *Encyclopédie ou diction-naire raisonné des sciences, des arts et des métiers.* Band Nummer 1.

Dörpinghaus, Andreas. 1997. *Mundus pessimus. Untersuchungen zum philoso-phischen Pessimismus Arthur Schopenhauers.* Würzburg: Königshausen & Neumann.

Dresden, Mark. 1974. On the Genesis of Anquetil Duperron's Oupnek'hat. In *Mémorial Jean de Menasce,* hrsg. von P. Gignoux, 35-43. Louvain: Fondation Culturelle Iranienne.

Droit, Roger-Pol. 1989. Une statuette tibétaine sur la cheminée. In *Présences de Schopenhauer,* hrsg. von R.-P. Droit, 201-17. Paris: Grasset.

———. 1997. *Le culte du néant. Les philosophes et le Bouddha.* Paris: Seuil.

Dürr, Thomas. 2003. Schopenhauers Grundlegung der Willensmetaphysik. *Schopenhauer Jahrbuch* 84:91-119.

Dutt Shastri, Prabhu. 1938. Admiration for Schopenhauer. *Jahrbuch der Schopenhauer-Gesellschaft* 25:74-76.

Faggin, G. 1951. *Schopenhauer, il mistico senza Dio.* Firenze: Tip. Poligrafico Toscano.

Fénelon, François de Salignac de La Mothe. 1698. *Explication des maximes des saints sur la vie intérieure.* Frankfurt am Main: J. D. Zunner.

Filliozat, Jean. 1980. Sur les contreparties indiennes du soufisme. *Journal Asiatique* 268 (3-4):259-273.

Formichi, Carlo. 1913. Schopenhauer e la filosofia indiana. *Jahrbuch der Schopenhauer-Gesellschaft* 2:63-65.

Frank, Othmar. 1808. *Das Licht vom Orient.* Nürnberg: Stein.

Garewicz, J. 1987. Schopenhauer und Böhme. In *Schopenhauer im Denken der Gegenwart,* hrsg. von V. Spierling, 71-80. München / Zürich: Piper.

———. 1989. Erkennen und Erleben. Ein Beitrag zu Schopenhauers Erlösungslehre. *Schopenhauer Jahrbuch* 70:75-83.

Gestering, Johann G. 1986. *German Pessimism and Indian Philosophy: A Hermeneutic Reading*. Delhi: Ajanta Publications.

———. 1995. Schopenhauer und Indien. In *Ethik und Vernunft. Schopenhauer in unserer Zeit*, hrsg. von W. Schirmacher, 53-60. Wien: Passagen Verlag.

Gimm, Martin. 1995. Zu Klaproths erstem Katalog chinesischer Bücher, Weimar 1804 – oder: Julius Klaproth als 'studentische Hilfskraft' bei Goethe? –. In *Das andere China: Festschrift für Wolfgang Bauer zum 65. Geburtstag*, hrsg. von H. Schmidt-Glintzer, 559-99. Wiesbaden: Harassowitz.

Gjellerup, Karl. 1919. Zur Entwicklungsgeschichte der Schopenhauerschen Philosophie. *Annalen der Philosophie* 1:495-517.

Glasenapp, Helmuth von. 1955. Schopenhauer und Indien. *Jahrbuch der Schopenhauer-Gesellschaft* 36:32-48.

———. 1960. *Das Indienbild deutscher Denker*. Stuttgart: Koehler.

Göbel-Gross, E. 1962. *Die persische Upaniṣaden-Übersetzung des Moġulprinzen Dārā Šukoh*. Marburg: Erich Mauersberger.

Görres, Joseph. 1810. *Mythengeschichte der asiatischen Welt*. Bd. 1. Heidelberg: Mohr und Zimmermann.

———. 1935. *Gesammelte Schriften, Band 5: Mythengeschichte der asiatischen Welt*. Köln: J. P. Bachem.

Gregorios, Paulos Mar. 2002. *Neoplatonism and Indian Philosophy*. Albany, N.Y.: State University of New York Press.

Grisebach, Eduard von. 1888. *Edita und Inedita Schopenhaueriana*. Leipzig.

Guyon, Jeanne-Marie Bouvier de la Motte. 1720. *La Vie de Guyon, écrite par elle-même*. Bd. 1,2,3. Köln: J. de la Pierre.

———. 1727. *Das Leben der Madame J.M.B. de la Mothe Guion von Ihr selbst in Frantzösischer Sprache beschrieben, nun aber ins Teutsche übersetzt und in drey Theilen heraus gegeben*. Leipzig: Samuel Benjamin Walthern.

———. 1978. *Die geistlichen Ströme*. Marburg an der Lahn: Edel.

Hacker, P. 1950. Eigentümlichkeiten der Lehre und Terminologie Śaṅkaras:

Avidyā, Nāmarūpa, Māyā, Īśvara. *Zeitschrift der Deutschen Morgenländischen Gesellschaft* 100:246-286.

Halbfass, Wilhelm. 1987. Schopenhauer im Gespräch mit der indischen Tradition. In *Schopenhauer im Denken der Gegenwart*, hrsg. von V. Spierling, 55-70. München / Zürich: Piper.

Halfwassen, Jens. 1992. *Der Aufstieg zum Einen. Untersuchungen zu Platon und Plotin.* Stuttgart: B.G. Teubner.

———. 2004. *Plotin und der Neuplatonismus.* München: Beck.

Hamilton, Alexander. 1803. Anquetil's Oupnek'hat. *The Edinburgh Review* 2:412-421.

Hankamer, Paul. 1920. *Zacharias Werner. Ein Beitrag zur Darstellung des Problems der Persönlichkeit in der Romantik.* Bonn: Friedrich Cohen.

Harris, R. Baine. 1982. *Neoplatonism and Indian Thought.* Norfolk, Virginia: International Society for Neoplatonic Studies.

Haucke, Kai. 2007. *Leben & Leiden. Zur Aktualität und Einheit der schopenhauerschen Philosophie.* Berlin: Parerga.

Hecker, Max F. 1897. *Schopenhauer und die indische Philosophie.* Köln: Hübscher & Teufel.

Hemsterhuis, und J. G. von Herder. 1781. Ueber das Verlangen. Von Herrn Hemsterhuis. *Der Teutsche Merkur* (4):97-122.

Herder, J. G. von. 1781. Liebe und Selbstheit. *Der Teutsche Merkur* (4):211-235.

Hitzig, Julius. 1823. *Lebens-Abriss Friedrich Ludwig Zacharias Werners.* Berlin: Sandersche Buchhandlung.

Holbach, Paul Henri (pseud. M. Mirabaud). 1770. *Système de la nature, ou des loix du monde physique & du monde moral.* London.

Huart, C., und L. Massignon. 1926. Les Entretiens de Lahore [entre le prince impérial Dàrà Shikùh et l'ascète hindou Baba La'l Das]. *Journal Asiatique* 209:285-334.

Hübscher, Arthur. 1938. *Der junge Schopenhauer. Aphorismen und Tagebuchblätter.* München: Piper.

———. 1971. *Arthur Schopenhauer: Gespräche.* Stuttgart: Friedrich Frommann Verlag.

———. 1973. *Denker gegen den Strom. Schopenhauer: Gestern — Heute — Morgen.* Bonn: Bouvier Verlag Hermann Grundmann.

———. 1979. Schopenhauer und die Religionen Asiens. *Jahrbuch der Schopenhauer-Gesellschaft* 60:1-16.

———. 1981. *Schopenhauer-Bibliographie.* Stuttgart-Bad Cannstatt: Frommann-Holzboog.

———. 1987. *Arthur Schopenhauer: Gesammelte Briefe.* Bonn: Bouvier.

———. 1988. *Arthur Schopenhauer. Ein Lebensbild.* Mannheim: Brockhaus.

Hübscher, Angelika, und Michael Fleiter. 1989. *Arthur Schopenhauer: Philosophie in Briefen.* Frankfurt a. M.: Insel Verlag.

Hyman, Arthur. 1992. From What is One and Simple only What is One and Simple Can Come to Be. In *Neoplatonism and Jewish Thought,* hrsg. von L. E. Goodman, 111-35. Albany N.Y.: State University of New York Press.

Izutsu, Toshihiko. 1984. *Sufism and Taoism.* Berkeley: University of California Press.

Jacobi, F. H. 1789. *Ueber die Lehre des Spinoza in Briefen ;an den Herrn Moses Mendelsohn.* Breslau: Gottlob Löwe.

Jones, William. 1771. *Lettre à Monsieur A*** du P*** [i.e. Anquetil du Perron], dans laquelle est compris l'examen de sa traduction des livres attribueés à Zoroastre.* London: Elmisly.

Kamata, Yasuo. 1988. *Der junge Schopenhauer: Genese des Grundgedankens der Welt als Wille und Vorstellung.* Freiburg: Alber.

Kanne, Johann Arnold. 1813. *System der indischen Mythe, oder Chronus und die Geschichte des Gottmenschen in der Periode des Vorrückens der Nachtgleichen.* Leipzig: Weygand.

Kapani, Lakshmi. 1996. Schopenhauer et son interprétation du ›Tu es cela‹. In *L'Inde inspiratrice. Réception de l'Inde en France et en Allemagne (XIXe & XXe siècles),* hrsg. von G. Fussman, 45-69. Strasbourg: Presses Universitaires de Strasbourg.

———. 2002. Schopenhauer et l'Inde. *Journal Asiatique* 290 (1):163-292.

———. 2005. Schopenhauer et le Vedânta. In *Sakyamuni et Schopenhauer: La lucidité du philosophe et l'éveil du Bouddha,* 86-103. Arvillard: Prajña.

Korfmacher, Wolfgang. 1992. *Ideen und Ideenerkenntnis in der ästhetischen Theorie Arthur Schopenhauers.* Pfaffenweiler: Centaurus.

———. 1994. *Schopenhauer zur Einführung*. Hamburg: Junius.

Koßler, Matthias (Hrsg.). 2008. *Schopenhauer und die Philosophien Asiens*. Wiesbaden: Harrassowitz.

Lanjuinais, Comte de. 1823. Analyse de l'Oupnek'hat. *Journal Asiatique* 2-3:vol. 2: 213-236; 265-282; 344-365 and vol. 3: 15-34; 71-91.

Lenoir, Frédéric. 1999. *La rencontre du Bouddhisme et de l'occident*. Paris: Fayard.

Lorenz, Theodor. 1897. *Zur Entwicklungsgeschichte der Metaphysik Schopenhauers*. Leipzig: Breitkopf & Härtel.

Lütkehaus, Ludger. 1998. *Die Schopenhauers. Der Familien-Briefwechsel von Adele, Arthur, Heinrich Floris und Johanna Schopenhauer*. München: Deutscher Taschenbuch Verlag.

Magee, Brian. 1997. *The Philosophy of Schopenhauer*. Oxford: Clarendon Press.

Mahfuz-ul-Haq, M. 1929. *Majima'-ul-Baḥrain or The Mingling of the Two Oceans, by Prince Muhammad Dârâ Shikûh*. Calcutta: Asiatic Society of Bengal.

Majer, Friedrich. 1802. Das Bhaguat-Geeta, oder Gespräche zwischen Kreeshna und Arjoon. In *Asiatisches Magazin*, hrsg. von J. Klaproth, Band 1, S. 406-53; Band 2, S. 105-35, 229-55, 73-93, 454-90. Weimar: Industrie-Comptoir.

———. 1802. Die Verkörperungen des Wischnu. In *Asiatisches Magazin*, hrsg. von J. Klaproth, Band 1, S. 116-38, 221-44, 395-405; Band 2, S. 11-70 Weimar: Industrie-Comptoir.

———. 1818. *Brahma oder die Religion der Indier als Brahmaismus*. Leipzig: Reclam.

Malter, Rudolf. 1982. Erlösung durch Erkenntnis. In *Zeit der Ernte*, hrsg. von W. Schirmacher, S. 41-59. Stuttgart / Bad Cannstatt: Frommann-Holzboog.

———. 1988. *Der eine Gedanke. Hinführung zur Philosophie Arthur Schopenhauers*. Darmstadt: Wissenschaftliche Buchgesellschaft.

———. 1991. *Arthur Schopenhauer: Transzendentalphilosophie und Metaphysik des Willens*. Stuttgart / Bad Cannstatt: Frommann–Holzboog.

Merkel, Rudolf. 1945/48. Schopenhauers Indien-Lehrer. *Jahrbuch der Schopenhauer-Gesellschaft* 32:158-81.

Meyer, Urs Walter. 1994. *Europäische Rezeption indischer Philosophie und Religion.* Bern: Peter Lang.

Mirri, E. 1987. Un concetto perduto nella sistematica schopenhaueriana: la ‚migliore coscienza'. In *Schopenhauer e il sacro: Atti del Seminario tenuto a Trento il 26-28 aprile 1984,* hrsg. von G. Penzo, 59-82. Bologna: EDB.

Mischel, Franz. 1882. *Das Oupnek'hat.* Dresden: C. Heinrich.

Mockrauer, Franz. 1928. Schopenhauer und Indien. *Jahrbuch der Schopenhauer-Gesellschaft* 15:3-26.

Morewedge, Parviz. 1992. *Neoplatonism and Islamic Thought.* Albany, N.Y.: State University of New York Press.

———. 1992. The Neoplatonic Structure of Some Islamic Mystical Doctrine. In *Neoplatonism and Islamic Thought,* hrsg. von P. Morewedge, 51-73. Albany, N.Y.: State University of New York Press.

Mühlethaler, Jacob. 1910. *Die Mystik bei Schopenhauer.* Berlin: Alexander Duncker Verlag.

Müller, Friedrich Max. 1962. *The Upanishads.* New York: Dover.

Nicholls, Moira. 1999. The Influences of Eastern Thought on Schopenhauer's Doctrine of the Thing-in-Itself. In *The Cambridge Companion to Schopenhauer,* hrsg. von C. Janaway, 171-212. Cambridge / New York: Cambridge University Press.

Piantelli, Mario. 1986. La »Mâyâ« nelle »Upanishad« di Schopenhauer. *Annuario filosofico:*163-207.

Pluquet, Adrien-François. 1757. *Examen du fatalisme.* Paris: Didot & Barrois.

Polaschegg, Andrea. 2005. *Der andere Orientalismus. Regeln deutsch-morgenländischer Imagination im 19. Jahrhundert.* Berlin: de Gruyter.

Pons, Jean François. 1781. Lettre du Père Pons, Missionnaire de la Compagnie de Jésus, au Père Du Halde, de la même Compagnie. In *Lettres édifiantes et curieuses, écrites des missions étrangères,* hrsg. von C. Le Gobien, Band 14, 65-90. Paris: G. Merigot.

Postel, Guillaume. 1553. *De Originibus seu de varia et potissimum orbi Latino ad hanc diem incognita, aut inconsyderata historia, quum totius Orientis, tum maxime Tartarorum, Persarum, Turcarum, & omnium Abrahami &*

Noachi alumnorum origines, & mysteria Brachmanum retegente: Quod ad gentium, literarumque quib. utuntur, rationes attinet. Basel: J. Oporin.

Riconda, G. 1972. La >Noluntas< e la riscoperta della mistica nella filosofia di Schopenhauer. *Schopenhauer Jahrbuch* 53.

Rizvi, Saiyid Athar Abbas. 1983. *A History of Sufism in India.* Vol. 2: From Sixteenth Century to Modern Century. New Delhi: Munshiram Manoharlal.

———. 1995. *Muslim Revivalist Movements in Northern India.* New Delhi: Munshiram Manoharlal.

Safranski, Rüdiger. 1987. *Schopenhauer und Die wilden Jahre der Philosophie.* München: Carl Hanser.

Sauter-Ackermann, Gisela. 1994. *Erlösung durch Erkenntnis? Studien zu einem Grundproblem der Philosophie Schopenhauers.* Cuxhaven: Junghans.

Schelling, Friedrich Wilhelm Joseph. 1798. *Von der Weltseele. Eine Hypothese der höhern Physik zur Erklärung des allgemeinen Organismus.* Hamburg: Friedrich Perthes.

Schelling, F. W. J. 1803. *Vorlesungen über die Methode des akademischen Studiums.* Tübingen: Cotta.

Schelling, Friedrich Wilhelm Joseph. 1803. *Ideen zu einer Philosophie der Natur als Einleitung in das Studium dieser Wissenschaft.* Landshut: Philipp Krüll.

———. 1804. *Philosophie und Religion.* Tübingen: I. G. Cotta.

———. 1809. *F. W. J. Schelling's philosophische Schriften. Erster Band.* Landshut: Philipp Krüll.

———. 1834. *Bruno oder über das göttliche und natürliche Princip der Dinge.* Reutlingen: Enßlin.

Schimmel, Annemarie. 1992. *Mystische Dimensionen des Islam.* München: Eugen Diederichs Verlag.

Schirmacher, Wolfgang. 1985. *Insel-Almanach für das Jahr 1985: Schopenhauer.* Frankfurt am Main: Insel Verlag.

Schlegel, Friedrich. 1808. *Über die Sprache und Weisheit der Indier.* Heidelberg: Mohr und Zimmer.

———. 1836. *Friedrich Schlegel's Philosophische Vorlesungen aus den Jahren 1804 bis 1806.* Hrsg. von C. J. H. Windischmann. Bonn: Eduard Weber.

Schmidt, A. 1986. *Die Wahrheit im Gewand der Lüge. Schopenhauers Religionsphilosophie.* München / Zürich: Piper.

Scholz, Werner. 1996. *Arthur Schopenhauer – ein Philosoph zwischen westlicher und östlicher Tradition.* Frankfurt / Bern: Peter Lang.

Schopenhauer, Arthur. 1977. *Zürcher Ausgabe. Werke in zehn Bänden.* Zürich: Diogenes Verlag.

———. 1985. *Der handschriftliche Nachlaß.* Hrsg. von A. Hübscher. München: Deutscher Taschenbuch Verlag.

———. 1987. *Die Welt als Wille und Vorstellung.* Hrsg. von R. Malter. Frankfurt: Insel.

———. 1988. *Sämtliche Werke.* Hrsg. von A. Hübscher. Mannheim: Brockhaus.

———. 1988. *Arthur Schopenhauer. Die Reisetagebücher.* Hrsg. von L. Lütkehaus. Zürich: Haffmans.

———. 1992. *Arthur Schopenhauer. Der Briefwechsel mit Goethe und andere Dokumente zur Farbenlehre.* Hrsg. von L. Lütkehaus. Zürich: Haffmans.

———. 2007. *Il mio oriente.* Hrsg. von G. Gurisatti. Milano: Adelphi.

Schröder, Wilhelm. 1911. *Beiträge zur Entwicklungsgeschichte der Philosophie Schopenhauers mit besonderer Berücksichtigung einiger wichtigerer frühnachkantischer Philosophen (Maimon, Beck, G. E. Schulze, Bouterwek und Jacobi).* Rostock: Boldt.

Schwab, Raymond. 1934. *Vie d'Anquetil Duperron.* Paris: Ernest Leroux.

———. 1950. *La Renaissance orientale.* Paris: Payot.

Schwabe, Gerhard. 1887. *Fichtes und Schopenhauers Lehre vom Willen, mit ihren Konsequenzen für Weltbegreifung und Lebensführung.* Jena: Frommannsche Buchdruckerei (H. Pohle).

Sedlar, Jean W. 1982. *India in the Mind of Germany.* Washington, D.C.: University Press of America.

Sengupta, Lalita. 2004. *Contribution of Darashiko to Hindu-Muslim Philosophy.* Kolkata: Sanskrit Pustak Bhandar.

Shayegan, Daryush. 1997. *Hindouisme et soufisme – Une lecture du confluent des deux océans: le Majma 'al-Bahrayn de Dârâ Shokûh.* Paris: Albin Michel.

Siegler, Hans Georg. 1994. *Der heimatlose Arthur Schopenhauer: Jugendjahre zwischen Danzig, Hamburg, Weimar*. Düsseldorf: Droste.

Spierling, Volker. 1984. *Materialien zu Schopenhauers ›Die Welt als Wille und Vorstellung‹*. Frankfurt: Suhrkamp.

———. 1987. *Schopenhauer im Denken der Gegenwart*. München / Zürich: Piper.

———. 1994. *Arthur Schopenhauer. Philosophie als Kunst und Erkenntnis*. Frankfurt: Frankfurter Verlagsanstalt.

Stanley, Thomas. 1690. *Thomae Stanleii Historia Philosophiae Orientalis*. Übersetzt von Jean Le Clerc. Amsterdam: Viduam Swart.

———. 1701. *The History of Philosophy: Containing the Lives, Opinions, Actions and Discourses of the Philosophers of every Sect: Illustrated with the Effigies of Divers of Them; The History of the Chal[d]aick Philosophy*. London: W. Battersby.

Steiger, Robert. 1988. *Goethes Leben von Tag zu Tag. Band V: 1807–1813*. Zürich / München: Artemis Verlag.

Steiger, Robert, und Angelika Reimann. 1993. *Goethes Leben von Tag zu Tag. Band VI: 1814–1820*. Zürich / München: Artemis Verlag.

Stollberg, Jochen (Hrsg.). 2006. *›Das Tier, das du jetzt tötest, bist du selbst ...‹ Arthur Schopenhauer und Indien*. Frankfurt: Vittorio Klostermann.

Strich, Fritz. 1910. *Die Mythologie in der deutschen Literatur von Klopstock bis Wagner*. Halle an der Saale: Max Niemeyer.

Tennemann, Wilhelm Gottlieb. 1798-1819. *Geschichte der Philosophie*. Leipzig: Johann Ambrosius Barth.

Tieck, Ludwig. 1799. *Phantasien über die Kunst, für Freunde der Kunst*. Hamburg: Friedrich Perthes.

Tiedemann, Dieterich. 1791-1797. *Geist der spekulativen Philosophie*. Marburg: Neue Akademische Buchhandlung.

Timm, Hermann. 1974. *Gott und die Freiheit. Studien zur Religionsphilosophie der Goethezeit. Band 1: Die Spinozarenaissance*. Frankfurt am Main: Vittorio Klostermann.

Vecchiotti, Icilio. 1969. *La dottrina di Schopenhauer. Le teorie schopenhaueriane considerate nella loro genesi e nei loro rapporti con la fisosofia indiana*. Roma: Ubaldini.

Vecchiotti, I. 1985. Schopenhauer im Urteil der modernen Inder. In *Schopenhauer*, hrsg. von J. Salaquarda. Darmstadt.

Volkelt, Johannes. 1900. *Schopenhauer. Seine Persönlichkeit, seine Lehre, sein Glaube*. Stuttgart: Frommann.

Wagner, Gottlob Heinrich Adolph. 1813. Uebersicht des mythischen Systems. In *System der indischen Mythe, oder Chronus und die Geschichte des Gottmenschen in der Periode des Vorrückens der Nachtgleichen*, 565-611. Leipzig: Weygand.

Walbridge, John. 2000. *The Leaven of the Ancients: Suhrawardi and the Heritage of the Greeks*. Albany, N.Y.: State University of New York Press.

Weber, Albrecht. 1850-1865. Analyse der in Anquetil du Perron's Uebersetzung enthaltenen Upanisad. *Indische Studien; Zeitschrift für die Kunde des indischen Alterthums*. 1850: 247-302, 380-456; 1853: 1-111, 170-236; 1865: 1-54.

Weiner, Thomas. 2000. *Die Philosophie Arthur Schopenhauers und ihre Rezeption*. Hildesheim: Georg Olms.

Weiss, Otto. 1907. *Zur Genesis der Schopenhauerschen Metaphysik*. Leipzig: Thomas.

Werner, Friedrich Ludwig Zacharias. 1823. *Die Söhne des Thal's*. Berlin: Sandersche Buchhandlung.

Wilhelm, Karl Werner. 1994. *Zwischen Allwissenheitslehre und Verzweiflung. Der Ort der Religion in der Philosophie Schopenhauers*. Hildesheim / Zürich: Georg Olms.

Wilkins, Charles. 1785. *The Bhagvat-Geeta, or Dialogues of Kreeshna and Arjoon*. London: C. Nourse.

Young, Julian. 1987. *Willing and Unwilling. A Study in the Philosophy of Arthur Schopenhauer*. Dordrecht: M. Nijhoff.

Zimmer, Heinrich. 1938. Schopenhauer und Indien. *Jahrbuch der Schopenhauer-Gesellschaft* 25:266-273.

Zimmermann, F. W. 1986. The Origins of the so-called Theology of Aristotle. In *Pseudo-Aristotle in the Middle Ages*, hrsg. von J. Kraye, W. F. Ryan and C. B. Schmitt, 110-240. London: Warburg Institute, University of London.

Zint, Hans. 1921. Schopenhauers Philosophie des doppelten Bewusstseins. *Schopenhauer Jahrbuch* 10:3-45.

———. 1954. *Schopenhauer als Erlebnis.* München / Basel: Ernst Reinhardt Verlag.

REGISTER

M

O

Ingram Content Group UK Ltd.
Milton Keynes UK
UKHW012320190623
423717UK00002B/19